人人都是数据分析师系列

从 Power BI
到 Analysis Services
企业级数据分析实战

BI使徒工作室 雷元
刘建晔　　　　/ 著

人民邮电出版社
北　京

图书在版编目（CIP）数据

从Power BI到Analysis Services：企业级数据分析实战 / BI使徒工作室雷元，刘建晔著. -- 北京：人民邮电出版社，2021.11（2023.3重印）
（人人都是数据分析师系列）
ISBN 978-7-115-57101-4

Ⅰ. ①从… Ⅱ. ①B… ②刘… Ⅲ. ①企业管理－数据处理－应用软件 Ⅳ. ①F272.7

中国版本图书馆CIP数据核字(2021)第164431号

内 容 提 要

云计算作为一种数据解决方案已被广泛应用，越来越多的企业已经或者正在将本地 IT 系统升级到云端，这其中就包括将本地 Analysis Services 迁移到 Azure Analysis Services 的过程。Azure Analysis Services 是基于微软云的 PaaS 服务，也是未来大数据的云端化发展方向。

本书介绍本地 Analysis Services 与 Azure Analysis Services 的安装、开发、部署、处理以及增强开发等内容，同时还介绍 Power BI、SQL Server Studio Management、SQL Server、Visual Studio 2019 等协同工具的使用方法，力求帮助读者找到企业级 BI 遇到的系统性能瓶颈，并提供行之有效的解决方案。最后作者介绍 Azure Analysis Services 的实际案例和相关的 Azure Data Services 作为本书延展学习内容。

本书从理论出发，着手实践，适合 IT 人员、DT 人员作为参考资料使用，也适合希望完善与提高 Power BI 和微软数据平台技术的广大读者阅读。

◆ 著　　BI使徒工作室　雷元
　　　　　刘建晔
　责任编辑　郭　媛
　责任印制　王　郁　焦志炜

◆ 人民邮电出版社出版发行　北京市丰台区成寿寺路 11 号
邮编　100164　电子邮件　315@ptpress.com.cn
网址　https://www.ptpress.com.cn
涿州市京南印刷厂印刷

◆ 开本：800×1000　1/16
印张：14.5　　　　　　　2021 年 11 月第 1 版
字数：296 千字　　　　　2023 年 3 月河北第 3 次印刷

定价：79.90 元

读者服务热线：(010)81055410　印装质量热线：(010)81055316
反盗版热线：(010)81055315
广告经营许可证：京东市监广登字 20170147 号

> 每一位在数字化转型道路上砥砺前行的实践者都希望得到先行者的指导，最好是每个步骤如何推进都有详细的解析。这本书正是本着这样的初衷，基于某大型跨国零售企业的转型实践编著而成。如果你是一位数据分析师或数据科学家，并且你的企业与97%的全球五百强企业一样，选择了微软的Power BI，那这本书将是你构建跨应用数据分析平台，并提升数据智能驱动决策能力的不二选择。
>
> ——邓赟，微软大中华区副总裁，商业企业事业部总经理
>
> 今日，现代企业需要一种基于数据分析、自助式产生报告和仪表盘的数字能力，旨在建立和维护绩效指标和衡量标准，并根据衡量标准来衡量和报告数字能力的表现，从而协助数字决策者。这本书立足于数据分析生命周期，从安装、获取数据、建模、部署、数据开发功能，结合具体案例，深入浅出地描绘了Power BI/Analysis Services的功能与实践。
>
> 作者在以下两个方面给我留下深刻印象：第一，在介绍新功能时，不忘介绍相关功能相似性，客观地衡量学习新功能的必要性，从而帮助读者抉择，能够节省时间；第二，在介绍产品路线图时，清晰地介绍了哪些功能被新的技术或产品所取代，引导读者升级技能，从而帮助读者不断提升自身价值。
>
> ——徐明强，微软大中华区全渠道事业部CTO

序　一

受建晔委托为此书作序，我感到惊喜的同时也有几分意外，也许是因为这本书是目前国内唯一一本完整介绍 Azure Analysis Services 的专业技术图书，这真的是一个很好的突破，这本书为有志了解企业级 BI 的读者提供了宝贵的学习素材。建晔多年来在数据领域耕耘，先后在甲骨文、微软主导设计并实施了上百个数据库/数据仓库/大数据项目，目前主要负责微软云数据平台的推广。雷元是他的好朋友，也是微软 MVP，著有多部关于 Power BI 的作品，希望雷元不会介意我用"微软死忠"来形容他的匠心与坚持。他们能够联合起来写这本书，我非常赞赏。

微软 CEO 纳德拉曾表示，数据犹如当前世界的货币。数据的重要性被广泛认可，如何分析并利用数据一直是个热门话题。近年来随着 Power BI 的蓬勃发展，相关的知识内容也呈现爆炸式增长态势，关于 Power BI 题材的图书更是层出不穷，百花齐放，这当然是让我喜闻乐见的事情。但由此我却想到了另外一个话题，What Next？（下一步是什么？）如果说目前市面上图书作品都仅仅停留在单用户操作的数据分析场景中，那我们终将被我们建立的知识牢笼所困，这并非哗众取宠。依我浅见，Power BI 经历了一轮快速生长后，其知识体系已经到达了一个新的临界点，它将以横向或是纵向的方式延伸。所谓横向的方式，是指将技术与业务结合，如财务分析、供应链分析，人们可通过 Power BI 制作专业性强的数据分析模板供业务人员使用，形成规模效应。所谓纵向的方式，是指向更深层技术发展，如从单纯的 Power BI Desktop，到 Power BI Premium 或者是 Azure Analysis Service，再到 Azure Synapse Analytics、Azure Databricks、Azure IoT 等。从个人应用走向规模化的企业应用，这是事物发展的必然阶段。难得有心人将 Power BI 知识进行纵向延伸，也希望更多的读者能够了解并应用微软云数据平台，这必将给企业带来价值。

这本书不但涉及传统的本地 Analysis Services，同时涵盖 Azure Analysis Services 应用。在 Azure 出现之前，学习 Analysis Services 需要安装各种应用工具，而在 Azure 出现之后，甚至连安装应用工具都省略了，直接单击"开启服务"便可学习演示 Azure Analysis Services。除此之外，微软提供了 30 日免费试用 Azure 的环境，极大地降低了学习的门槛，这无疑拉近了人与技术的鸿沟，深得人心，这也是微软不遗余力推广 Azure 战略的价值所在。我鼓励有志在数据分析与数据工程领域深造的读者阅读此书，它会成为从自助式 BI 迈向企业级 BI 的一块敲门砖。

两位作者在数据领域多年的专注和执着让人心悦诚服，实在难能可贵。我会继续关注他们的下一部作品，期待见证更多惊喜。

微软大中华区全渠道事业部技术总监

王盛麟

2020 年 6 月 15 日

序 二

非常荣幸受雷老师之邀为这本书作序。目前市面上 Power BI 相关知识的中文图书已经不少，但大部分是讲解 Power BI 产品的使用或 DAX 函数相关的知识，针对 Azure Analysis Services 相关知识的图书非常少，这本书很好地填补了这方面的空白。

从 2015 年微软推出 Power BI 至今，Power BI 凭借其强大的数据处理、数据分析和数据可视化能力，受到越来越多的企业客户青睐。据微软公布的统计结果，财富 500 强企业中 97%的企业都在使用 Power BI。在企业的数字化转型浪潮中，通过微软 Power BI 工具，用户可以方便地连接到企业内的各类数据（包括销售、库存、供应链、生产、研发、人力资源等数据），并将数据进行准备、整合和综合分析，再将分析的结果反馈给各个业务部门/场景，从而帮助企业快速进行分析与决策。

在国内，越来越多的用户开始学习、使用 Power BI，并通过 Power BI 发布分享报表。但有很多用户使用的是 Power BI Pro 版本，这个版本对单一数据集的大小限制是 1GB。因此当企业的数据量较大时，要想获得比较好的数据分析性能，Azure Analysis Services 是经常被 IT 或 DT 团队使用的企业级数据分析方案之一。Azure Analysis Services 建模的语言就是 Power BI 中的 DAX 语言，对于 Power BI 用户而言，只需要了解整体流程就可以快速开始使用 Azure Analysis Services。因此，如果你经常使用 Power BI Desktop 进行数据分析，又遇到了数据量大的情况，也建议你学习了解 Azure Analysis Services。

这本书通过大量的案例讲解，带领读者了解 Azure Analysis Services 的启用、模型的搭建、服务的部署等全过程，是非常难得的学习资料。非常感谢两位老师倾囊相授！

借此机会感谢雷元老师在百忙之中为第四届 Power BI 可视化大赛担任评审工作，为 Power BI 在国内的推广无私付出，也感谢建晔老师在微软促进 Power BI 合作伙伴生态系统的建设！

"PowerPivot 工坊" 创始人
敏捷艾科数据技术有限公司 总经理
赵文超
2020 年 6 月 18 日

前　言

也许你此刻会有3个疑问——Analysis Services是什么？Analysis Services与Power BI有什么关系？为什么要学习此书？接下来笔者将对这些问题做出解答，并进行简单的拓展介绍。

问：Analysis Services是什么？

答：Analysis Services是微软企业级BI的代表产品，是SQL Server产品中的一个组件，全称为SQL Server Analysis Services。经过微软多年的千锤百炼，Analysis Services已经成为微软在BI领域的主导产品，被越来越多的企业使用，例如宝洁、玛氏、美赞臣、达能、嘉士伯等。Analysis Services又分为多维模型与表格模型。近年来，随着微软向云端的战略部署，Azure云端也出现了Analysis Services服务，这是基于微软云的PaaS服务，全称为Azure Analysis Services。由于表格模型相比多维模型在性能上更具优势，因此Azure Analysis Services只支持表格模型，可以预见在未来，凡是使用微软系技术的企业，皆需要使用Azure Analysis Services。本书会介绍本地Analysis Services表格模型与Azure Analysis Services表格模型的安装、开发、部署、处理以及使用案例等，同时也会介绍SQL Server Studio Management、SQL Server、Visual Studio 2019等协同工具的使用方法。

问：Analysis Services与Power BI有什么关系？

答：相信用过Excel PowerPivot或者Power BI Desktop的读者一定都接触过表格模型。无论是Excel还是Power BI，其底层的核心模型都是表格。事实上，微软将表格模型从SQL Server Analysis Services中剥离出来，放在Excel中，使之成为Excel PowerPivot，并对其寄予了很高的期望。不幸的是，作为插件的Excel PowerPivot始终没有迎来自己的"春天"，大概是Excel的功能太齐全了，人们很难发觉Excel PowerPivot的潜力。但也恰恰得益于此，微软再次将表格模型剥离，并移植到一款完全崭新的可视化分析工具中。这个工具有个响亮的名字——Power BI。所以说Analysis Services是Power BI的"祖先"。

问：为什么要学习此书？

答：就模型技术的角度而言，Analysis Services与Power BI大体相似，学习了前者就等于学习了后者，反之亦然。在模型内容的编写中，笔者有意寻找新的知识内容，尽量做到不与笔者之前的书内容重合。同时，笔者将Analysis Services模型中独有的一些内容也囊括于书中，例如透视、翻译、表级和列级的安全控制、KPI设置等，这些功能暂时在Power BI中不可用，但这部分知识可使读者对表格模型知识体系的理解更加丰满。除了模型本身，

Azure Analysis Services 最大的优势是规模性优势，因此，在实际部署中，开发者会设计数据刷新策略、分区、版本管理、自动化恢复与暂停、自动化升降性能级别等企业级解决方案中的常见场景。对此，本书也一一做了介绍，这部分内容为企业 IT 人员提供了专业的 BI 数据工程知识。考虑到国内读者阅读习惯，已设置中文显示界面，但仍然存在部分界面中的文字非中文，请读者见谅。

综上所述，如果你作为分析人员希望 Power BI Desktop 基础知识更上一层楼，又或者作为企业 IT 人员希望了解 Azure Analysis Services 与 BI 数据工程，那么，阅读此书必定会有所收获。

最后，再次感谢一直以来支持我的读者，有你们的支持才有我的坚持，希望我们都能书山有路勤为径，学海无涯"乐"作舟。时不我待，carpe diem（抓住机遇，把握现在）！

雷 元

2021 年 5 月 1 日

资源与支持

本书由异步社区出品,社区(https://www.epubit.com/)为您提供相关资源和后续服务。

配套资源

本书提供书中彩图文件,如想要获得以上资源,请在异步社区本书页面中单击 ,跳转到下载界面,按提示进行操作即可。

提交勘误

作者和编辑尽最大努力来确保书中内容的准确性,但难免会存在疏漏。欢迎您将发现的问题反馈给我们,帮助我们提升图书的质量。

当您发现错误时,请登录异步社区,按书名搜索,进入本书页面,单击"提交勘误",输入勘误信息,单击"提交"按钮即可(见下图)。本书的作者和编辑会对您提交的勘误进行审核,确认并接受后,您将获赠异步社区的 100 积分。积分可用于在异步社区兑换优惠券、样书或奖品。

扫码关注本书

扫描下方二维码,您将会在异步社区微信服务号中看到本书信息及相关的服务提示。

与我们联系

我们的联系邮箱是 contact@epubit.com.cn。

如果您对本书有任何疑问或建议,请您发邮件给我们,并请在邮件标题中注明本书书名,以便我们更高效地做出反馈。

如果您有兴趣出版图书、录制教学视频,或者参与图书翻译、技术审校等工作,可以发邮件给我们;有意出版图书的作者也可以到异步社区在线投稿(直接访问 www.epubit.com/selfpublish/submission 即可)。

如果您所在的学校、培训机构或企业,想批量购买本书或异步社区出版的其他图书,也可以发邮件给我们。

如果您在网上发现有针对异步社区出品图书的各种形式的盗版行为,包括对图书全部或部分内容的非授权传播,请您将怀疑有侵权行为的链接发邮件给我们。您的这一举动是对作者权益的保护,也是我们持续为您提供有价值的内容的动力之源。

关于异步社区和异步图书

"**异步社区**"是人民邮电出版社旗下 IT 专业图书社区,致力于出版精品 IT 技术图书和相关学习产品,为作译者提供优质出版服务。异步社区创办于 2015 年 8 月,提供大量精品 IT 技术图书和电子书,以及高品质技术文章和视频课程。更多详情请访问异步社区官网 https://www.epubit.com。

"**异步图书**"是由异步社区编辑团队策划出版的精品 IT 专业图书的品牌,依托于人民邮电出版社近 40 年的计算机图书出版积累和专业编辑团队,相关图书在封面上印有异步图书的 LOGO。异步图书的出版领域包括软件开发、大数据、AI、测试、前端、网络技术等。

异步社区

微信服务号

目　　录

第 1 章　Analysis Services 基础 ··················· 1
1.1　自助式 BI 的崛起 ··················· 1
1.2　企业级 BI 的优势 ··················· 3
1.3　Analysis Services 概述 ··················· 4
1.4　多维模型与表格模型 ··················· 5
1.5　Power BI 技术 ··················· 6
1.6　Azure Analysis Services 概述 ··················· 7
1.7　Azure Analysis Services 与 Power BI Premium ··················· 8
本章小结 ··················· 11

第 2 章　安装开发工具与启用 Analysis Services ··················· 12
2.1　安装工具与启用服务列表 ··················· 12
2.2　下载数据库 AdventureWorksDW ··················· 13
2.3　安装 SQL Server Management Studio ··················· 14
2.4　安装本地 SQL Server 与本地 Analysis Services ··················· 15
2.5　安装 Visual Studio 2019 与 Analysis Services 扩展 ··················· 21
2.6　启用 Azure SQL Database 服务 ··················· 24
2.7　启用 Azure Analysis Services ··················· 28
2.8　为本地 SQL Server 安装 AdventureWorks 数据库 ··················· 30
2.9　为 Azure SQL Server 安装 AdventureWorks 数据库 ··················· 31
本章小结 ··················· 36

第 3 章　获取数据 ··················· 37
3.1　在 Visual Studio 中创建 Analysis Services 表格项目 ··················· 37
3.2　获取 SQL Database 数据表（Tables） ··················· 39

3.3 获取 SQL Database 数据视图（Views） 42
3.4 从 Azure Blob Storage 读取数据 44
3.5 导入手动维护数据 48
3.6 导入 SQL 查询 50
3.7 数据准备 51
✎ 本章小结 54

第 4 章 数据建模 55

4.1 标记日期表 55
4.2 多重表关系 58
    4.2.1 导入多张日期表 58
    4.2.2 创建计算日期表 60
    4.2.3 创建日期度量 60
4.3 创建中间表 61
4.4 中间表查询 63
4.5 多对多双向筛选关系的查询限制 64
4.6 建立层次（层级）关系 68
4.7 父子关系 69
4.8 计算组 71
4.9 行级权限设置 76
    4.9.1 静态行级权限设置 76
    4.9.2 动态行级权限设置 79
4.10 表级与列级权限设置 81
4.11 模型级权限设置 82
4.12 KPI 设置 84
4.13 透视 87
✎ 本章小结 89

第 5 章 部署数据模型 90

5.1 本地 Analysis Services 项目部署 90
5.2 云端 Analysis Services 项目部署 97
5.3 SQL Server Agent 自动刷新模型 103
5.4 自动化 Runbook 刷新模型 108

5.4.1	创建 Azure 应用主体以及相应的授权设置	109
5.4.2	创建 Azure 自动化以及相应的授权设置	113
5.4.3	创建 Runbook 并设置自动刷新 PowerShell 脚本	117
5.4.4	发布与运行 Runbook	119

✎ 本章小结 121

第 6 章 数据处理 122

6.1 表格分区 122
6.2 数据处理方式详解 126
6.3 增量刷新 129
- 6.3.1 "处理添加"方式 130
- 6.3.2 "处理数据"方式 133

6.4 添加自动处理脚本 135
6.5 直连模式 136
- 6.5.1 从导入模式转换为直连模式 137
- 6.5.2 从直连模式转换为导入模式 141

✎ 本章小结 142

第 7 章 高级开发工具和功能 143

7.1 DAX Studio：DAX 开发工具 143
- 7.1.1 主界面介绍 144
- 7.1.2 DAX 公式开发 145
- 7.1.3 DAX 性能测试 148
- 7.1.4 导出元数据 149
- 7.1.5 导出模型数据 151

7.2 Tabular Editor：DAX 模型开发工具 153
- 7.2.1 主界面介绍 154
- 7.2.2 一般性编辑功能 156
- 7.2.3 高级脚本编译度量 161
- 7.2.4 最佳规范分析器 164

7.3 ALM Toolkit：应用版本管理工具 166
- 7.3.1 一般性行功能介绍 167
- 7.3.2 启用 XMLA 的"读写"设置 168
- 7.3.3 Power BI Desktop 报告版本控制 171

7.3.4 Azure Analysis Services 模型版本控制 ························ 176
7.4 在 Analysis Services 中开启全自助分析 ························ 178
7.5 自动化恢复与暂停 Azure Analysis Services ···················· 181
7.5.1 启用逻辑应用 ··· 182
7.5.2 恢复 Azure Analysis Services ··· 183
7.5.3 暂停 Azure Analysis Services ··· 186
7.6 自动化升降 Azure Analysis Services 性能级别 ················ 188
7.6.1 创建 Azure 应用主体及相应的授权设置 ······················ 189
7.6.2 通过 HTTP 形式获取应用主体的访问令牌 ················· 193
7.6.3 通过令牌以 HTTP 形式发送调整性能指令 ················· 195
本章小结 ··· 198

第 8 章 Azure Analysis Services 使用案例 ···························· 199
8.1 医疗行业案例 ·· 199
8.1.1 项目目标 ·· 199
8.1.2 解决方案 ·· 200
8.1.3 实现价值 ·· 200
8.2 零售行业案例 ·· 201
8.2.1 项目目标 ·· 201
8.2.2 解决方案 ·· 201
8.2.3 实现价值 ·· 202
8.3 地产行业案例 ·· 202
8.3.1 项目目标 ·· 203
8.3.2 解决方案 ·· 203
8.3.3 实现价值 ·· 204
本章小结 ··· 204

第 9 章 拓展：Azure Data Services ··· 205
9.1 现代数据仓库 ·· 205
9.1.1 现代数据仓库之 Azure 经典架构 ································ 205
9.1.2 Azure Synapse Analytics 简介 ······································ 206
9.1.3 Azure Databricks 简介 ·· 210
9.2 Azure Analysis Services 更新 ·· 213
本章小结 ··· 215

第 1 章　Analysis Services 基础

本章将介绍 Analysis Services 的基础知识，说明 Analysis Services 的发展历史及其与 Power BI 的对比，力求帮助读者对 Analysis Services 相关概念有全面的了解。

1.1　自助式 BI 的崛起

在正式谈及 Analysis Services 之前，我们先要谈谈自助式 BI（Business Intelligence，商业智能）和 Power BI。所谓自助式 BI 指的是业务人员可以通过自助的方式独立完成数据分析的全过程，而不需要 IT 人员的介入。那么你可能会问，Excel 是否属于自助式 BI 呢？答案是看情况而定。Excel 是一款灵活性很高的通用型应用，它在处理小型数据集的时候非常方便，许多人也将其视为一种数据处理与分析的工具。就实用角度而言，我们可以认为 Excel 也是一种自助式 BI 工具。

但 Excel 也有"力不从心"的时候。当要处理的数据量达到 GB 级别或数据结构较复杂时，Excel 往往无法胜任。这是因为 Excel 是一款处理非结构化数据的通用软件，其设计初衷并非单纯的数据分析，所以从工具设计角度而言，Excel 又并不算是真正的 BI 工具。

那么什么是真正的自助式 BI 工具呢？随着近年来 BI 技术的迅速发展，微软在 2015 年推出了 Power BI，这是一款专业型 BI 工具。从数据分析的角度而言，你可以简单理解为 Power BI 是 Excel 的升级版，是一款真正的 BI 应用。

那么市场对 Power BI 的反响如何呢？2021 年，微软以极为明显的优势赢得了著名咨询公司加德纳（Gartner）BI 平台领导者荣誉，见图 1.1。这已经是微软连续 14 年处于领导者地位了。此图的 x 轴为前瞻性维度，可理解为"远景的丰富程度"，即是否有清晰、完整的发展远景；y 轴为执行能力维度，即目前产品功能与用户体验是否值得肯定。虽然魔力象限图是对微软品牌的总体打分，但 Power BI 作为微软目前最核心的可视化数据分析工具之一，足以代表微软整体在 BI 平台方面的制作水准。

今天，单一、传统的企业级 BI 解决方案已不能满足现代快速变化的商业需求，决策者应该思考如何将由 IT 人员主导的解释性分析转为由分析人员主导的探索性分析。而 Power BI

恰恰能让分析人员在无须 IT 人员介入的情况下独立完成一系列的数据挖掘工作，让"人人都能学会数据分析"不再是一句空洞的口号。如果把一家企业的 BI 分析工具比喻成武器，那么企业级 BI 工具的特点是精准，射程远，威力大，但需要专业人员操作，维护成本高；自助式 BI 工具的特点是易上手，普通人通过短期培训也能让其发挥出很大威力。企业级 BI 与自助式 BI 的对比见图 1.2。

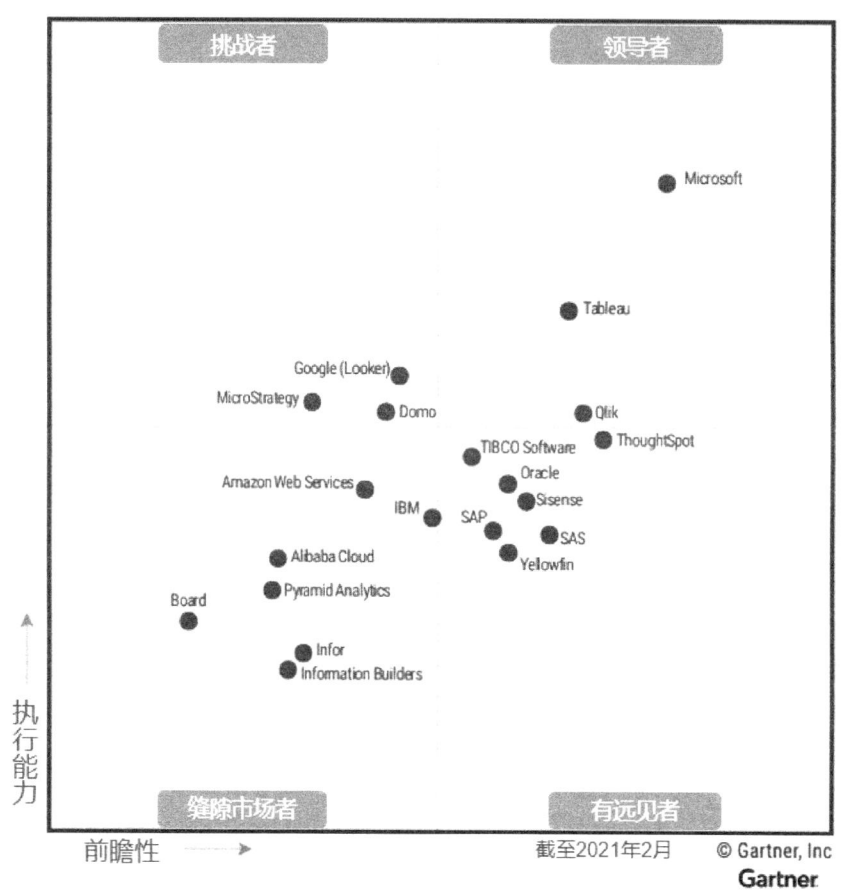

图 1.1 加德纳 BI 平台魔力象限图（截至 2021 年 2 月）

但这并不是说传统企业级 BI 工具就不再重要了，对于许多数据量巨大、逻辑复杂的商业场景而言，企业级 BI 工具仍然是理想的选择，企业级 BI 仍然有其重要的价值。企业应思考如何将企业级 BI 和自助式 BI 有机结合，发挥出更大的作用。例如，企业级 BI 方案适用于固定的、数据量巨大的业务场景，业务人员则可通过自助式 BI 方案实现探索性分析，最大限度地利用二者的优点，从而达到事半功倍的效果。

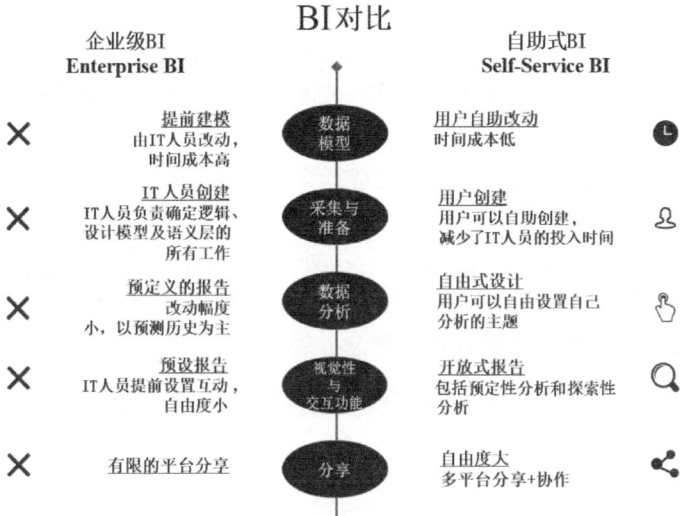

图 1.2　企业级 BI 与自助式 BI 的对比

1.2　企业级 BI 的优势

前文提及自助式 BI 相比企业级 BI 的各种优势，虽然从自助分析场景与技术角度而言，用户完全可以通过前端工具 Power BI/Excel 直接访问数据仓库进行数据建模与分析，以满足个人与团队级别的分析需求。BI 数据功能组件示意图见图 1.3。但当用户需要处理规模庞大的企业级数据时，再使用自助分析模式就会力不从心。自助分析模式的弊端如下。

（1）非中心化数据模型设计无法形成唯一可信数据源。
（2）缺乏企业复杂模型设计的能力。
（3）无法满足企业规模化分析性能的需求。
（4）缺乏表级和列级的安全控制。

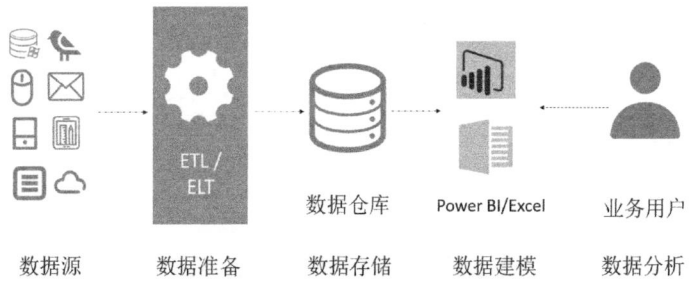

图 1.3　BI 数据功能组件示意图

注意，图中的 ETL、ELT 代表两种不同的数据准备过程，分别是 Extract、Transform、Load（提取、转换、加载）、Extract、Load、Transform（提取、加载、转换）。在企业级 BI 解决方案中，这部分工作由专门的工具完成；在自助式 BI 中，Power BI 中的 Power Query 可独立完成这部分工作。

为消除以上弊端，企业级 BI 解决方案会选择在数据仓库与前端工具中间安装 SSAS（SQL Server Analysis Services，SQL 服务器分析服务）工具。你可以将 SSAS 理解为一个专门的 OLAP（On-Line Analytical Processing，联机分析处理）工具，当用户进行查询服务时，OLAP 工具可更快地响应查询请求，支持稳定的性能输出。再者，所有的模型与安全设置都在 SSAS 层面完成，更符合企业模型中心化设计的理念。SSAS 的功能定位见图 1.4。

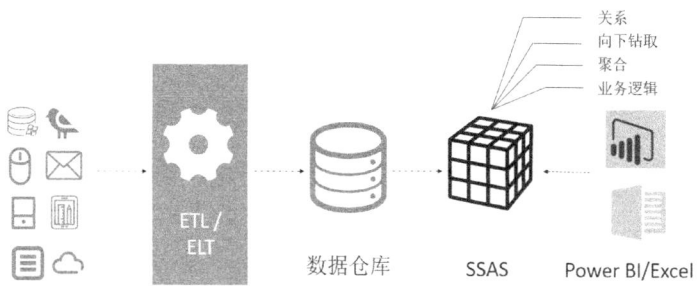

图 1.4　SSAS 的功能定位

1.3　Analysis Services 概述

Analysis Services 是微软企业级 BI 的代表产品，是 SQL Server 产品中的一个组件，全称为 SQL Server Analysis Services。相信大多数读者都听过微软的 SQL Server 产品，它是一款经典的数据库（Database，DB）工具，见图 1.5。

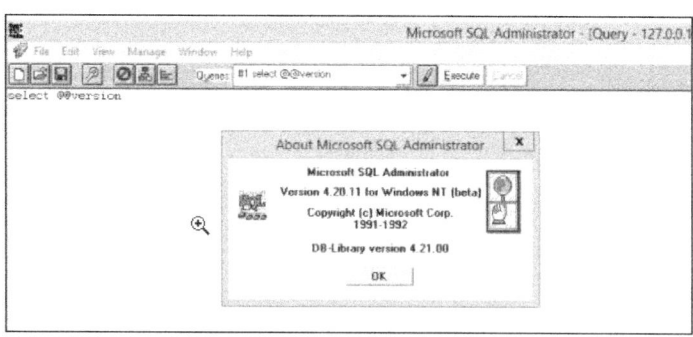

图 1.5　经典 SQL Server 操作界面

经过多年的发展，SQL Server 已经从最初仅提供数据存储功能的小工具跃升成为功能丰富的数据解决方案。SQL Server 提供了三大核心利器，分别是 SSIS（SQL Server Integration Services，SQL 服务器集成服务）、SSAS（SQL Server Analysis Services，SQL 服务器分析服务）、SSRS（SQL Server Reporting Services，SQL 服务器报表服务），见图 1.6。它们提供的解决方案分别是数据准备方案（SSIS）、数据模型方案（SSAS）和分析报表方案（SSRS）。

图 1.6　SQL Server 的三大功能组件

对于没有 BI 背景的读者而言，数据分析过程就像做饭的 3 个必要步骤：洗菜（数据准备）、烹饪（数据建模）、就餐（数据呈现），见图 1.7。

图 1.7　关于 3 个数据分析过程的比喻

对于一个完整的数据分析过程来说，这 3 步是缺一不可的。过去，微软依靠成熟的 SQL Server 产品，占据了市场的主导地位；如今 SSRS 已经渐渐退出舞台，取而代之的是 Power BI Service，后者在敏捷性与可视化能力方面远远超越 SSRS。SSIS 也渐渐被 Azure Data Factory 与 Azure Databricks 等新产品部分取代。而 SSAS 作为企业级中心化的数据模型方案，至今仍广受欢迎，目前还没有出现可以替代 SSAS 的产品。

1.4　多维模型与表格模型

目前，SSAS 支持两种数据模型技术：多维模型（Multi-Dimensional Modeling）与表格模型（Tabular Dimensional Modeling Expression）。因为多维模型使用的分析语言名称为 MDX（Multi-Dimensional Expression）、表格模型使用的分析语言名称 DAX（Data Analysis Expression），因此这两种模型又称 MDX 模型与 DAX 模型。

需要注意的是，分析语言是独立于产品存在的，例如 SSAS Tabular、Power BI 和 Excel PowerPivot 工具均支持 DAX。从趋势而言，越来越多的 BI 解决方案采用 DAX 模型，但 MDX 模型仍然存在于遗留的 IT 系统中。相比之下，DAX 模型有以下 3 个优势。

（1）平缓的学习曲线：大多数人倾向于学习曲线较为平缓的 DAX 模型。

（2）与 Power BI 兼容：Power BI Desktop 只支持 DAX 模型，DAX 模型更适合自助分析使用。

（3）性能的提升：DAX 模型是完全基于内存的数据模型，运算速度更快，而 MDX 模型是基于硬盘存储的数据模型，见图 1.8。

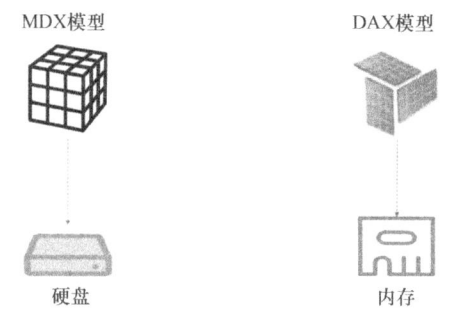

图 1.8　MDX 模型与 DAX 模型的资源来源对比

如果用户已经使用了成熟的 MDX 模型，就没有必要切换为 DAX 模型。MDX 模型作为一款经典的 BI 解决方案也有其自身优势，具体如下。

（1）MDX 模型技术已经发展多年，相对成熟、稳定。

（2）MDX 模型基于硬盘存储，在成本上更为经济（尽管内存价格在不断下降，但目前硬盘仍然更便宜）。

目前，只要是使用微软数据解决方案的用户，大多数都使用 SSAS 作为数据建模的核心组件。鉴于 DAX 模型的优势，新的数据模型通常都采用 DAX 模型，本书内容都是基于 DAX 模型编写的。

1.5　Power BI 技术

截至 2021 年 2 月，微软已连续 14 年处于加德纳 BI 平台魔力象限图第一象限的位置，这甚至发生在 Power BI 诞生之前。这意味着从最初的单纯 SQL 关系型数据库产品发展到由 MDX、DAX 驱动的 SSAS 数据模型，再到目前流行的 Power BI service、Azure Analysis Services 和 Azure Data Warehouse 等产品，微软在 BI 领域持续成功的背后，有着非常清晰、成熟的 BI 架构体系。

从某个角度而言，Excel PowerPivot、Power BI 不过是 SSAS 的两个轻量级化身。你可在 Windows 任务管理器中找到正在运行的 Power BI 实例，其使用的引擎名字就包含 Analysis Services，见图 1.9。微软能在第一象限坚守多年，这绝不是仅靠一个 Power BI 工具就能做到的。对于个人或团队 BI 解决方案，设计者可以用 Power BI 实现。但当用 Power BI 实现企业级 BI 解决方案遇到系统性能瓶颈时，企业 Analysis Services 就有用武之地了。

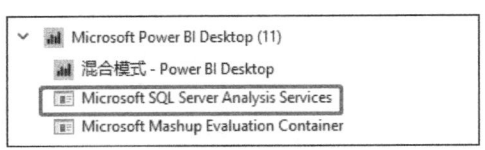

图 1.9　Power BI Desktop 使用的技术引擎

综上所述，无论是自助式 BI 还是企业级 BI，其自身都有一定的局限性。图 1.10 所示的混合模式可以在满足企业级需求的同时满足自助式需求。

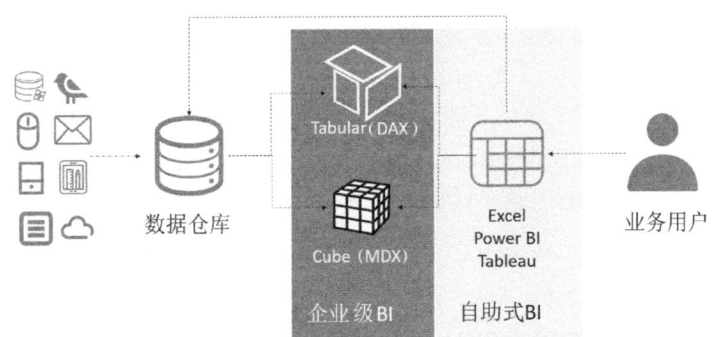

图 1.10　企业级 BI 分析环节的架构方案

（1）大多数用户只需要通过 Power BI 直连 SSAS 的方式进行数据查询。这种模式下，模型与安全设置都是中心控制的，用户仍可以创建报表层级的度量和可视化对象，拥有一定的自助分析能力。

（2）少部分高级用户仍然被允许通过 Power BI 直接连接数据仓库的方式进行即席查询，用户可自助建模，这让用户拥有更大的自由度。

1.6　Azure Analysis Services 概述

随着 IT 技术的不断发展，云计算作为一种数据解决方案已经成为普遍现实，越来越多的企业正在（或已经）将本地 IT 系统升级到云端。Azure Analysis Services 实际上就是 Analysis Services 云端化的一种形式，类似这样的产品还有 Azure SQL Database。通过提供这样的云服务，企业便可将原有的本地服务替换为云服务。

本书并不涉及云端（On-Cloud）与本地（On-Promise）解决方案优劣的讨论，但从目前云应用的规模增长趋势可以断定，在可见的未来，必定有更多的企业选择云方案。

图 1.11 所示为微软官方的 Azure 数据服务架构图。其中，Power BI 承担了前端可视化分析的角色，而 Azure Analysis Services 承担了数据建模的角色，两者紧密结合，充分满足用户对规模性级别运算能力的需求。

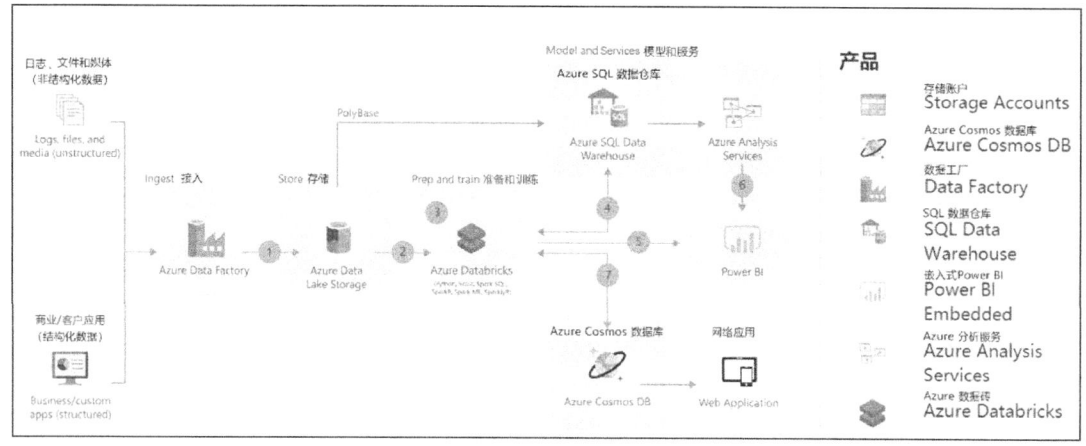

图 1.11　Azure 数据服务架构图

当然，作为云计算服务，Azure Analysis Services 是按使用时间与使用性能规格收费的。如果你创建了 Azure Analysis Services，那么也会产生相应的费用。幸运的是，Azure Analysis Services 的性能是根据用户选用的 SKU（Stock Keeping Unit，库存量单位）级别收费的，服务也是随时可以暂停的，其最小的收费单位按小时计算。这样的机制在一定程度上为用户节省了开支。

注意，Azure Analysis Services 只支持创建基于内存的 DAX 模型，而不支持 MDX 模型。但 Azure Analysis Services 仍然支持在 SQL Server Management Studio 或 Excel 中的 MDX 查询语句请求。

1.7　Azure Analysis Services 与 Power BI Premium

Power BI Premium 是一种为企业级 BI 设计的高级 Power BI 云端 SaaS（Software as a Service，软件即服务）云计算服务。在 Power BI Premium 环境中，使用者能使用许多高级的数据分析服务，目前已经有许多企业订购了 Power BI Premium 作为企业的高级数据分析平台，而且该平台的功能也在不断迭代完善。

Power BI 自问世以来一直是微软重点发展的产品，其定位不仅面对个人级别，还面对企业级别的应用场景。但就目前而言，Azure Analysis Services 与 Power BI Premium 相比仍然存在以下几个方面的优势。

1. 价格优势

Power BI Premium 服务按月收费，入门的 P1 级别服务的市场零售价格约为每月 5000 美元，如果需要更高档的企业级别配置，自然需要花费更多。这样的收费标准已经令许多中小企业望而却步。事实上，即使是大企业，追求应用工具的合理性价比也是十分有必要的。

而前文提到 Azure Analysis Services 是以性能与使用时间计费的 PaaS（Platform as a Service，平台即服务）云计算服务，在非全天候使用的情况下，用户可以在非使用时间暂停服务，又或者在非繁忙时间下调 SKU 级别，降低整体的费用开销。图 1.12 所示为 Azure Analysis Services 部分 SKU 级别的收费标准。与 Power BI Premium 相比，二者就像是"钟点房"与"月租房"的区别。

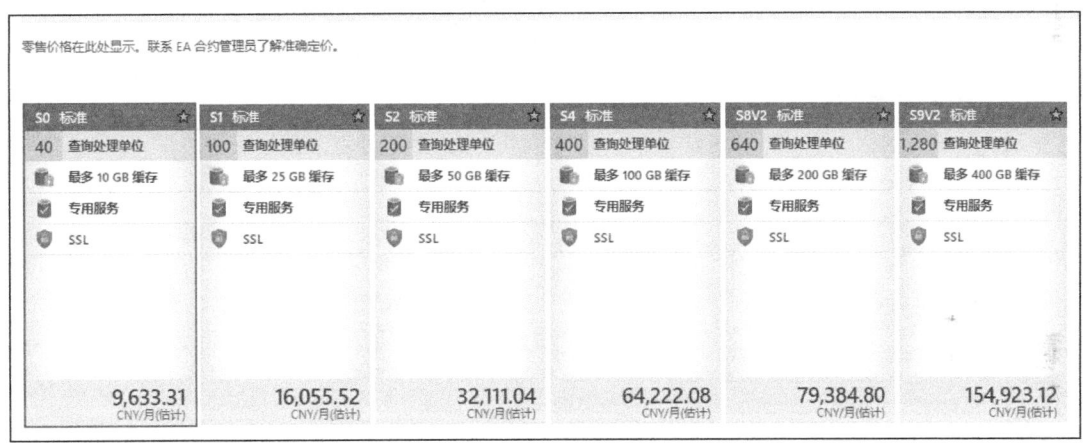

图 1.12　Azure Analysis Services 部分 SKU 级别设置与价格参考

2. 集成开发环境优势

Analysis Services 与 Visual Studio 2019 之间无缝集成，开发者可以在 Visual Studio 2019 中对模型进行开发，而 Visual Studio 2019 除了自身有许多软件开发功能，还有许多扩展应用，如 DevOps、GitHub 等，见图 1.13。这些功能都能很好地支持大型、复杂工程的开发，包括以 DevOps Branch 的方式支持多人开发表格模型项目。

3. 更全面的安全控制

OLS（Object Level Security，对象级安全性）是对访问、管理模型对象内容的控制。目前 Power BI 中仅有行级权限的安全控制，而缺乏对表级和列级的安全控制，见图 1.14。OLS 通过对角色的定义，可以有效地控制用户访问、管理数据模型对象的权限，提供更加细致的安全控制。

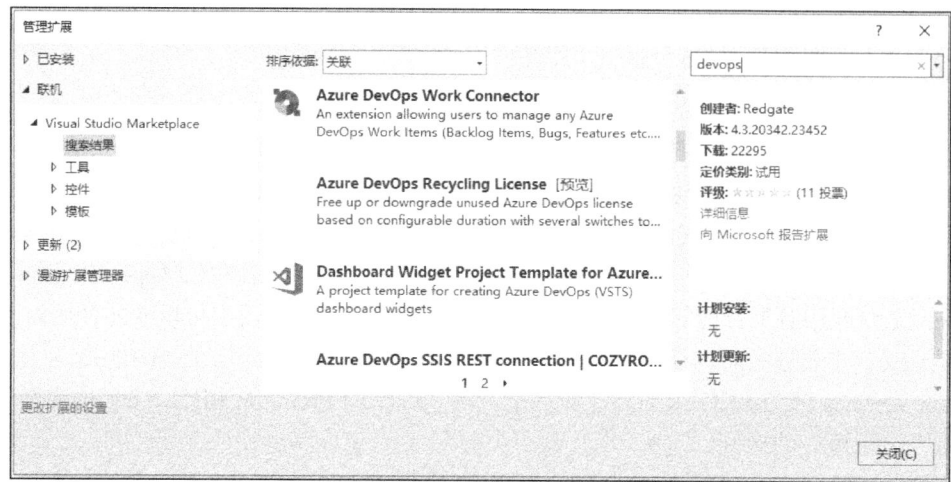

图 1.13　Visual Studio 2019 的管理扩展界面

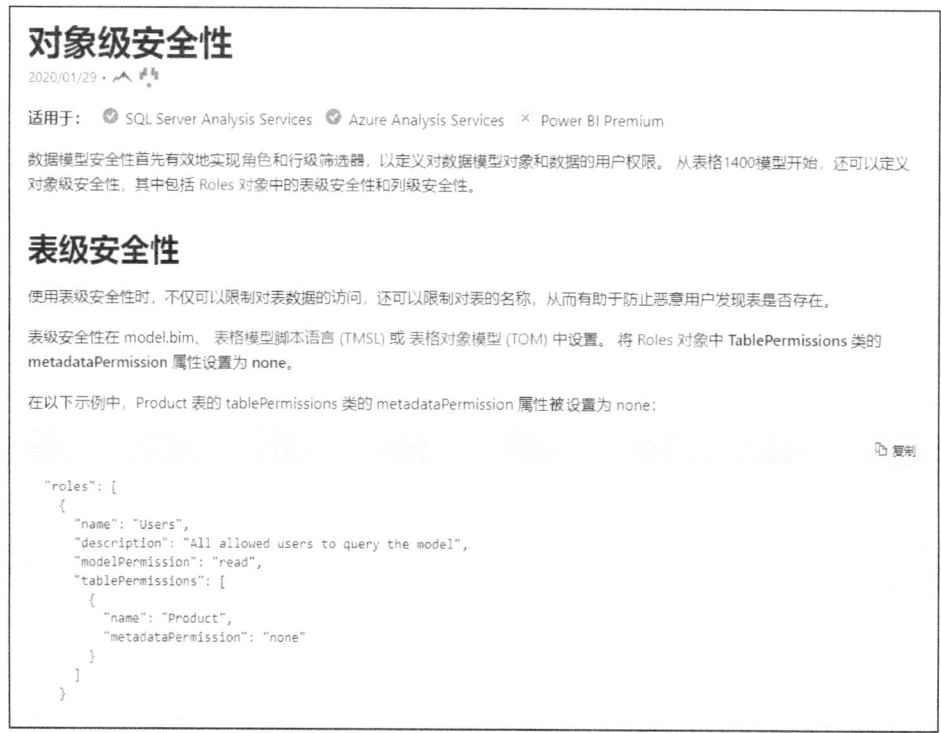

图 1.14　表级的安全控制示例

综上所述，虽然 Azure Analysis Services 在功能上不见得有 Power BI Premium 全面，但

其优势也是明显的。基于上述 3 点原因，目前 Azure Analysis Services 仍然被广泛应用在企业级解决方案中，Azure Analysis Service 和 Power BI Premium 是友好互补的关系，学习 Azure Analysis Services 或 Analysis Services 只会让你对整个表格制分析服务有更加透彻的体会，你的 BI 经验也将变得更加全面、更加有深度，而不是仅停留在了解 Power BI 应用上。

本章小结

本章以自助式 BI 的崛起为引子，介绍了企业级 BI 的优势，引入了 Analysis Services 的概念知识，对比了 MDX 模型与 DAX 模型的区别，介绍了 Azure Analysis Services，最后还介绍了 Azure Analysis Services 与 Power BI Premium 各自的优势。

第 2 章 安装开发工具与启用 Analysis Services

本章主要讲解工具安装。在正式开始使用 Analysis Services 前，我们需要安装配置相应的开发工具与数据环境。如果读者已安装了以下部分工具，可选择跳过相关的章节，直接进行后面的学习。

2.1 安装工具与启用服务列表

本章中将要进行以下安装或启用工具和数据库的操作。
（1）安装本地 Server Management Service Studio。
（2）安装本地 SQL Database。
（3）安装本地 Analysis Services。
（4）安装 Visual Studio 2019 与 Analysis Services 扩展。
（5）启用 Azure SQL Database 服务。
（6）启用 Azure Analysis Services。
（7）导入数据库 AdventureWorksDW（简称 ADW 数据文件）。

请注意，为行文方便，在后续的章节中将部分使用工具的缩写名字，表 2.1 所示为工具名称缩写列表。

表 2.1 工具名称缩写列表

全名	缩写	说明
Analysis Services	AS	本地机器的 Analysis Services
Azure Analysis Services	AAS	Azure 云端的 Analysis Services，PaaS 服务
SQL Server Management Studio	SSMS	安装在本机的界面化 SQL 管理工具
Visual Studio 2019	VS	开发模型工具

在《商业智能数据分析：基于 Power BI 和 Tableau》中，我们已经介绍过 SQL Database、Analysis Services、SSMS、Visual Studio 2017、SQL Server Data Tools（SSDT）等工具的安装，

如果读者之前已经成功安装工具可以跳过本节内容。但注意，Visual Studio 2019 的扩展安装方式与 Visual Studio 2017 略有不同。另外，随着近年来的云端化革新，许多本地微软产品都被赋予云端化的能力，工具原名称前也添加上了 Azure 字样以示区别。例如，Azure SQL Database、Azure Analysis Services。从服务的角度而言，应用从本地的自我管理模式升级为云服务托管（PaaS）模式是一种发展趋势；从学习的角度而言，无论是学习本地版本还是云端版本，工具的核心功能基本都是一致的。Azure 与本地数据流图对比见图 2.1。

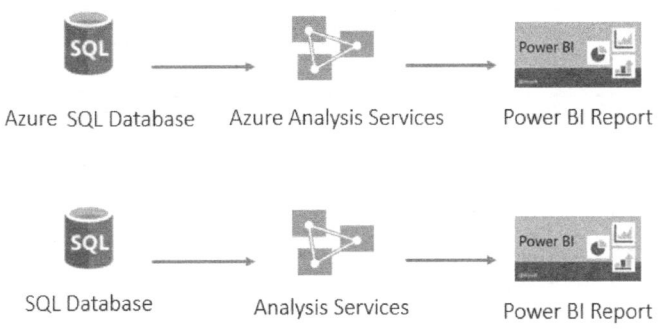

图 2.1　Azure 与本地的数据流图对比

考虑到产品未来发展的趋势，本章将同时介绍本地 Analysis Services 与 Azure Analysis Services 两种应用，本书将涵盖本地与云服务方案的实现过程。

2.2　下载数据库 AdventureWorksDW

本书继续沿用《商业智能数据分析：基于 Power BI 和 Tableau》中的 AdventureWorksDW 示例作为演示数据文件，第一次下载的用户可通过搜索关键字“AdventureWorks”在微软官网下载该数据库，建议下载版本为“AdventureWorksDW2017.bak”，见图 2.2。

Download backup files

Use these links to download the appropriate sample database for your scenario.

- **OLTP** data is for most typical online transaction processing workloads.
- **Data Warehouse (DW)** data is for data warehousing workloads.
- **Lightweight** (LT) data is a lightweight and pared down version of the **OLTP** sample.

If you're not sure what you need, start with the OLTP version that matches your SQL Server version.

OLTP	Data Warehouse	Lightweight
AdventureWorks2019.bak	AdventureWorksDW2019.bak	AdventureWorksLT2019.bak
AdventureWorks2017.bak	AdventureWorksDW2017.bak	AdventureWorksLT2017.bak

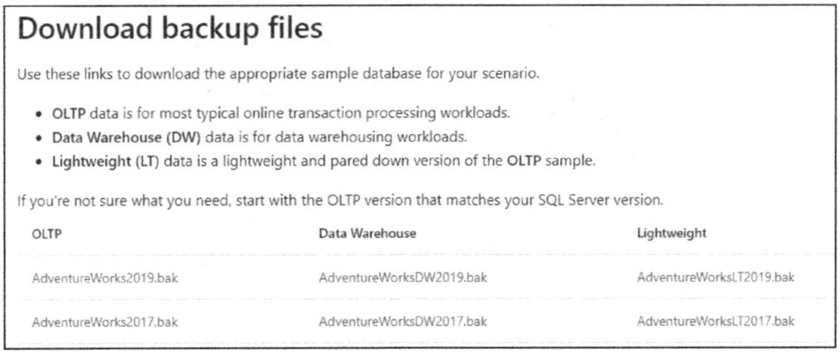

图 2.2　数据库下载页面

2.3 安装 SQL Server Management Studio

SSMS 用于 SQL Server 与 Analysis Services 的界面管理，为免费软件。

（1）通过关键字在微软官网搜索安装包下载网址，图 2.3 所示为 SSMS 安装包下载界面。

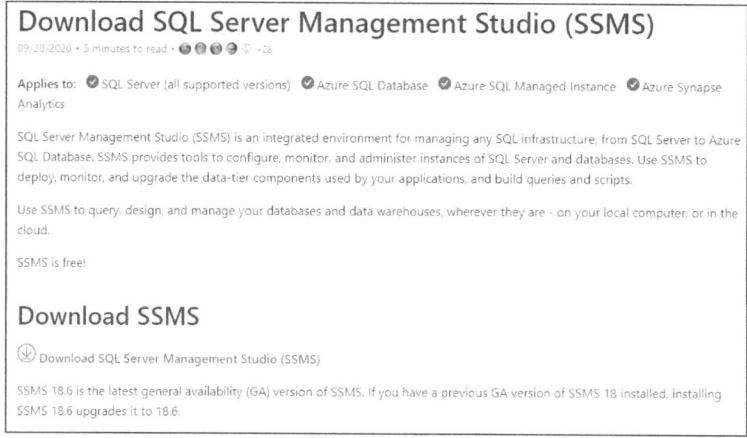

图 2.3 下载 SSMS

（2）下载安装包后，打开安装包双击安装文件，开始安装 SSMS，见图 2.4。

图 2.4 安装 SSMS

（3）安装完成后，启动 SSMS，在菜单栏中选择"工具"-"选项"命令，在打开的"选项"对话框中选择"区域设置"选项,将"语言"设置为中文,单击"确定"按钮完成设置,见图 2.5。重新启动 SSMS,完成语言切换。注意,只有中文的 Windows 10 支持 SSMS 中文版。

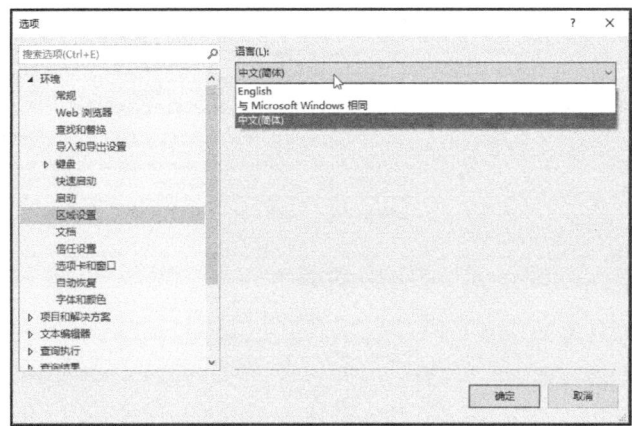

图 2.5　选择语言类型

2.4　安装本地 SQL Server 与本地 Analysis Services

SQL Server 为付费工具,但提供免费的 Developer 版本用于非生产环境。

(1)通过关键字"SQL Server"在微软官网搜索并找到下载网址,下载 Developer 版本,见图 2.6。下面将一次性安装 SQL Server 与 Analysis Services 两个应用。

图 2.6　下载 Developer 版本

(2)将安装包下载到本地后,双击安装文件,选择安装本地版 SQL Server,见图 2.7。

(3)在"产品密钥"界面选择"指定可用版本"单选项,在下拉列表中选择"Developer"选项,单击"下一步"按钮,见图 2.8。

第 2 章 安装开发工具与启用 Analysis Services

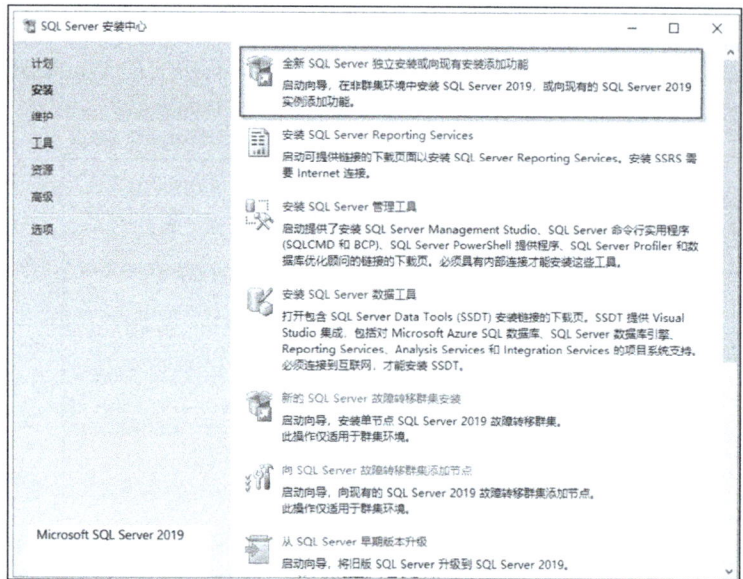

图 2.7 安装本地版 SQL Server

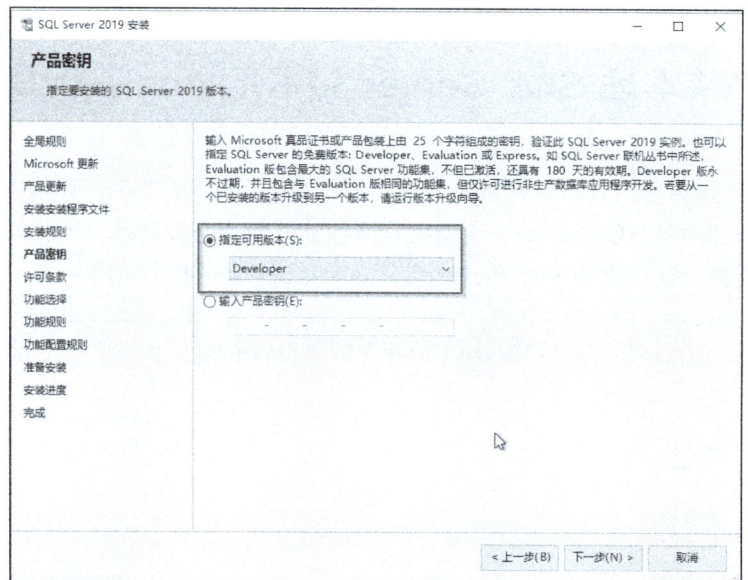

图 2.8 选择 Developer 版本

（4）在"功能选择"界面"功能"列表框中勾选"数据库引擎服务"复选框，即 SQL Server，见图 2.9。

（5）勾选"Analysis Services"复选框，单击"下一步"按钮，见图 2.10。这样即可一次安装两个应用。

2.4　安装本地 SQL Server 与本地 Analysis Services

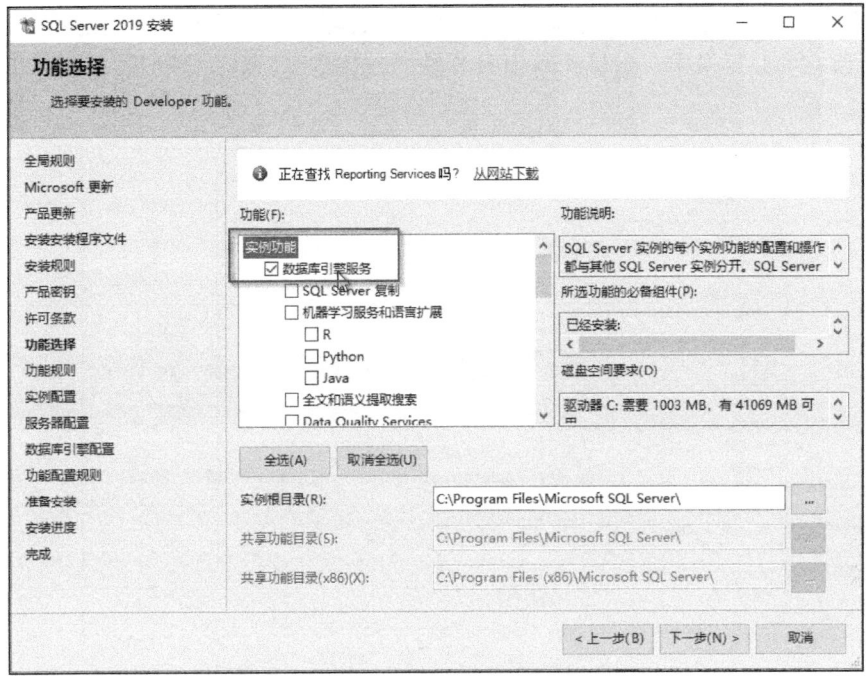

图 2.9　勾选"数据库引擎服务"复选框

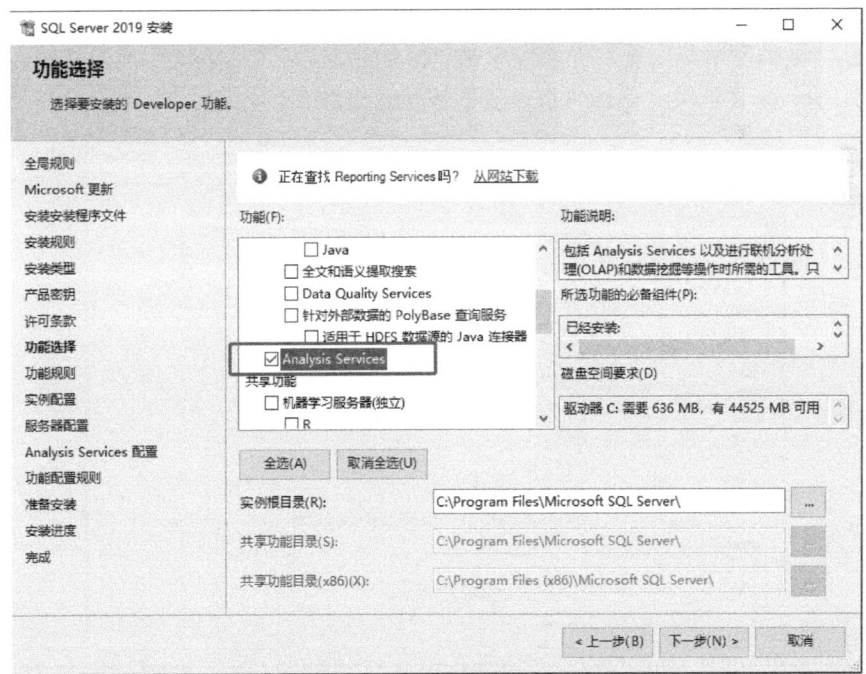

图 2.10　勾选"Analysis Services"复选框

(6)在"服务器配置"界面中,可以看到"SQL Server 数据库引擎"与"SQL Server Analysis Services"都在安装目录中,确保此两项服务的"启动类型"为"自动",单击"下一步"按钮,见图 2.11。

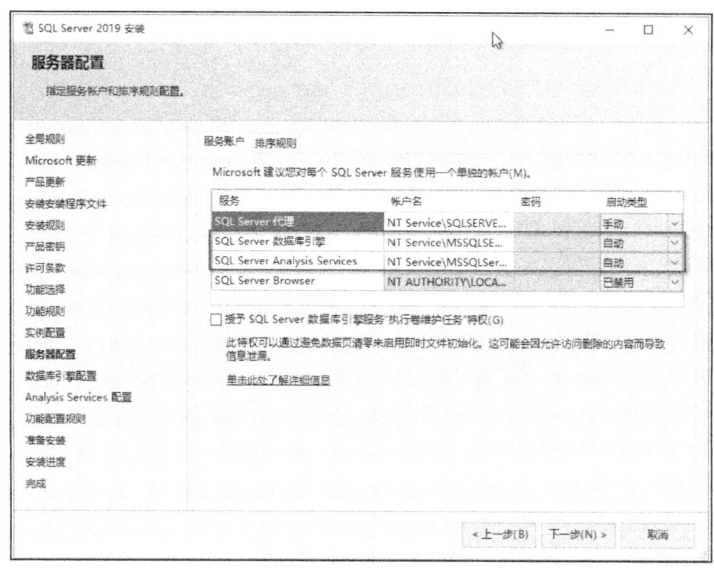

图 2.11　确保"启动类型"为"自动"

(7)在"数据库引擎配置"界面中单击"添加当前用户"(本地用户)按钮,指定当前用户为 SQL Server 管理员,单击"下一步"按钮,见图 2.12。

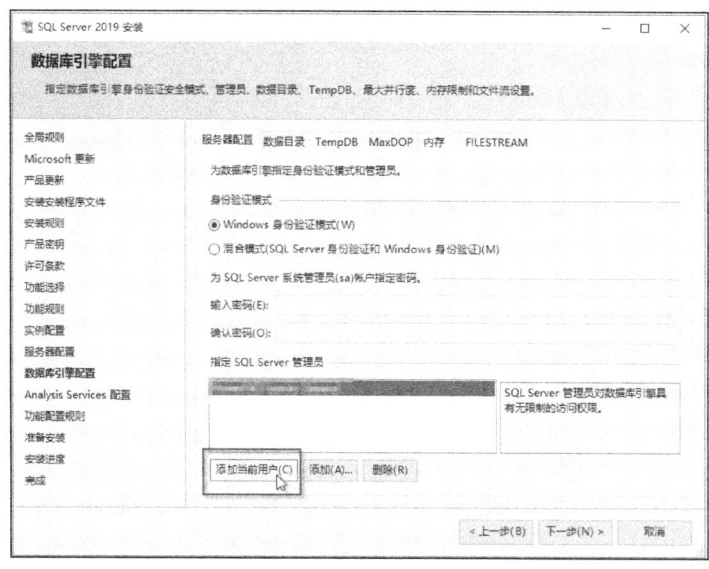

图 2.12　添加当前用户为管理员

2.4 安装本地 SQL Server 与本地 Analysis Services

（8）在"Analysis Services 配置"界面"服务器模式"选项组中，选择"表格模式"单选项①，单击"添加当前用户"按钮②，单击"下一步"按钮，见图 2.13。

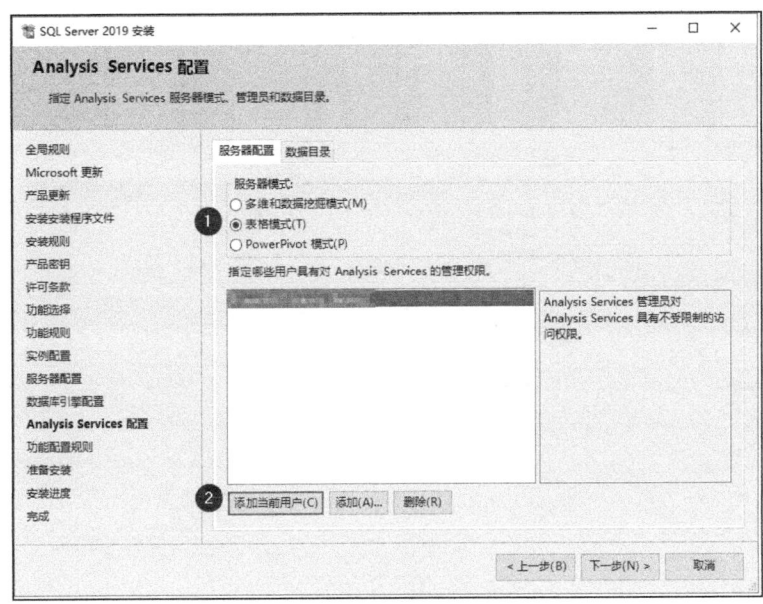

图 2.13　配置表格模式

（9）在"准备安装"界面再次验证将要安装的功能无误后，单击"安装"按钮，见图 2.14。

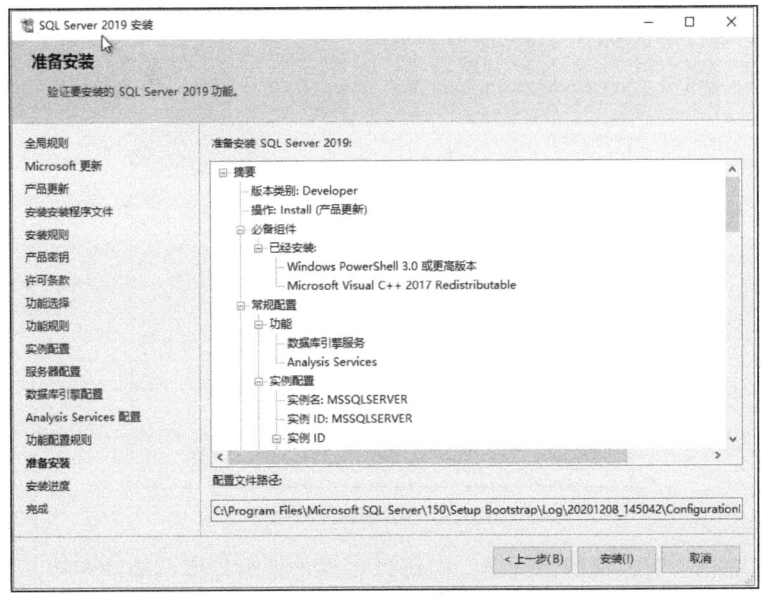

图 2.14　准备安装

（10）等待安装结束后，"完成"界面中会显示安装结果，单击"关闭"按钮，见图 2.15。

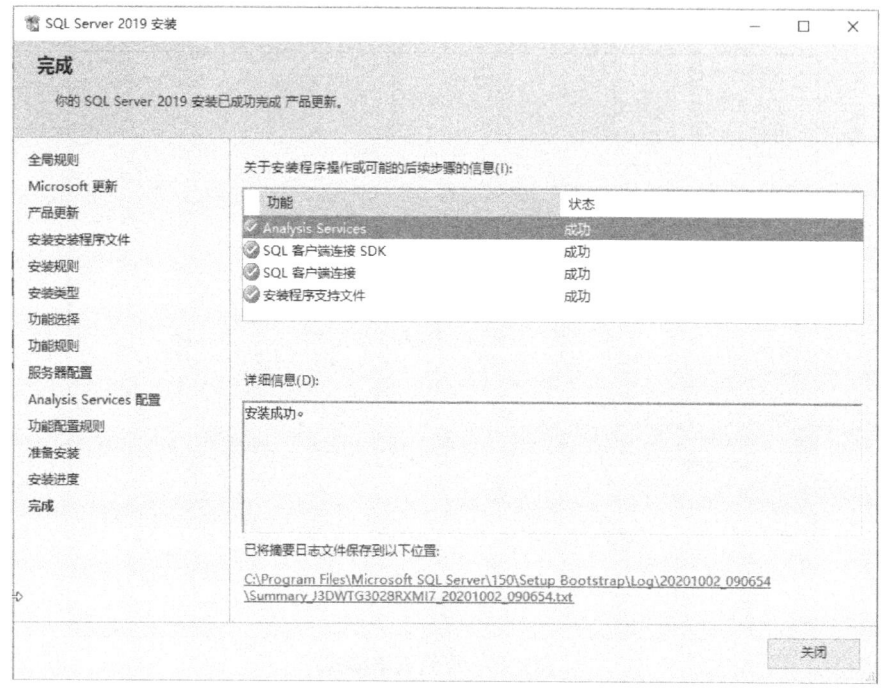

图 2.15　安装完成

安装结束后，我们可快速验证应用连接，启动 SSMS，单击面板左上角"连接"选项①，在"连接到服务器"对话框中设置"服务器类型"为"数据库引擎"②，在"服务器名称"文本框中输入"localhost"（本地服务器的缩写）③，单击"连接"按钮④，见图 2.16。

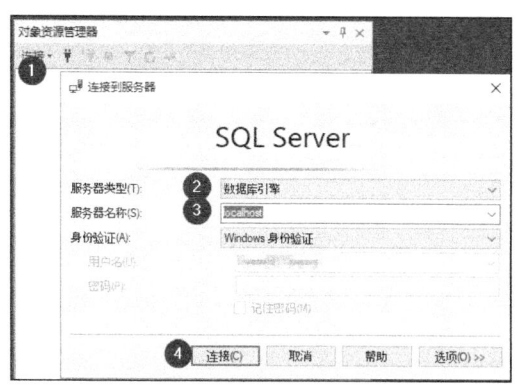

图 2.16　验证应用连接

（11）在 SSMS"对象资源管理器"中可以看到本地数据库已成功连接，见图 2.17。

重复图 2.16 的操作，在"服务器类型"下拉列表框中选择"Analysis Services"选项，其他设置保持一致，结果见图 2.18，表示本地 Analysis Services 安装成功。

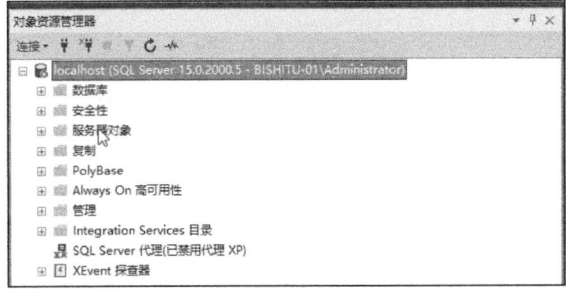

图 2.17　查阅安装的 SQL Server 实体

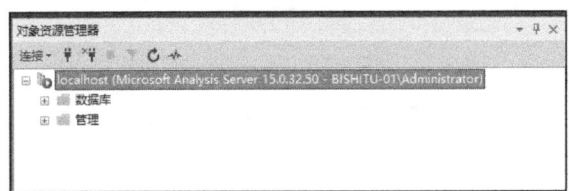

图 2.18　查阅安装的 Analysis Server 实体

2.5　安装 Visual Studio 2019 与 Analysis Services 扩展

Visual Studio 是 DAX 项目的开发必备工具，在撰写本书时最新的版本是 Visual Studio 2019（VS）。读者可下载 Community 2019 版本用于学习。

（1）打开 VS 官网，下载 Community 2019 版本，见图 2.19。

图 2.19　下载 Community 2019 版本

（2）下载完成后，开始安装 VS，需要勾选"数据存储和处理"复选框以安装该组件，见图 2.20。

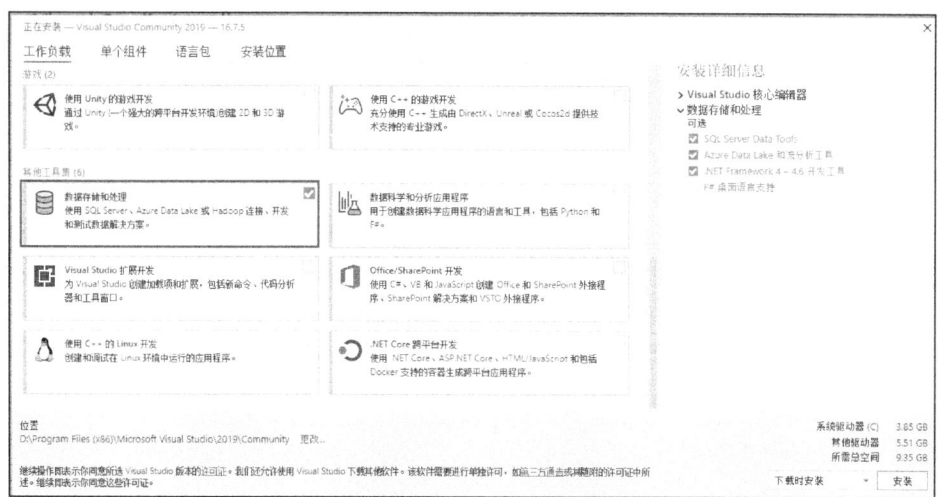

图 2.20　勾选必要安装组件

（3）安装完成后，在第一次启用时会创建一个空白解决方案，见图 2.21。

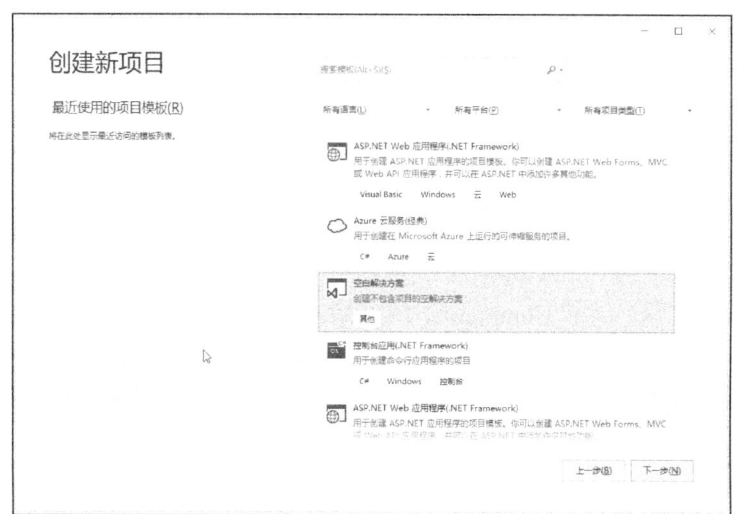

图 2.21　创建一个空白解决方案

（4）选择菜单栏中的"扩展"-"管理扩展"命令，见图 2.22。

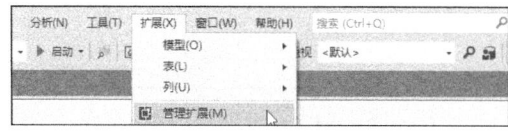

图 2.22　安装扩展插件

（5）在打开的对话框中搜索"Microsoft Analysis Services Projects"插件并单击"下载"

2.5 安装 Visual Studio 2019 与 Analysis Services 扩展

按钮，见图 2.23。

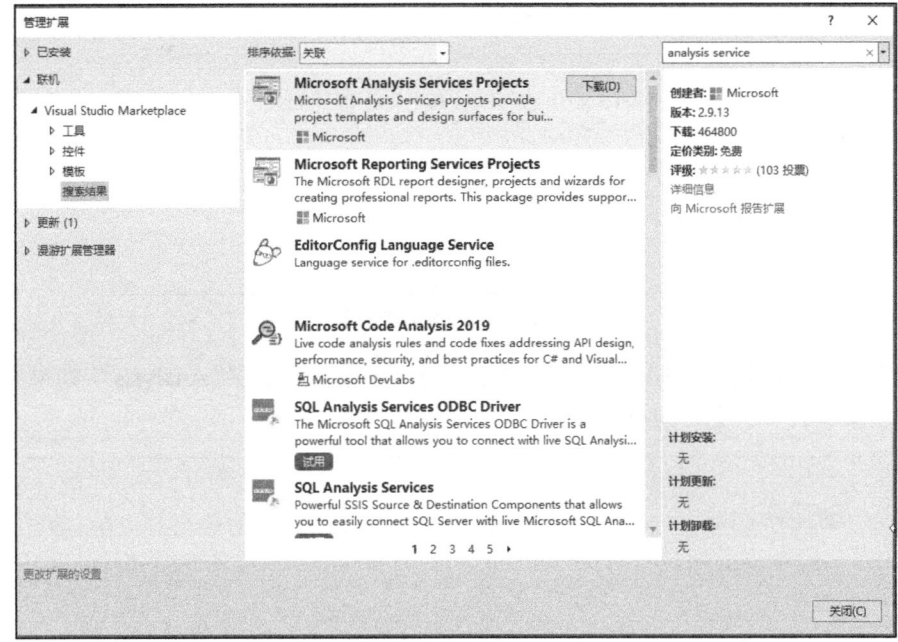

图 2.23 安装 Microsoft Analysis Services Projects 插件

（6）安装完成后重启 VS，确保 Analysis Services 项目为可见，见图 2.24。

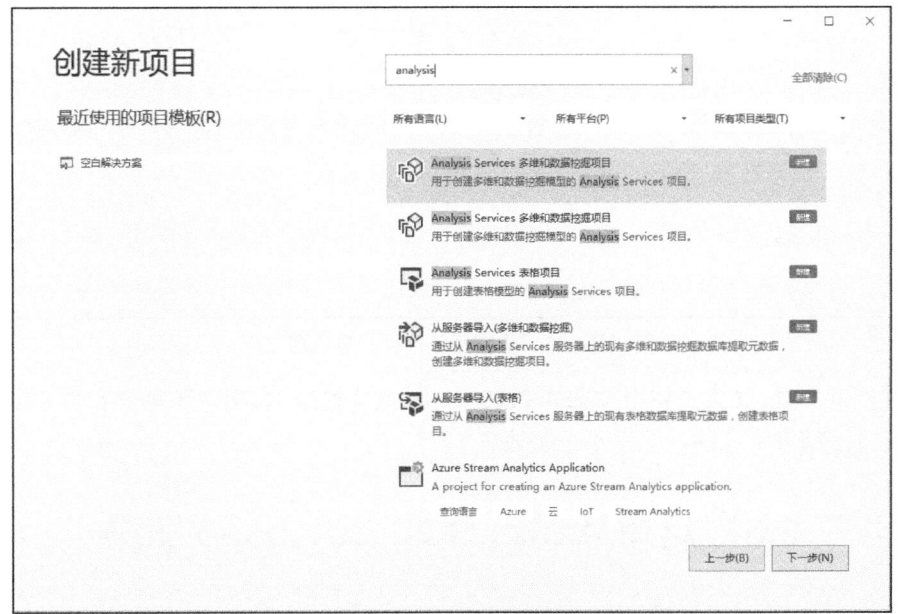

图 2.24 确保 Analysis Services 项目可见

注意，因为网络性能的差异，一部分用户可能会遇到下载时间过长的问题。用户可直接在网上单独下载插件并另行安装，见图 2.25。

图 2.25　直接下载插件

（7）安装成功后重启 VS，在"创建新项目"窗口中输入关键字"Analysis"，如果"Analysis Services 表格项目"可见，则插件安装成功，见图 2.26。

图 2.26　验证插件是否安装成功

需要注意的是，如果是使用 Visual Studio 2017 或之前版本，用户还需要安装 SSDT 工具，具体安装方法请参考官网，这里不再赘述。

2.6　启用 Azure SQL Database 服务

安装 Azure SQL Server 的前提条件是创建了 Azure 账户，Azure 新用户有 30 天内 200

美元额度的试用优惠。对于如何创建 Azure 账户本书不做过多的介绍，读者可参考官网介绍。

（1）登录微软的 Azure 官网并成功注册账户后，在 Azure 服务主页单击"创建资源"按钮，见图 2.27。

图 2.27　创建 SQL 数据库

在搜索栏通过搜索关键字"SQL""找到 SQL Database"服务，双击"SQL Database"对应的图标，见图 2.28。

图 2.28　选择"SQL Database"服务

（2）在"创建 SQL 数据库"界面中创建资源组及数据库。注意数据库名称为小写，见图 2.29。

（3）数据库需要有对应的服务器，因此在"服务器"下拉列表框下单击"新建"链接，创建对应的服务器。注意服务器名称必须是全球 Azure 环境唯一值，否则会出现错误提示，见图 2.30。

（4）建议用户使用带前缀的方式命名新服务器，系统会验证名字的唯一性，接下来创建服务器管理员账号与密码，在"位置"下拉列表框中可选物理位置离用户较近的节点，见图 2.31，设置完成后单击"创建"按钮。

图 2.29　设置创建信息

图 2.30　服务器名称必须全球唯一

图 2.31　选择服务器位置

（5）回到创建界面中，单击"计算＋存储"选项旁的"配置数据库"链接，调整数据库的性能配置。默认配置费用会比较高，作为一般演示使用，可以选择基本版的配置，单击"想要获取基本版、标准版、高级版吗？"链接，见图 2.32。

2.6 启用 Azure SQL Database 服务

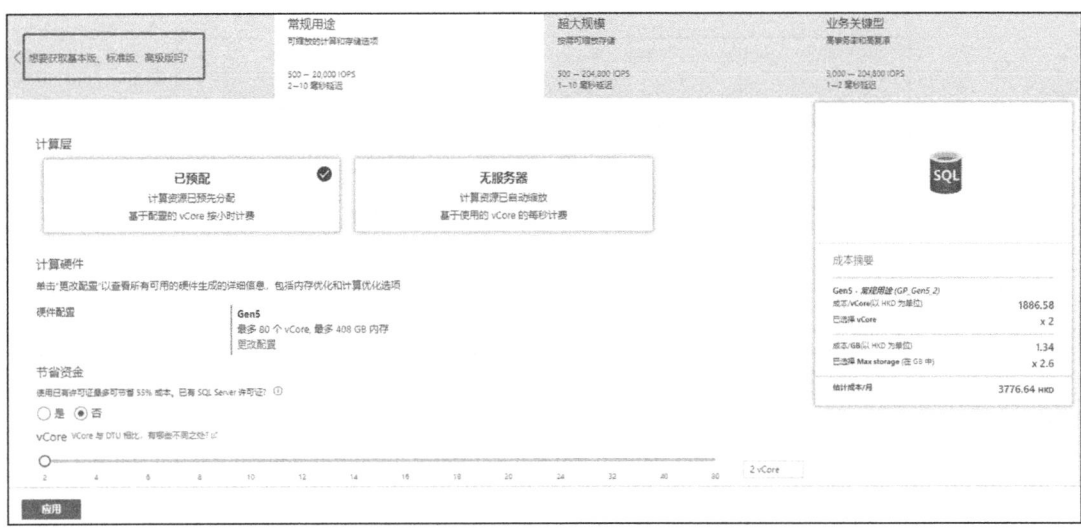

图 2.32　选择服务器的算力

（6）此处选择的是 5 个 DTU 的基本型，费用大大降低了，见图 2.33。DTU 是 Database Transaction Unit 的缩写，DTU 包括 CPU、I/O 和 memory（RAM）资源，是 Azure 中的资源配置方式。若需要了解更详细的描述，请参阅微软官方文档。

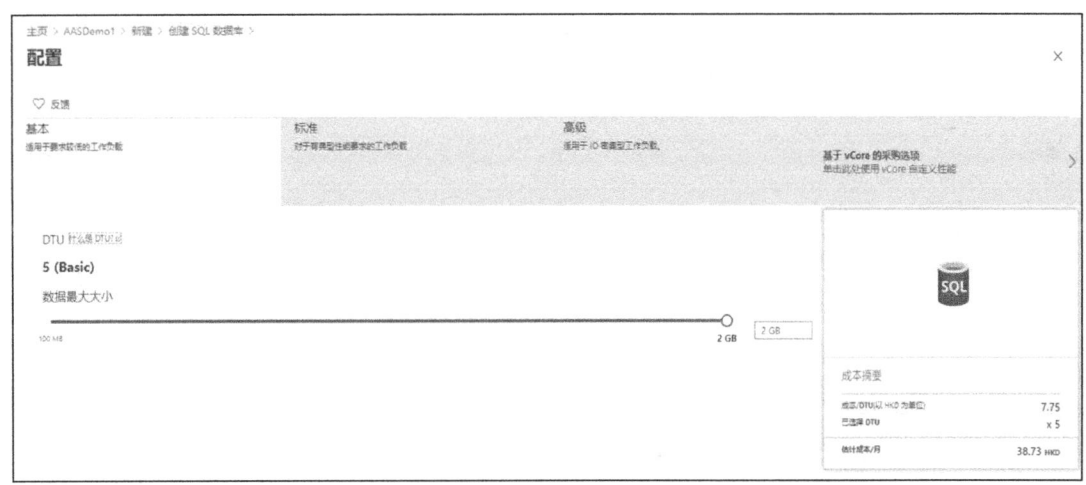

图 2.33　使用较为经济的版本

（7）至此，我们完成了最基本的设置，见图 2.34，单击"查看+创建"按钮。
（8）成功完成创建后，单击对应数据库，观察数据库状态为"联机"。Azure SQL 数据库不支持暂停功能，只能通过删除的方式停止使用数据库，删除后收费也停止，见图 2.35。

图 2.34　确认创建数据库

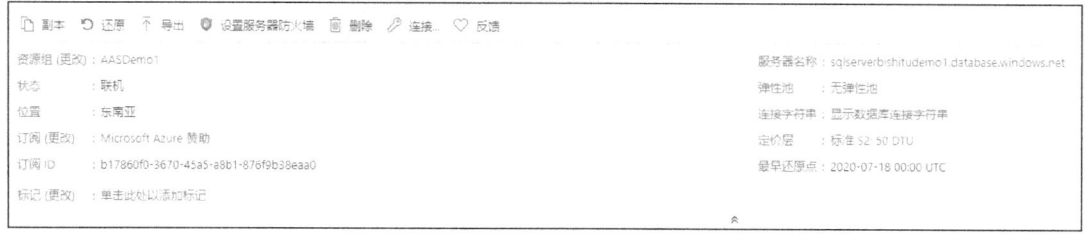

图 2.35　删除 Azure SQL 数据库

2.7　启用 Azure Analysis Services

（1）Azure Analysis Services（AAS）的创建方式与前面 SQL Database 的相似，在已有的资源组下新建资源，通过搜索关键字"Analysis Services"找到对应选项并将其选中，单击"创建"按钮，见图 2.36。

（2）参照图 2.37 所示内容设置必要的资源配置信息，在"定价层"下拉列表框中可选用最小的 D1 类型，以减少开销。

图 2.36　创建 AAS

（3）单击"创建"按钮，等待 AAS 创建完成，不同于 SQL 数据库，AAS 为内存型数据库，支持"暂停"功能，在不使用的情况下，可暂停此服务，以节约费用和资源，见图 2.38。

图 2.37　选择 D1 定价层　　　　图 2.38　暂停 AAS

（4）创建完成后，资源组界面分别有 Analysis Services、SQL 数据库和 SQL Server 3 个资源，见图 2.39。

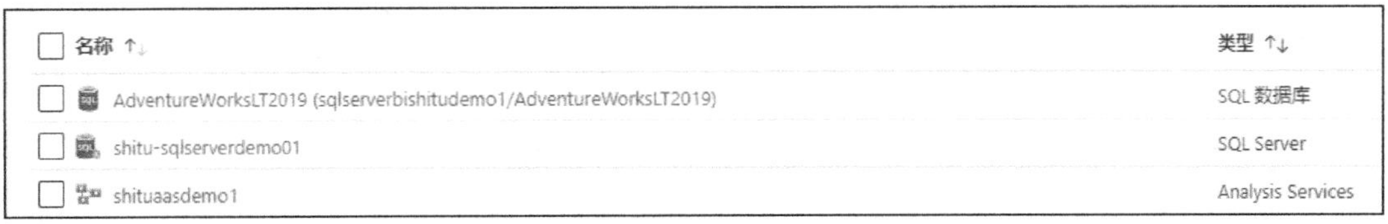

图 2.39　查阅生成的 Azure 服务

2.8 为本地 SQL Server 安装 AdventureWorks 数据库

（1）登录 SQL Server，输入本地服务器名称，见图 2.40。
（2）右击数据库文件夹，在弹出菜单中选择"还原数据库"命令，见图 2.41。

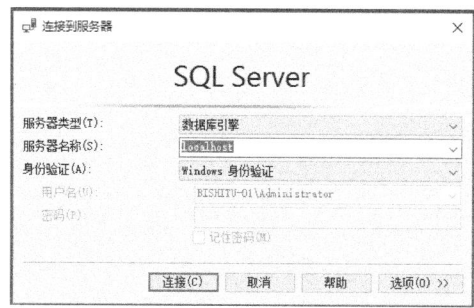

图 2.40 登录本地 SQL 服务器

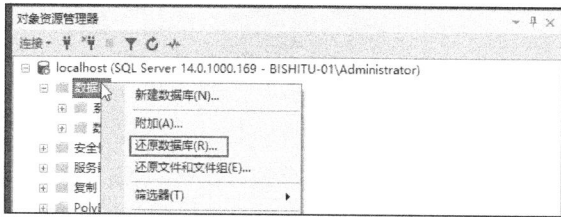

图 2.41 还原数据库

（3）在打开的"还原数据库"对话框中，选择"设备"单选项①，单击其后的"..."按钮②，在打开的"选择备份设备"窗口中单击"添加"按钮③，选择"AdventureWorksDW2017.bak"文件所在路径，单击"确定"按钮④关闭该对话框，再次单击"确定"按钮⑤，见图 2.42。

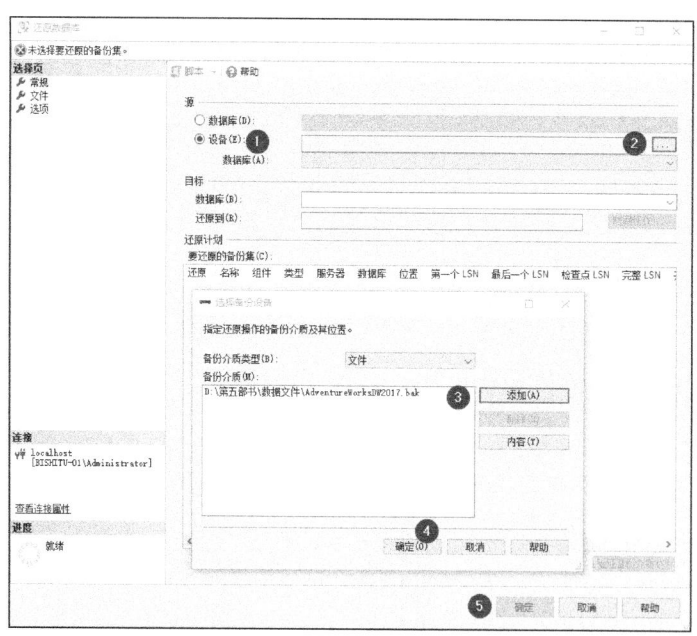

图 2.42 选择本地的数据库

(4) 完成后，数据库文件夹下就可以看到新的数据库，见图 2.43。

图 2.43　成功还原的数据库

2.9　为 Azure SQL Server 安装 AdventureWorks 数据库

（1）Azure SQL Server 不可直接使用.bak 文件，需要通过本地 SQL Server 将 AdventureWorks 数据库部署至 Azure 云端。

右击"AdventureWorksDW2017"数据库，在弹出菜单中选择"任务"-"将数据库部署到 Microsoft Azure SQL 数据库"命令，见图 2.44。

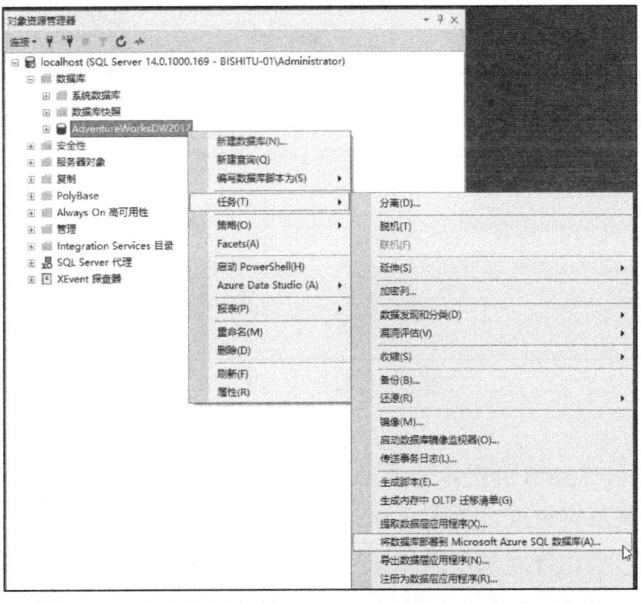

图 2.44　将数据库部署到 Microsoft Azure SQL 数据库上

(2)在打开的窗口中,参照图 2.45 所示单击"连接"按钮①,输入 Azure SQL Server 名称(可登录 Azure SQL Server 后,复制其名称,见图 2.46)②,选择"SQL Server 身份验证"选项,输入管理员账户与密码③,在弹出的"新防火墙规则"对话框中登录 Azure 账户④,添加当前设备,单击"确定"按钮⑤。

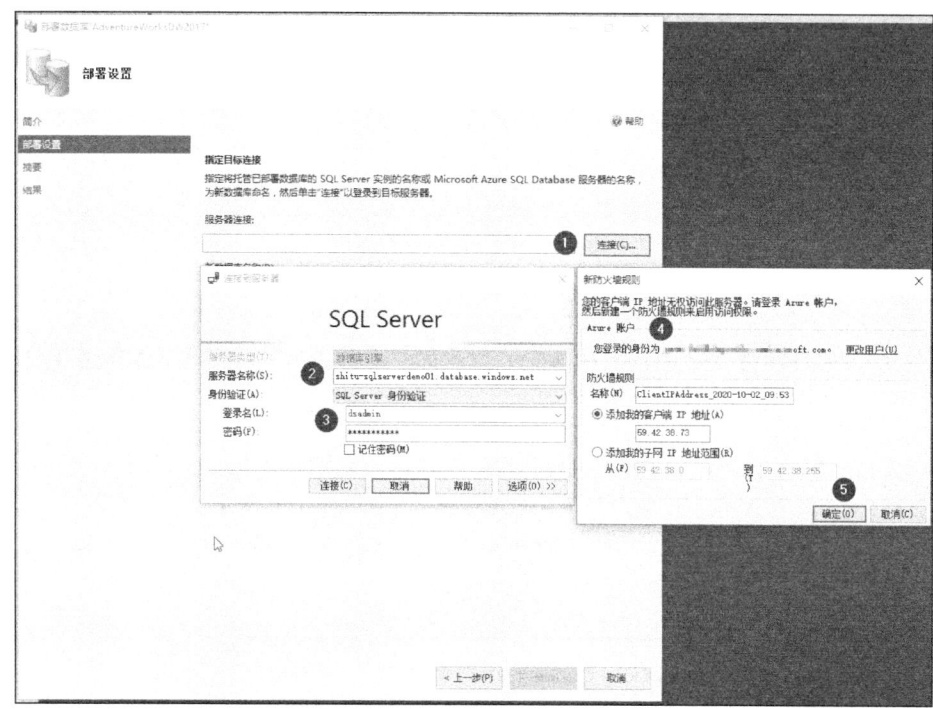

图 2.45　通过 Azure 身份验证

图 2.46　复制服务器名称

(3)验证成功后,SSMS 会提示将要部署的数据库摘要,单击"完成"按钮,见图 2.47。稍做等待,观察部署进度,见图 2.48。

除了以上方式,另一种安装方式是先从本地服务器中以 BACPAC 文件格式导出数据层应用程序,再将该文件重新导入 Azure SQL Server 中。

2.9 为 Azure SQL Server 安装 AdventureWorks 数据库

图 2.47　部署摘要

图 2.48　成功部署进度

（1）从本地服务器中导出数据库。重复图 2.45 所示操作，选择"导出数据层应用程序"命令。SSMS 提示将导出 BACPAC 文件格式，单击"下一步"按钮，见图 2.49。

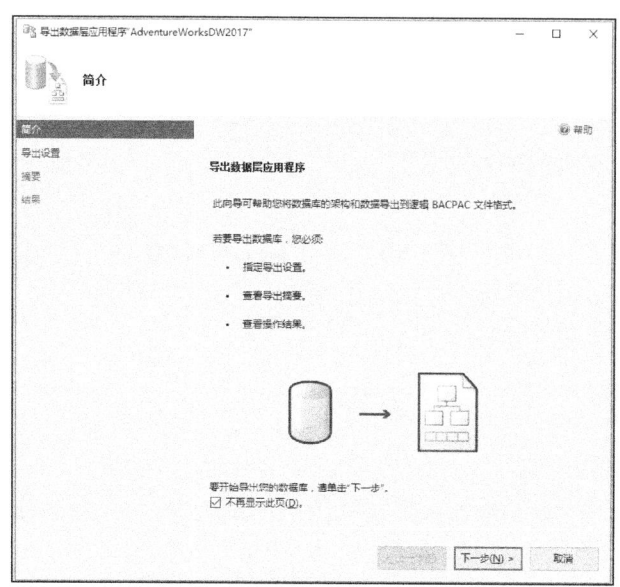

图 2.49　导出数据层应用程序

（2）在导出设置界面中可以选择将程序导出至本地文件夹，还可以选择直接导出到 Microsoft Azure 中，见图 2.50。

（3）导出完成后，在 SSMS 中的 Azure SQL 节点中右击"数据库"文件夹，在弹出菜单中选择"部署数据层应用程序"命令，见图 2.51。

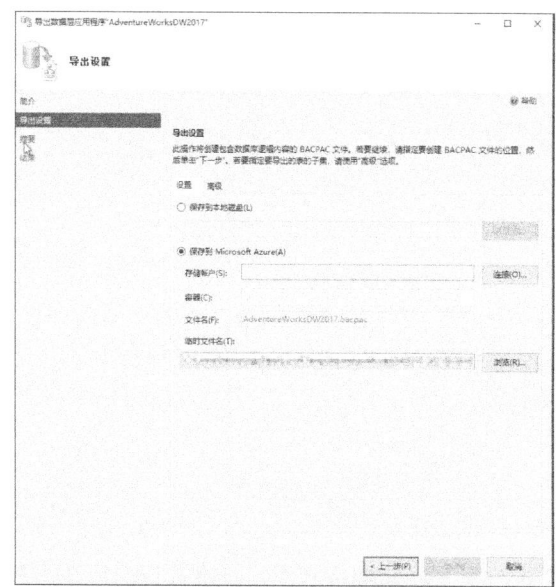

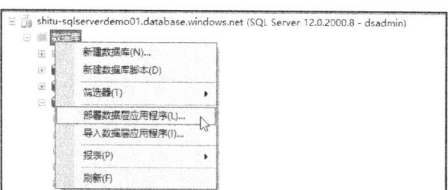

图 2.50　导出到本地路径　　　　　　　　图 2.51　部署数据层应用程序

2.9 为 Azure SQL Server 安装 AdventureWorks 数据库

（4）SSMS 提示导入应用文件的要求，单击"下一步"按钮继续，见图 2.52。

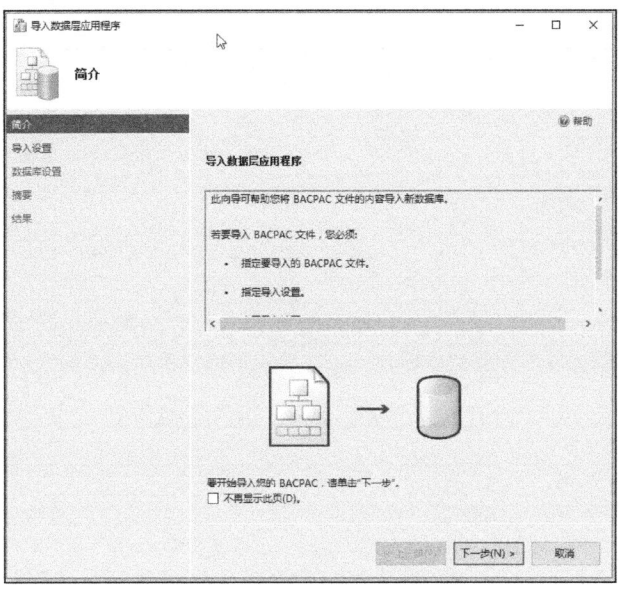

图 2.52　导入数据层应用程序

（5）在"导入设置"界面中，可选择导入的路径，包括本地或 Azure 云端。此处选择从 Azure 云端导入，即"从 Windows Azure 导入"，单击"下一步"按钮继续，见图 2.53。

图 2.53　从 Windows Azure 导入

（6）部署完成后，在 Azure 官网的对应 SQL Server 下可以看到新部署的数据库实体，见图 2.54。

图 2.54　部署成功的数据库

本章小结

本章演示了安装本地 SQL Server 和 Analysis Services 的步骤，以及启用 Azure SQL Database 服务和 Azure Analysis Services 的步骤，同时还介绍了安装 Visual Studio 2019 及扩展插件的方法，最后还演示了安装 AdventureWorks 数据库的操作。

第 3 章 获取数据

数据可视化步骤见图 3.1。本章主题为获取数据,涉及从各个数据源读取数据及利用 Power Query 进行数据准备的操作过程。

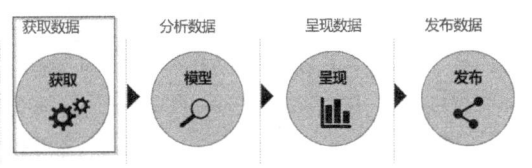

图 3.1 数据可视化步骤

3.1 在 Visual Studio 中创建 Analysis Services 表格项目

在正式获取数据之前,我们需要先用 Visual Studio(VS)创建 Analysis Services 表格项目,然后再设置数据获取。

(1)打开 VS,选择"创建新项目"选项,见图 3.2。

图 3.2 创建新项目

(2)通过关键词"Analysis"搜索到"Analysis Services 表格项目",选中该选项,单击"下一步"按钮,见图3.3。

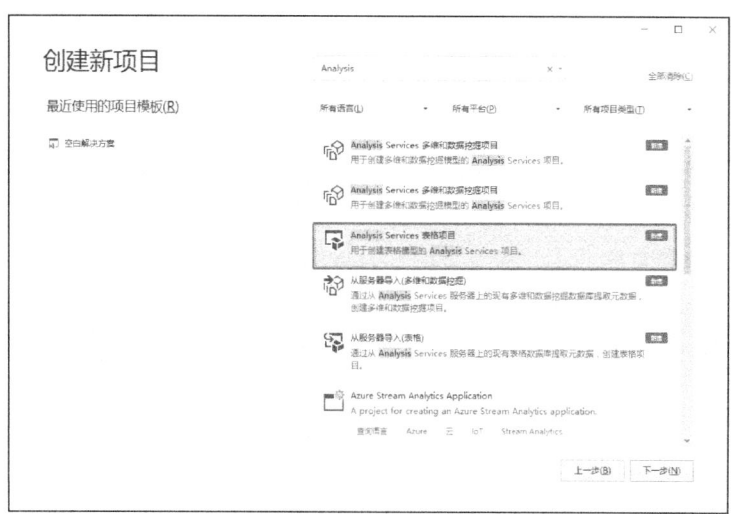

图 3.3　Analysis Services 表格项目

(3)设置项目名称,单击"创建"按钮,见图3.4。

图 3.4　设置表格项目名称

(4)选择要使用的 Analysis Services 实例是集成工作区(Integrated Space)还是工作区服务器(Workspace Server),前者是 VS 在本机虚拟的 Tabular 模式的运行选项,后者连接实体 Analysis Services Server。由于示例中的文件较小，此处选择"集成工作区"选项连接速度更优。另一个重要的设置是"兼容性级别"（Compatibility Level），推荐选择 1400 或者 1500，单击"确定"按钮，见图 3.5。

注意，如果要部署的 Analysis Services 为本地版本，1500 版本可能会导致兼容错误，见图 3.6。建议使用 1400 或者升级为最新版本的 SQL Server。

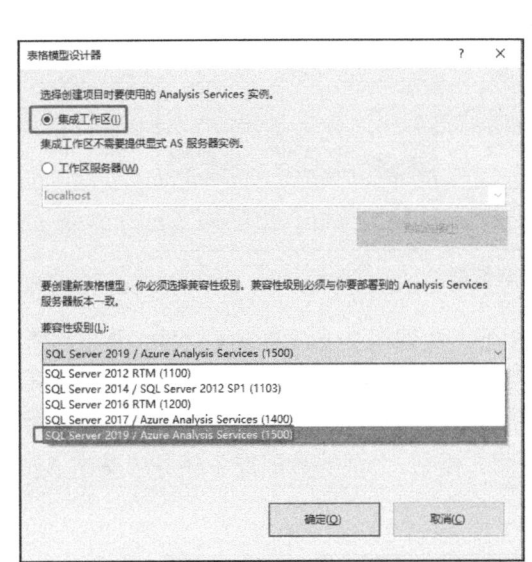

图 3.5　设置 Analysis Services 实例类型及兼容性级别

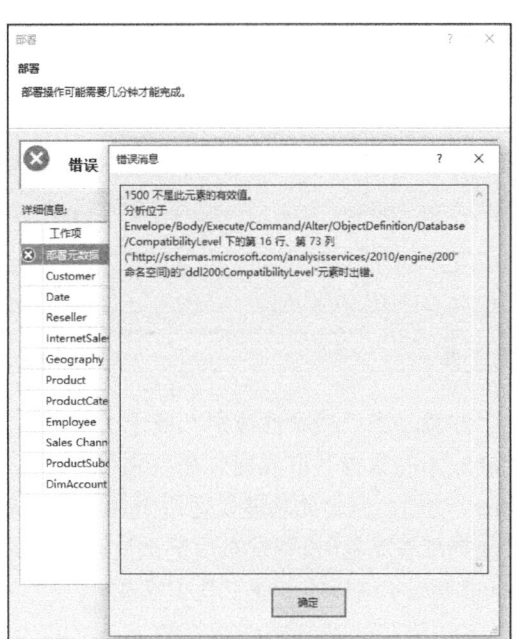

图 3.6　版本兼容错误

3.2　获取 SQL Database 数据表（Tables）

接下来我们将从 SQL Database 数据源中获取数据集，SQL 中最常见、最基础的数据集是数据表，下面读取 AdventureWorks 数据库中的数据表。

（1）在项目界面中右击"模型"文件夹下的项目名称选项，从弹出菜单中选择"从数据源导入"命令，见图 3.7。

（2）在弹出的获取数据对话框中，选择"SQL Server 数据库"数据类型，见图 3.8。

图 3.7　从数据源导入

图 3.8 获取数据

注意,当"兼容性级别"低于 1400 时,VS 不支持调用 Power Query 功能,图 3.9 所示为老版本的数据获取界面。需要强调的是,虽然 Analysis Services 中可以直接调用 Power Query 功能,但是此功能仅适用于轻量化简单的数据准备任务,而不可作为解决方案中的正式数据准备工具(模型发布后甚至没有设置的界面),复杂、大型的数据准备任务应交由 Azure Data Factory 这样的专业工具去完成。

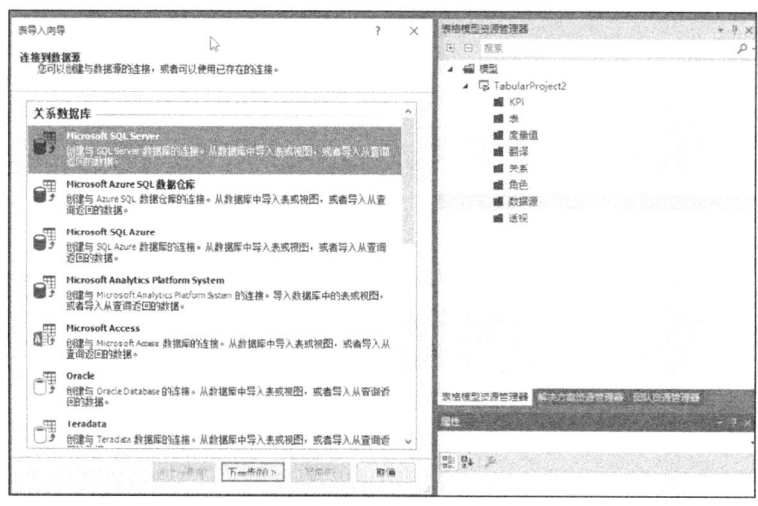

图 3.9 旧版本导入数据界面

(3)在数据库设置界面中,输入服务器与数据库名称,见图 3.10,单击"确定"按钮。

3.2 获取 SQL Database 数据表（Tables）

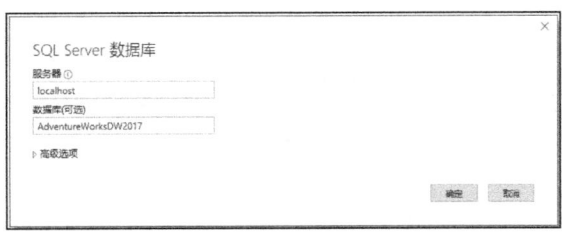

图 3.10 输入服务器和数据库名称

（4）选用适当的模拟模式，单击"连接"按钮，在打开的"加密支持"对话框中单击"确定"按钮，再次单击"连接"按钮，见图 3.11。

图 3.11 使用模拟账户

（5）在"导航器"窗口中勾选需要的表，单击"加载"按钮，注意数据源文件夹的信息，见图 3.12。

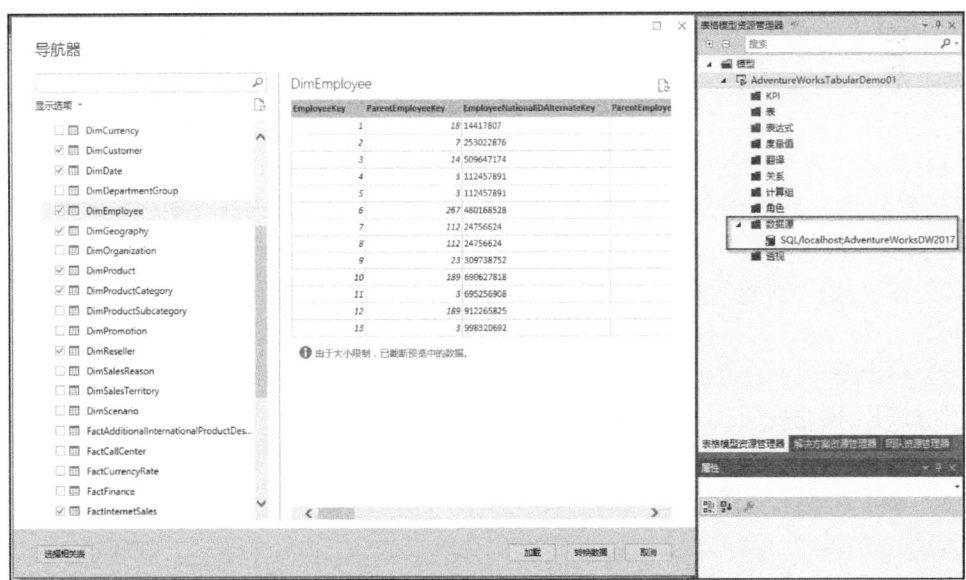

图 3.12 选择需要的数据表

完成数据获取后，在主界面右下角单击"数据视图"按钮，可以看到各数据表之间的关系，见图 3.13。

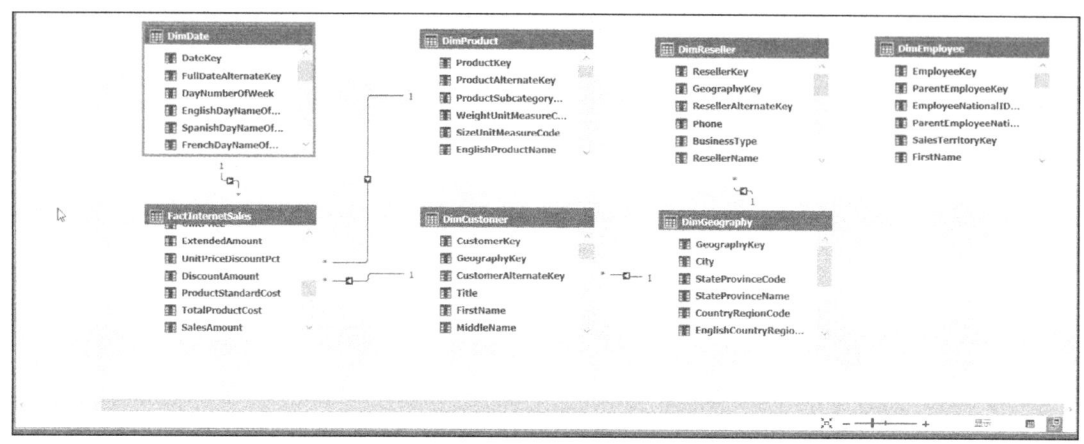

图 3.13　数据模型视图

3.3　获取 SQL Database 数据视图（Views）

上一节中，我们演示了从 SQL Database 数据表中获取数据的操作方法，这种方法简单易用，但也存在不足——若数据表结构发生改变，便会直接影响 Analysis Services 中的数据结构。对于企业解决方案，更为规范的处理方式是在表（Table）之上再创建一层视图（View）作为数据源，这样便不会直接读取表数据。创建视图前，需要先创建架构（Schema），这样做的好处是可将创建的视图归纳在一个指定架构下，更易于管理者识别该视图的用途。

（1）单击工具栏中的"新建查询"按钮①，右击"AdventureWorksDW2017"数据库中""安全性"文件夹下的"架构"文件夹，在弹出菜单中选择"新建架构"命令②，见图 3.14。

（2）在"架构-新建"对话框输入架构名称，如"ADW01"，单击"确定"按钮，见图 3.15。

（3）在步骤（1）建立的"新建查询"框中输入如图 3.16 所示的代码并单击工具栏中的"执行"按钮，创建视图。

（4）刷新 SSMS 界面，在"视图"文件夹下可以看到新创建的视图，见图 3.17。

（5）重复之前导入 SQL 数据表的操作，在"导航器"窗口中可以看见刚才创建的视图，见图 3.18。

3.3 获取 SQL Database 数据视图（Views）

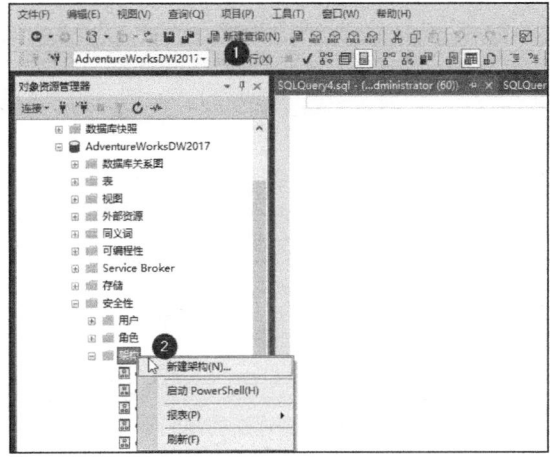

图 3.14 新建架构

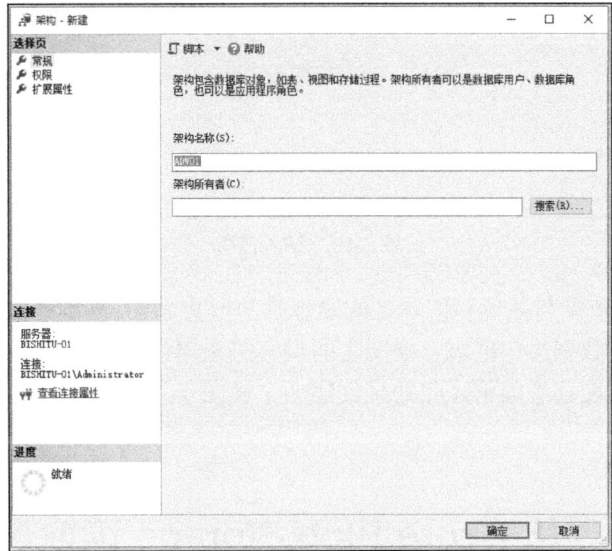

图 3.15 输入架构名称

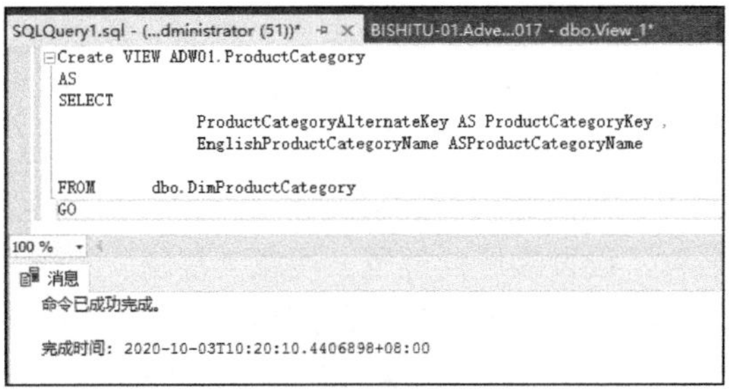

图 3.16 创建一个视图

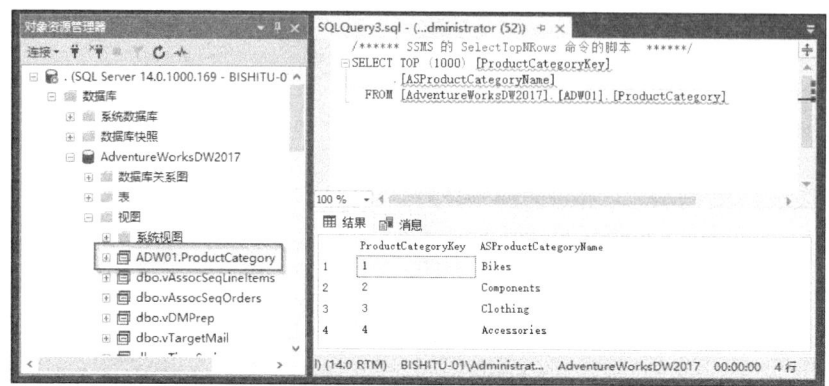

图 3.17　查询新的视图

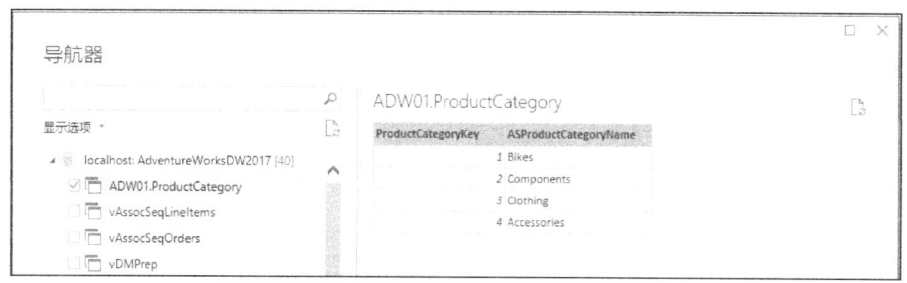

图 3.18　导入视图

注意，视图中的数据与其依存的表之间是保持实时更新的，所以不需要担心同步的问题。但是，不同于关系型数据库中的表，视图之间没有关系属性，因此用户需手动建立视图与视图之间的关系。为方便读者理解，此处只创建一个视图作为方法指引，后文仍然沿用读取表作为数据源的方式。

3.4　从 Azure Blob Storage 读取数据

有时候用户需要导入一部分手动维护的数据表，这部分数据游离在数据库外，因此我们可以将手动维护的文件存放在网盘、SharePoint Online、Azure Blob Storage 中，再用 Analysis Services 读取数据源。以下是从 Azure Blob Storage 读取数据的步骤。

（1）在 Azure 上创建一个存储账户（Storage Account），见图 3.19。

（2）输入存储账户名称，设置靠近的位置。注意"复制"的默认选项为"异地冗余存储（GRS）"，可改为"本地冗余存储（LRS）"，以获得相对快的备份性能。单击"创建"按钮完成创建，见图 3.20。

3.4　从 Azure Blob Storage 读取数据　　45

图 3.19　创建存储账户

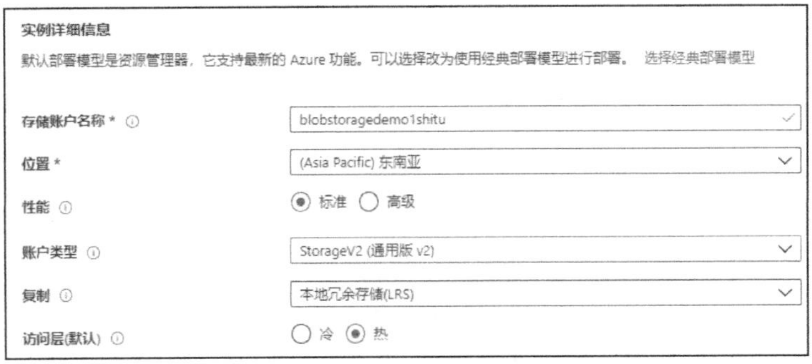

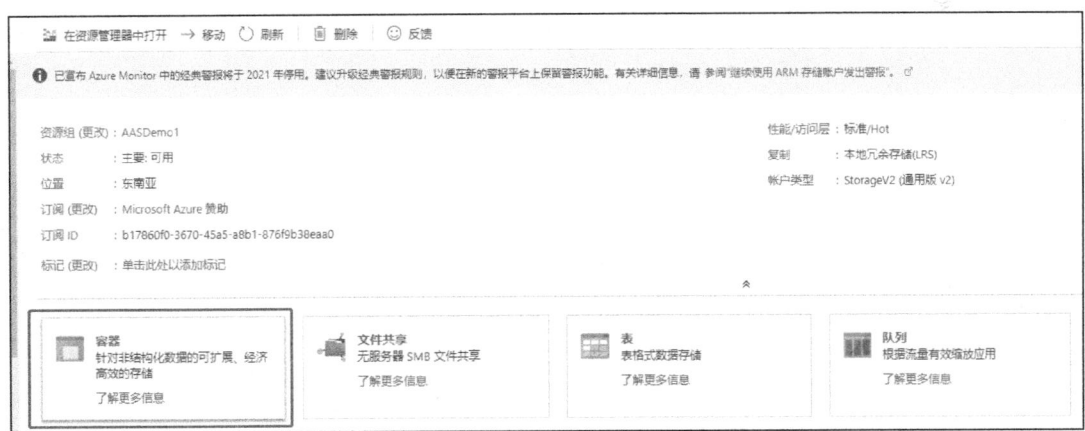

图 3.20　设置存储账户

（3）Azure Blob Storage 支持 4 种存储格式，此处我们仅使用"容器"格式。在新界面中选择"容器"选项，见图 3.21。

图 3.21　创建容器主界面

（4）新建容器并为新的容器输入名称，单击"创建"按钮，见图 3.22。

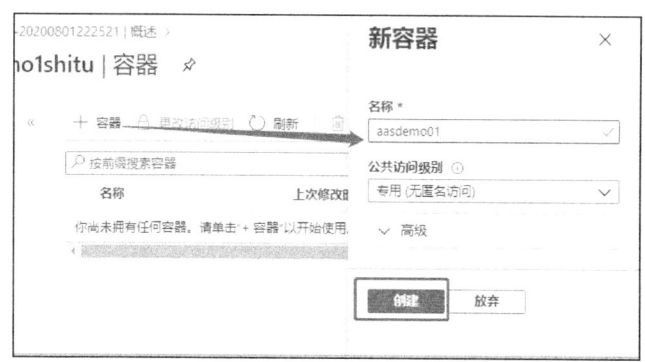

图 3.22 创建新容器个体

（5）在容器点中单击上传，选择上传的示例文件"经纬度.csv"，单击"上传"按钮，见图 3.23。

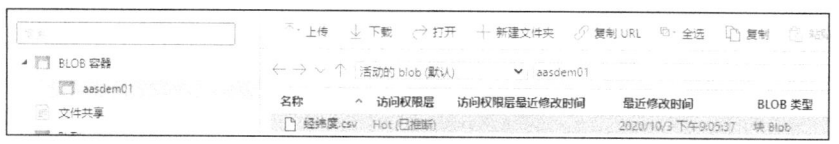

图 3.23 上传 CSV 文件

（6）选择"访问密钥"选项，分别单击复制"存储账户名称"①、"key1 密钥"②，暂时将其粘贴到 Notepad 妥善保存中，见图 3.24。

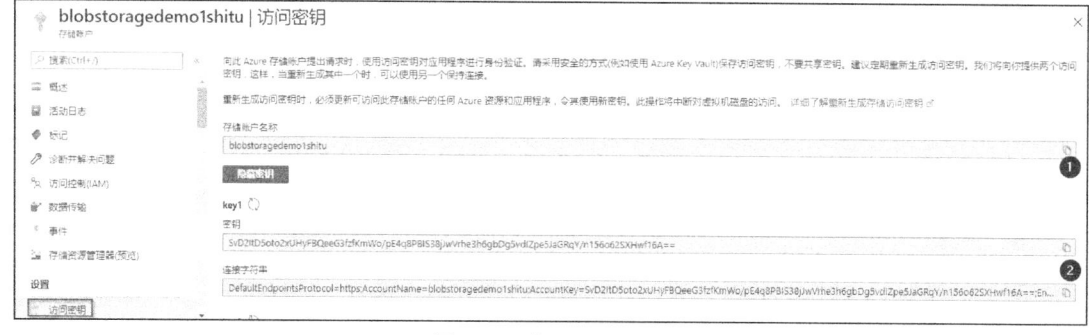

图 3.24 获取访问密钥

（7）重复图 3.7、图 3.8 中的步骤，这次选择"Azure Blob 存储"选项，单击"连接"按钮，见图 3.25。

（8）将 Notepad 中的"存储账户名称"贴入如图 3.26 所示的文本框中。

（9）在下一个界面中粘贴"账户密钥"，单击"连接"按钮，见图 3.27。

3.4 从 Azure Blob Storage 读取数据　47

图 3.25　选择"Azure Blob 存储"选项

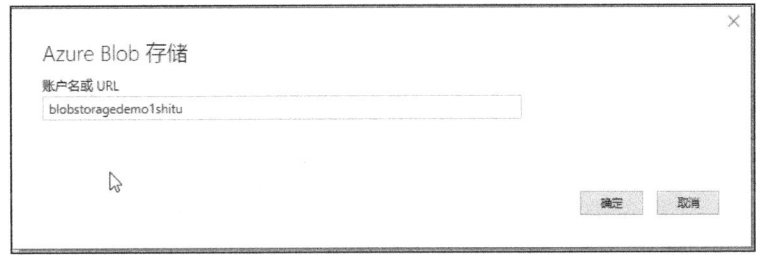

图 3.26　设置 Azure Blob 存储路径

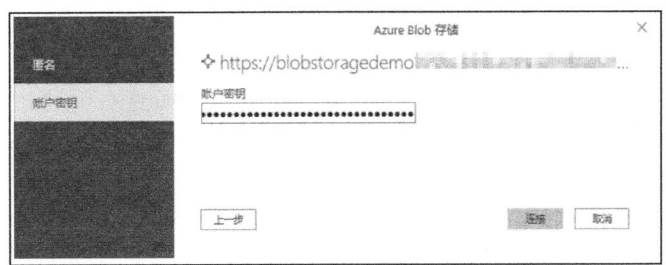

图 3.27　粘贴密钥

（10）完成后，选中相应的文件夹，单击"转化数据"按钮，见图 3.28。

第 3 章 获取数据

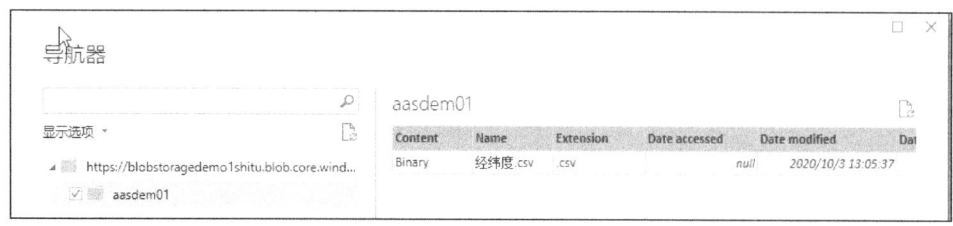

图 3.28 转化数据

（11）在 Power Query 编辑器中单击 "Content" 字段下的 "Binary" 文本，见图 3.29。

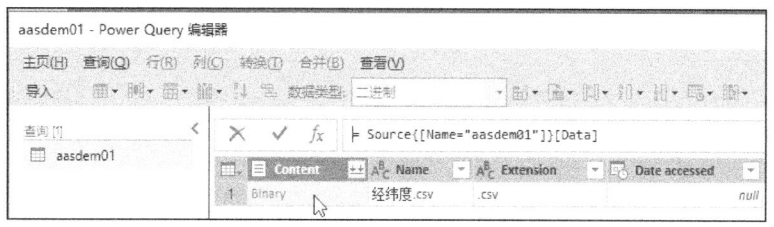

图 3.29 导入文本文件界面

（12）Power Query 即将 Binary 文本转换为结构式表格，选择 "主页" - "关闭并应用" 命令，见图 3.30。

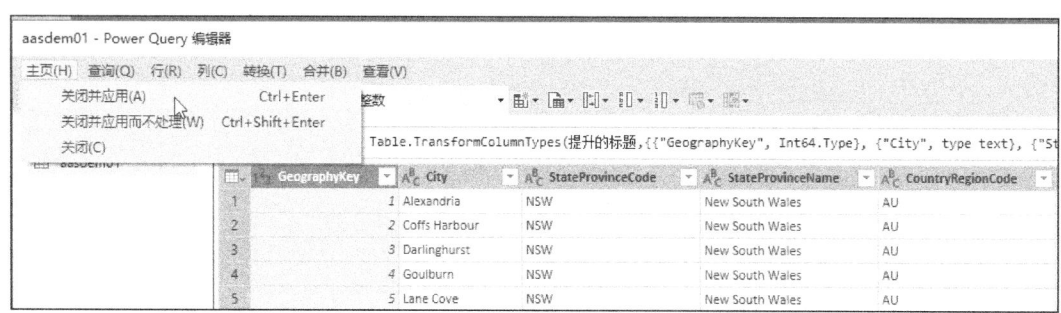

图 3.30 关闭并应用

3.5 导入手动维护数据

除了上述从 Azure Blob Storage 读取数据的方式，用户也可以直接手动输入数据，这种方式特别适合一次性导入手动维护的数据。

（1）打开手动维护的数据文件，先按 Ctrl+C 键复制内容，见图 3.31。

（2）右击表达式文件夹，在弹出菜单中选择 "编辑表达式" 命令，见图 3.32。

3.5 导入手动维护数据　　**49**

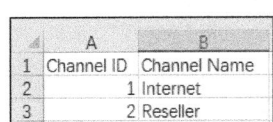

图 3.31　Excel 原数据

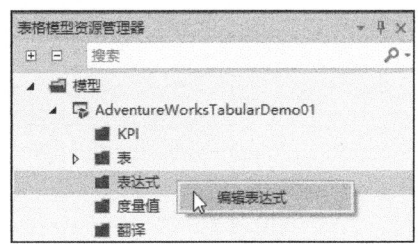

图 3.32　编辑表达式

（3）在 Power Query 编辑器中，选择"查询"-"新建查询"-"输入数据"命令，见图 3.33。

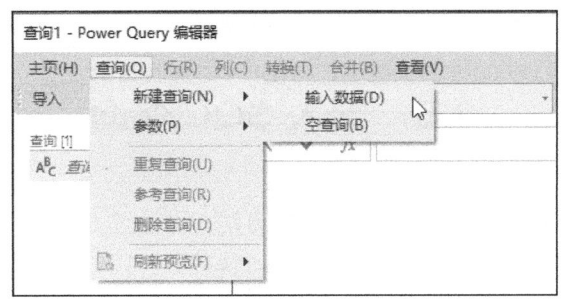

图 3.33　输入数据

（4）将之前复制的数据直接粘贴至空白查询中并更改名称（Sales Channel），单击"确定"按钮，见图 3.34。

图 3.34　粘贴手工数据

（5）右击新建的查询，在弹出菜单中选择"创建新表"命令，完成手工数据的获取，见

图3.35。需要注意的是，这种方法只适合维护静态元数据表，因为该方法不支持自动更新。

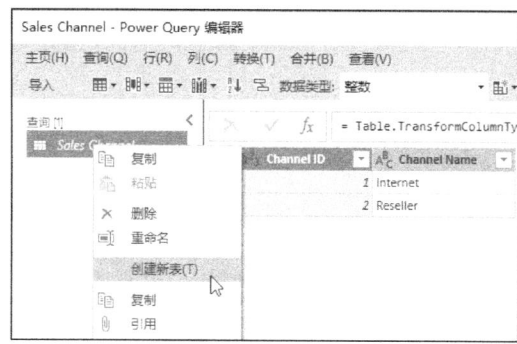

图 3.35 创建新表

3.6 导入 SQL 查询

本节将介绍用 Native SQL 语句获取数据的方法，即通过 SQL 语句直接访问数据库，对于熟悉 SQL 操作的用户来说，此方法较为方便、快捷。

（1）重复图 3.32 所示的步骤，在 Power Query 编辑器中选择"查询"-"新建查询"-"空查询"命令，见图 3.36。

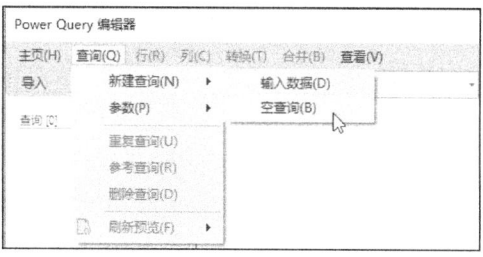

图 3.36 创建空查询

（2）在公式栏中输入以下 Native SQL 语句，直接读取数据源中的表数据，见图 3.37。

```
Value.NativeQuery(#"SQL/localhost;AdventureWorksDW2017",
"SELECT * FROM [DimProductSubcategory]")
```

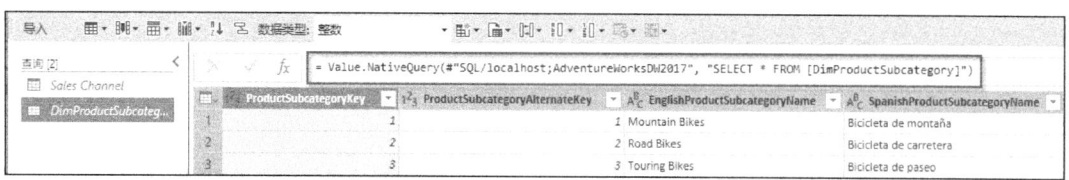

图 3.37 输入 Native SQL 语句

（3）与视图一样，以 Native SQL 语句导入的数据不会自动建立关系，需要用户手动维护，见图 3.38。

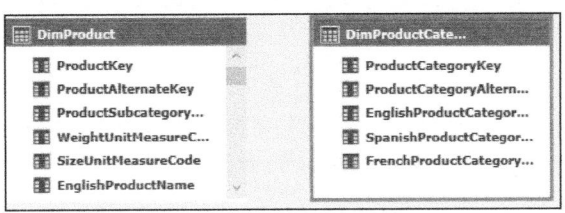

图 3.38　手动维护表关系

3.7　数据准备

到目前为止，我们已经讲解了多种获取数据的方式，接下来对数据进行准备。

1. 仅导入使用的数据表

在没有明确分析目标的前提下，我们往往会一次性导入多张数据表，再探索数据定义。一旦明确了分析目标后，我们就应该谨慎选择导入的数据表，避免导入不需要的数据表。若分析需求变化，需要导入新的数据表，可右击左侧"数据源"文件夹下相应的数据源，在弹出菜单中选择"导入新表"命令来实现，非常便利，见图 3.39。

2. 仅保留需要的字段

对于不需要的字段，可将其从表中移除。选择不需要的字段并右击，在弹出菜单中选择"删除列"命令即可，见图 3.40。

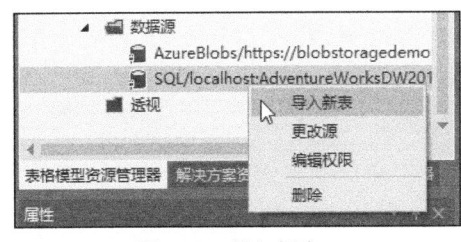

图 3.39　导入新表

图 3.40　删除列

3. 使用用户友好的命名

原数据表都是以"Dim""Fact"开头的名称，这样命名方便按表类型区分维度表和事实表，但是对于业务用户而言，这些名称并没有太多实际意义，建议移除。双击名称栏，修改数据表名称，使其更加"用户友好"，见图3.41。

图 3.41　重命名

另外，一些字段的名称过于冗长，建议将名称简化，表3.1为常见的简化命名。本书后文已将冗长的字段名称简化（如 Dim Date 改为 Date），不再作特别说明。

表 3.1　常见的简化命名

原字段名称	新字段名称
EnglishMonthName	MonthName
FullDateAlternativeKey	Date
EnglishDayNameoftheWeek	DayoftheWeek

双击需要修改的字段名，对其进行重新命名，见图3.42。

图 3.42　修改字段名称

4. 字段格式调整

某些字段的显示格式有时需要调整，如日期字段显示为"YYYY-MM-DD HH:mm:ss"，但时间部分其实没有实际意义，建议修改为"yyyy-MM-dd"。可选中该字段，在"属性"-"数据格式"中调整显示的格式，见图3.43。

对于货币字段，需调整其为正确的货币符号，见图3.44。

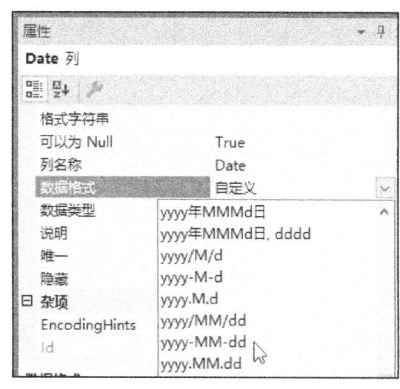

图 3.43　设置数据显示格式

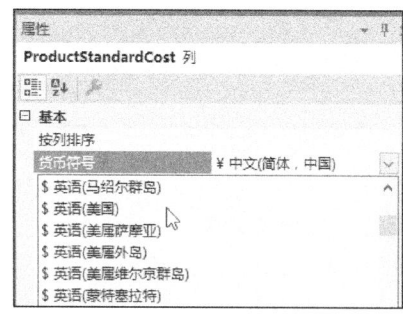

图 3.44　设置货币符号

5. 创建度量文件夹

为方便对度量的管理，我们可以为度量创建文件夹。选中对应的度量，在"属性"面板"显示文件夹"后的文本框中输入文件夹名称"Internet Channel"，见图 3.45。

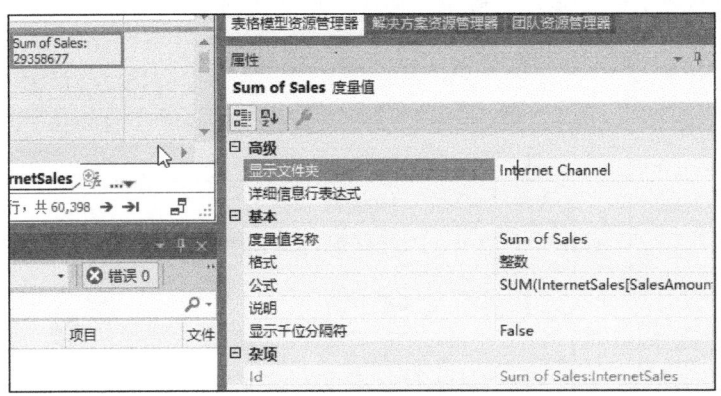

图 3.45 创建度量文件夹

单击工具栏中的"Excel""图标①，在打开的对话框中单击"确定"按钮②，打开 Excel 前端工具，见图 3.46。后文会持续使用该分析功能，简称"在 Excel 中分析"功能。

在"数据透视表"面板中可以看到度量文件夹，见图 3.47。

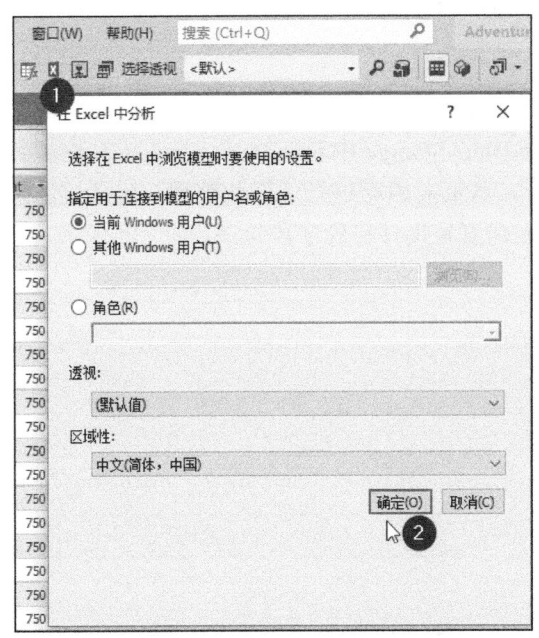

图 3.46 "在 Excel 中分析"对话框

图 3.47 创建好的度量文件夹

6. 字段排序设置

文字字段的默认排序是依据字母进行的,这会造成错误的日期排序,见图 3.48。

选中相关的字段①,单击工具栏中的"排序"按钮②,在"排序列和依据列"对话框中选择排序列和依据列③,单击"确定"按钮,见图 3.49。

图 3.48　按字母排序

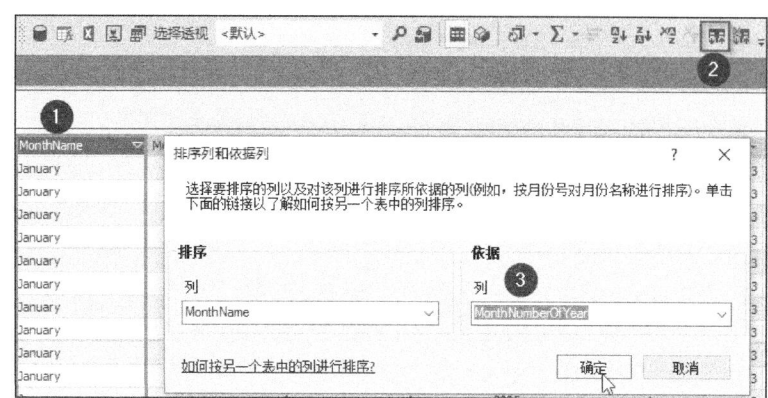

图 3.49　设置按数值排序逻辑

本章小结

本章介绍了多种数据获取的方式,包括从 SQL Database 数据表获取数据、从 SQL Database 数据视图中获取数据、从 Azure Blob Storage 中获取数据,导入手动维护数据和使用 Native SQL 语句查询等。导入数据后,我们对数据进行了简化整理,包括过滤掉无用的字段、使用友好命名、调整字段格式、创建度量文件夹和字段排序。

第 4 章 数据建模

本章主要讲解数据建模,包括标记日期表、多重表之间的关系、创建中间表、中间表查询、多对多双向筛选关系的查询限制、建立层次(层级)关系、父子关系、计算组、行/表/列/模型级权限设置、KPI 设置、透视、翻译等非常基础且重要的知识。

4.1 标记日期表

日期表(Date Table)在模型中占有非常重要的地位,接下来将介绍日期表的设置及其特性。

图 4.1 所示为网络销售表与日期表之间的关系,其中的"OrderDateKey"(订单日期字段)与"DateKey"(日期表字段)为多对一(*:1)的关系。下面依据一表日期表字段对多表订单日期字段进行分析查询。为阅读方便,建议将 DimDate 改为 Date。

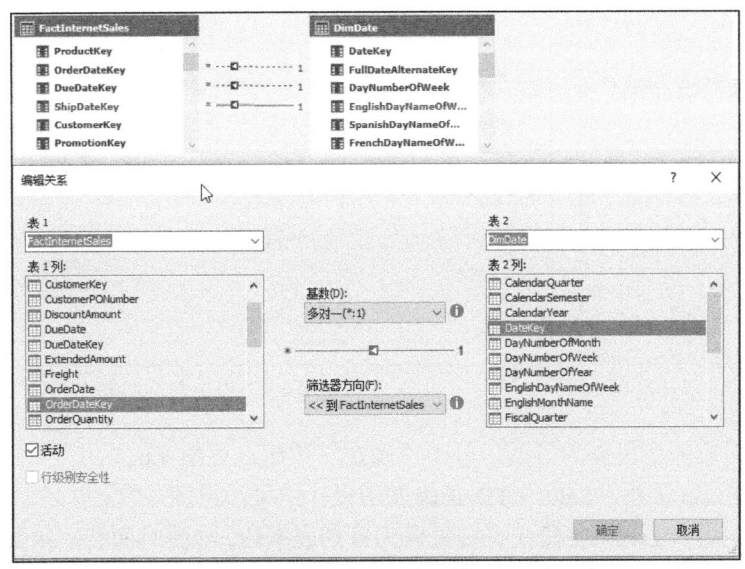

图 4.1 多对一关系

(1) 创建一个简单的销售金额度量公式,见图 4.2。公式格式与 Excel PowerPivot 完全一致,"="号前需要加":"。

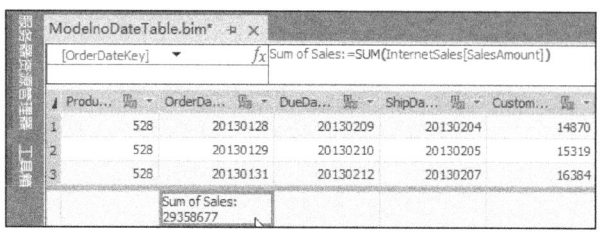

图 4.2 创建销售金额度量

(2) 基于时间智能函数 DATESYTD()创建一个计算度量 YTD(年初至今累计金额),见图 4.3,公式如下。

```
Sales YTD := CALCULATE ( [Sum of Sales], DATESYTD ( 'Date'[Date] ) )
```

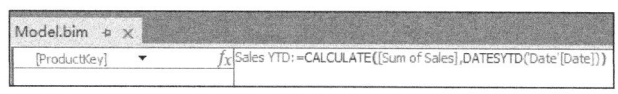

图 4.3 销售金额度量 YTD

(3) 在 Excel 分析中,我们观察到 YTD 的金额与每月销售金额是相同的,DATESYTD()函数(时间智能函数中的一种)并没有生效,见图 4.4。

(4) 选中 "Date"(日期)表,选择 "扩展" - "表" - "日期" - "标记为日期表" 命令,见图 4.5。

图 4.4 错误的累计结果

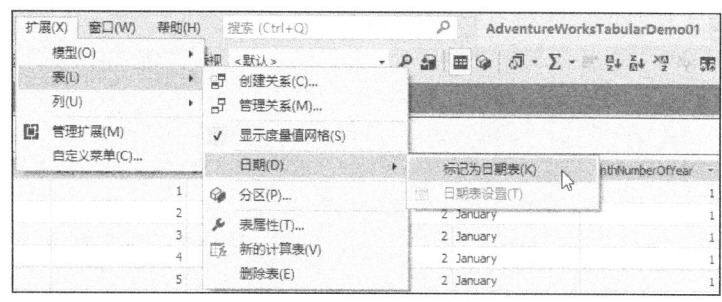

图 4.5 标记为日期表

(5) 选择对应的字段作为日期,单击 "确定" 按钮,见图 4.6。
(6) 刷新 Excel 分析,Sales YTD 正确显示累计结果,见图 4.7。

在本节开始时,"Date" 字段没有被设置为日期表字段,导致时间智能函数 DATESYTD()没有生效。然而,设置日期表字段是否为必要操作呢?让我们继续下面的探索。

4.1 标记日期表

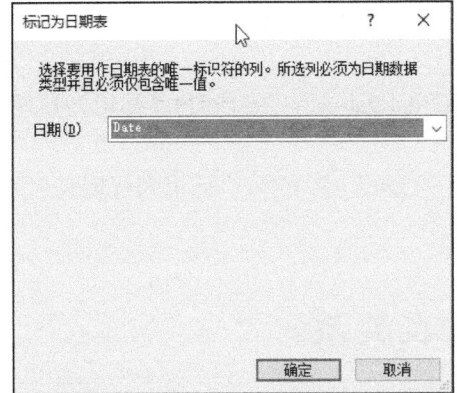

图 4.6 选择"Date"字段为唯一标识符

图 4.7 正确的累计结果

（1）调整原有的激活关联字段，改为 OrderDate 对应 Date 的关系，见图 4.8。

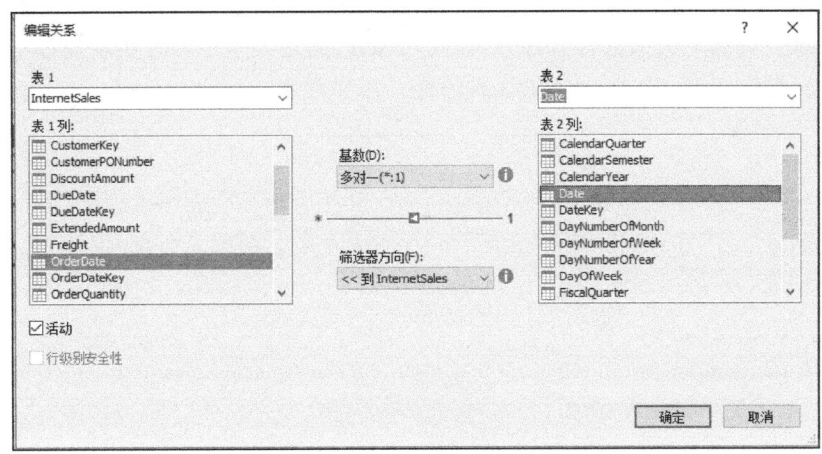

图 4.8 直接与日期表字段建立关联

（2）选中"Date"表，取消勾选"扩展"-"表"-"日期"-"标记为日期表"复选框，见图 4.9。

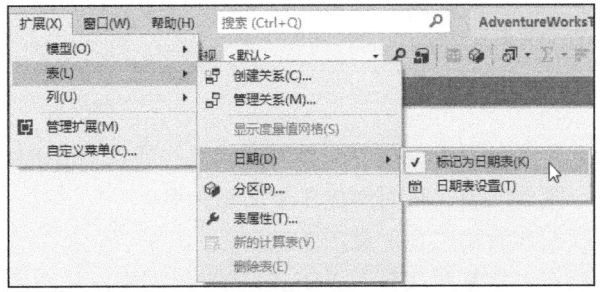

图 4.9 取消勾选"标记为日期表"复选框

（3）刷新 Excel 分析，可以发现 YTD 结果仍然正确。由此，可得出"标记为日期表"的特性如下。

- 当关联字段不为日期类型时，如使用"OrderDateKey"字段时，"标记为日期表"为必选，否则时间智能函数无效；
- 当关联字段本身为日期类型时，如使用"Date"字段时，"标记为日期表"为可选，时间智能函数默认生效。

4.2 多重表关系

前面的网上销售表与日期表之间有 3 条关系，一条为实线，两条为虚线。这种关系被称为多重表关系，多重表关系中仅有一重关系为活动（实线）关系，其他关系为非活动（虚线）关系。当勾选"活动"复选框时，模型会提示已存在活动关系，见图 4.10。也就是说，同一时间只能依靠一种活动关系进行查询分析。那么如何满足模型中同时实现按订单日期、发货日期和到期日期的查询呢？下面提供 3 种思路，以供参考。

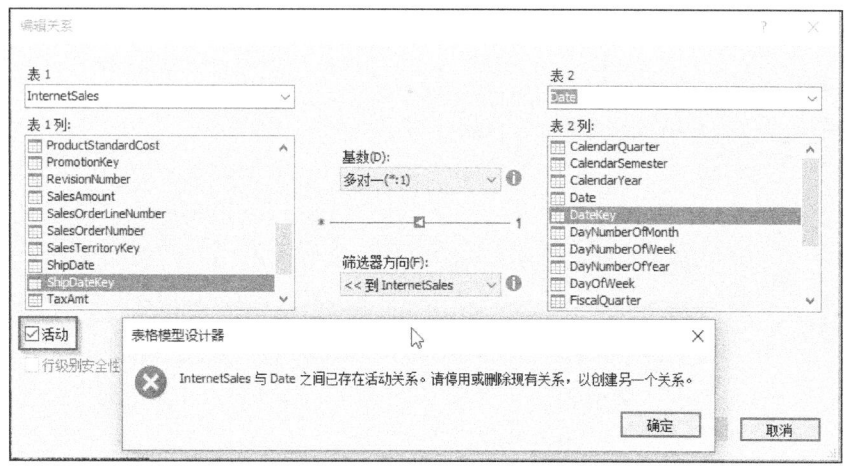

图 4.10 只能存在一个活动关系

4.2.1 导入多张日期表

第 1 种方法是导入多张日期表。按前面导入方式再次导入 Dimdate，改名为 Orderdate，令每个日期字段对应一张日期表，从而创建 3 个活动关系。

（1）删除已经存在的非活动关系，见图 4.11。
（2）参照前文的操作，重复两次导入"DimDate"日期表，见图 4.12。

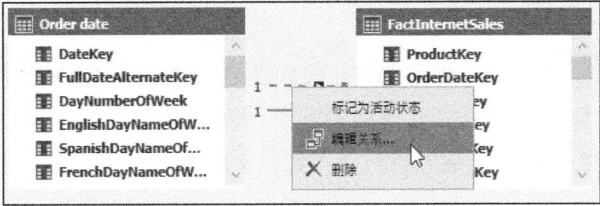

图 4.11 删除非活动关系

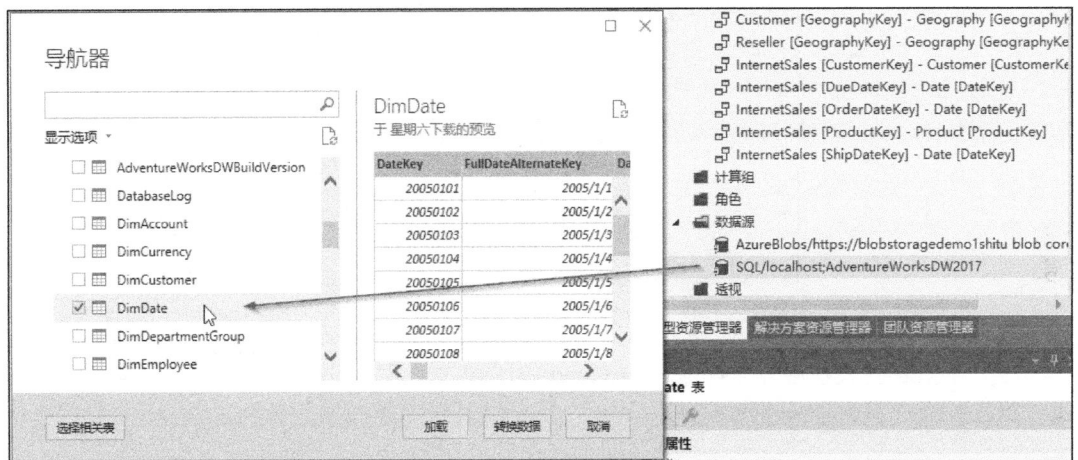

图 4.12 重复导入日期表

（3）导入完成后，分别命名 3 张日期表并与对应的 3 个日期表字段连接，见图 4.13。这种方法非常简单，适合小型数据模型，但其缺点也很明显：我们不但需要同时维护 3 张表，另外还要刷新额外的日期表。

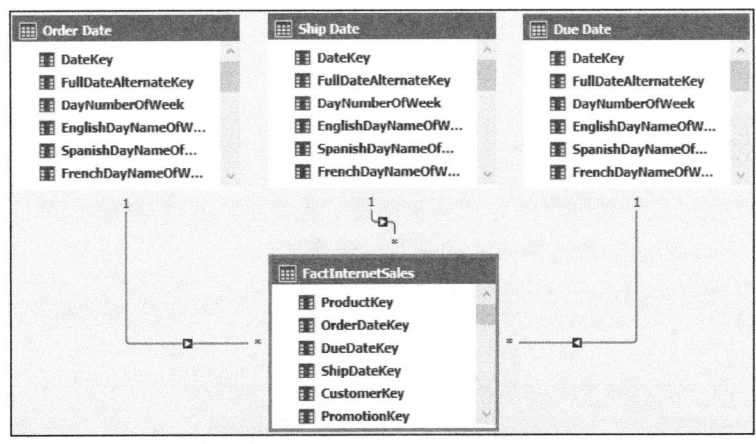

图 4.13 分别建立 3 个活动关系

4.2.2 创建计算日期表

第 2 种方法是创建动态的计算日期表。因为计算日期表存在于内存中,所以计算日期表不需要刷新,同时计算日期表内容会自动根据引用表内容发生变化。

(1) 在"表格模型资源管理器"中右击"表"文件夹,在弹出菜单中选择"新的计算表"命令,见图 4.14。

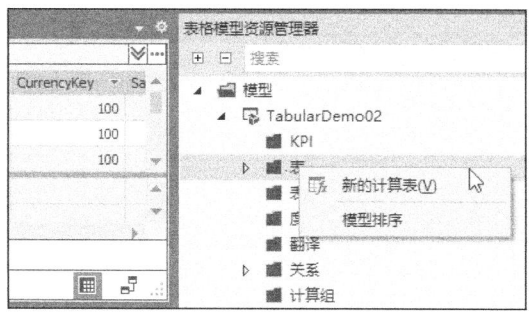

图 4.14 创建新的计算表

(2) 在新表公式栏中输入函数,与 Excel 中的用法一致,见图 4.15,计算日期表创建完成。尽管创建计算日期表的方式比导入表方便,但仍然需要创建额外的日期表。

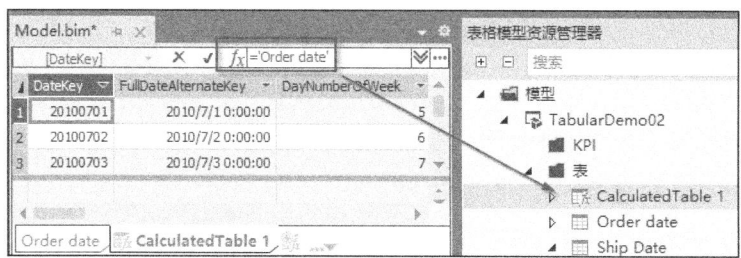

图 4.15 输入函数

4.2.3 创建日期度量

第 3 种方法是通过创建度量的方式解决问题。通过创建带有 USERELATIONSHIP()函数的 DAX 公式,将非活动关系转换成活动关系,见图 4.16。

```
Sales YTD ByShipDate :=
CALCULATE (
 [Sum of Sales],
 DATESYTD ( 'Date'[Date] ),
 USERELATIONSHIP ( 'InternetSales'[ShipDateKey], 'Date'[DateKey] )
)
```

CalendarYear	2013		
行标签	Sum of Sales	Sales YTD	Sales YTD ByShipDate
January	857690	857690	840662
February	771349	1629039	1618670
March	1049907	2678946	2656502
April	1046023	3724969	3667232
May	1284593	5009562	4849848
June	1643178	6652740	6471816
July	1371676	8024415	7876200
August	1551066	9575481	9422076
September	1447496	11022977	10847114
October	1673293	12696270	12443930
November	1780920	14477190	14279898
December	1874360	16351550	16281620
总计	16351550	16351550	16281620

图 4.16　通过创建带有 USERELATIONSHIP() 函数的 DAX 公式查询结果

4.3　创建中间表

在销售分析中，并非所有相关维度表与事实表之间皆有直接关联。例如，在图 4.17 中，我们要按销售原因分析销售金额。目前，我们已知销售原因表对应的是"DimSalesReason"，销售历史表对应的是"InternetSales"，但两表之间并没有关联字段，因此还需要中间表来进行关联过渡。

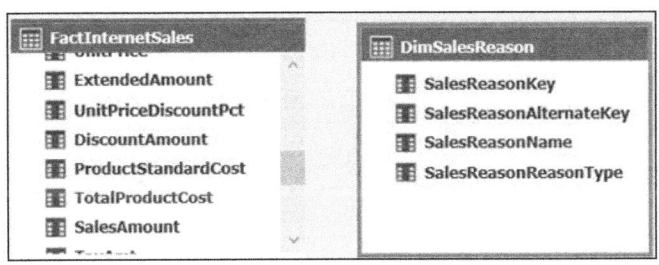

图 4.17　两表之间无直接关系

（1）在数据源库中找到中间表"FactInternetSalesReason"。导入该表后，该表与"DimSales-Reason"表自动发生关联，与另一端的"InternetSales"表虽然没有自动关联，但两表都拥有"SalesOrderNumber"与"SalesOrderLineNumber"两个相同字段，见图 4.18。为确保建立多对一关系，考虑使用"SalesOrderNumber"与"SalesOrderLineNumber"的组合键建立关联。

（2）分别在""InternetSales""和"FacinternetSales Reason "和"两表中创建新的计算字段，见图 4.19。

（3）将两表按"Sales Order Key"字段进行关联，一个经典的中间表模型就搭建成功了，见图 4.20。

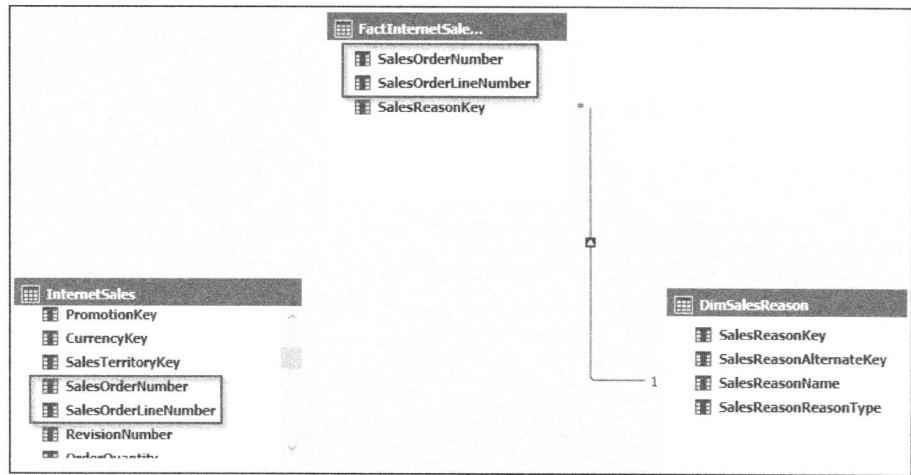

图 4.18　两表拥有两个相同字段

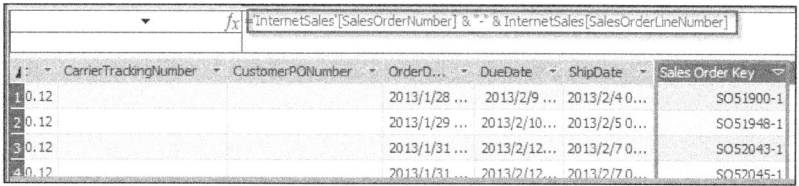

图 4.19　创建新的计算字段

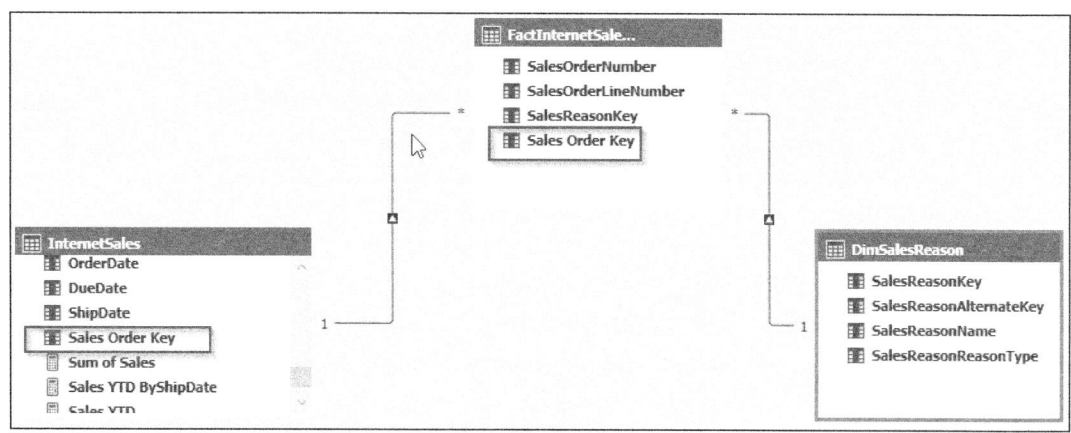

图 4.20　通过中间表模型进行关联

（4）由于中间表对用户而言没有实际分析价值，我们可以右击该表，从弹出菜单中选择"从客户端工具中隐藏"命令，隐藏该表，见图 4.21。

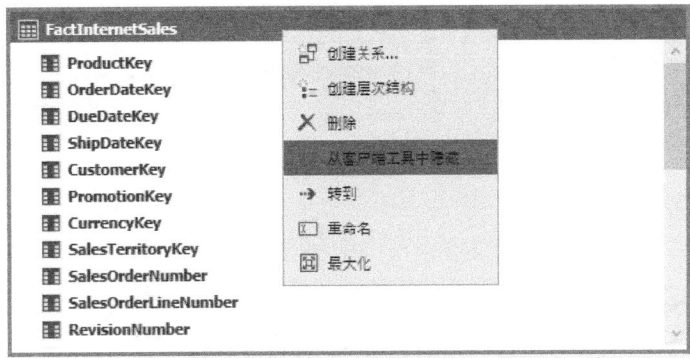

图 4.21　隐藏中间表

4.4　中间表查询

虽然已经搭建了中间表模型，但是当我们尝试通过以下数据透视表进行的查询分析时，发现结果并不正确，显然筛选上下文没有奏效，见图 4.22。

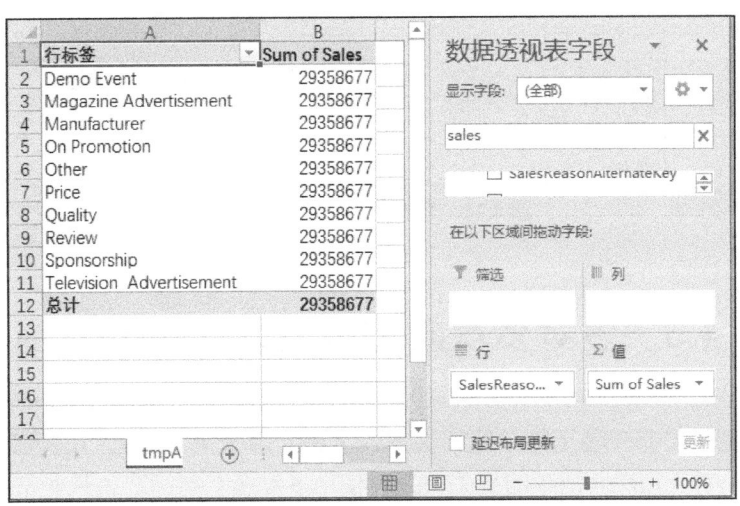

图 4.22　错误的销售金额

原因很明显，在中间表结构下，两边的 1 表无法形成有效跨表查询，见图 4.23。

解决方法是让中间表对"InternetSales"度量产生有效的筛选上下文，可通过改动度量公式本身实现该目的。新公式如下。

```
Sum of Sales by reason :=
CALCULATE ( SUM ( InternetSales[SalesAmount] ), FactInternetSalesReason )
```

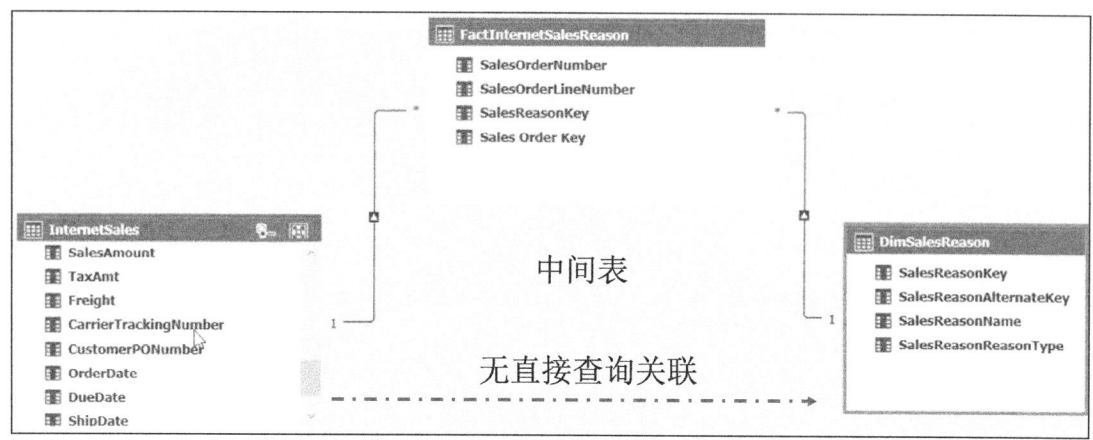

图 4.23　查询方向存在问题

将公式改动之后，再次进行 Excel 分析，可以看到正确的查询结果，见图 4.24。

	行标签	Sum of Sales	Sum of Sales by reason
2	Demo Event	29358677	
3	Magazine Advertisement	29358677	
4	Manufacturer	29358677	5998122
5	On Promotion	29358677	6361829
6	Other	29358677	248483
7	Price	29358677	10975843
8	Quality	29358677	5549897
9	Review	29358677	1694882
10	Sponsorship	29358677	
11	Television Advertisement	29358677	27476
12	总计	29358677	22430132

图 4.24　修改公式后的查询结果

4.5　多对多双向筛选关系的查询限制

对于以上例子，有一种更简单的解决方式是建立两张事实表之间的多对多双向筛选关系，见图 4.25。对于简单、清晰的模型关系，使用多对多双向筛选关系非常有效。

但多对多双向筛选关系也有其限制。为了更好地演示，这里导入另一张事实表"FactResellerSales"，见图 4.26。

接下来，尝试建立该事实表与"Date"日期表之间的关系，同时保留上文建立的多对多双向筛选关系，见图 4.27。

（1）尝试建立"FactInternetSalesReason"表与"FactResellerSales"表之间的联系。模型自动识别两表为多对多关系，但查询方向自动设为单向，见图 4.28。

4.5 多对多双向筛选关系的查询限制

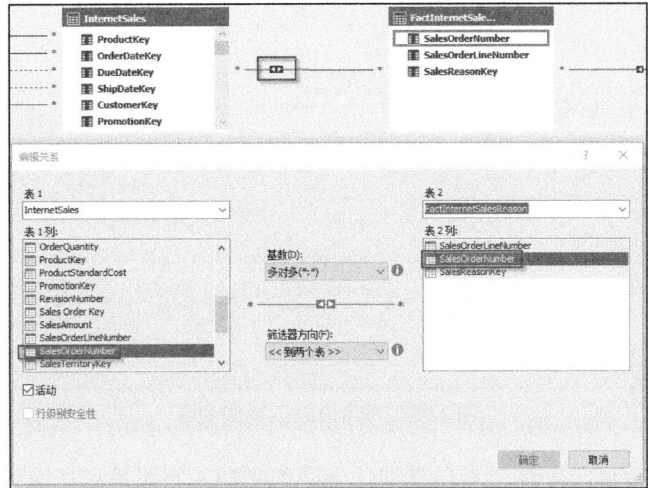

图 4.25 建立双向筛选

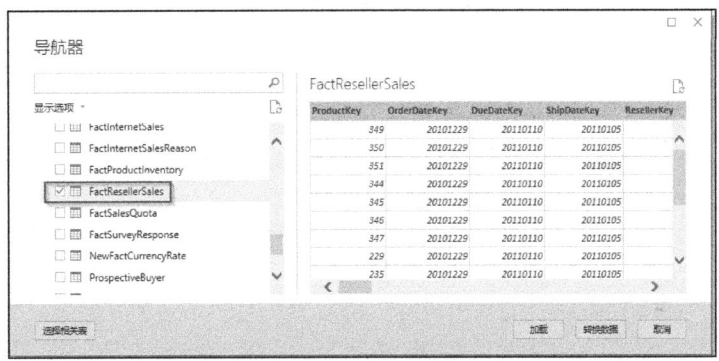

图 4.26 导入新的事实表

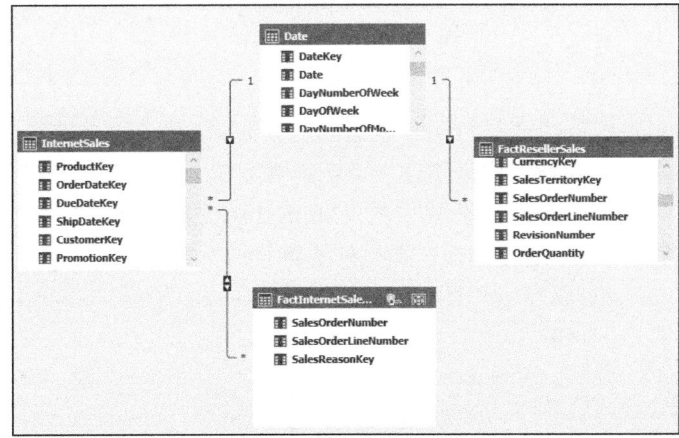

图 4.27 建立多个双向筛选关系

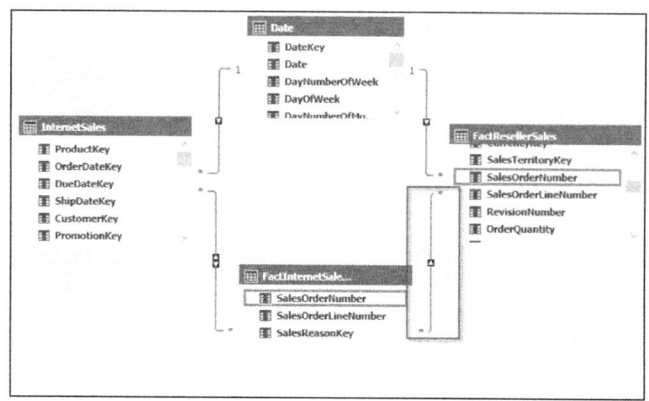

图 4.28　模型自动识别的关系

（2）若尝试修改单向查询为双向查询，会遇到错误。原因是这样操作会造成"Date"表与"FactInternetSalesReason"表之间的查询歧义，因此被禁止使用，见图 4.29。由此可知，多对多双向筛选并非总是适用于事实表之间的查询，尤其对于复杂的关系更是如此。

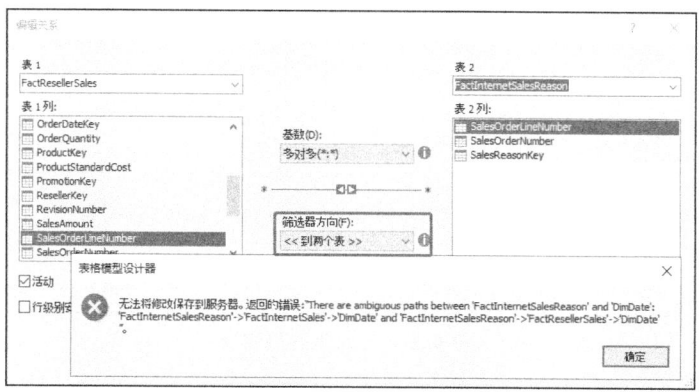

图 4.29　模型关系报错

另一点值得注意的是，对于复杂的关系模型，多对多双向关系也可能导致数据不一致。在以下模型中，"InternetSales"表与"Date"表之间的查询关系存在两条路径①和②，见图 4.30。

（3）为方便进行演示说明，这里创建 3 个新销售度量公式，其中公式 1 与 3 采用查询路径①，公式 2 采用查询路径②。公式中的 CROSSFILTER()函数的作用是影响关系状态，"NONE"值代表截断关系，迫使查询选择另外的路径。3 个公式如下。

```
Reseller Order Sales 1 := SUM ( FactResellerSales[SalesAmount] )
Reseller Order Sales 2 :=
CALCULATE (
    [Reseller Order Sales 1],
    CROSSFILTER ( 'Date'[DateKey], FactResellerSales[OrderDateKey], NONE )
)
```

```
ResellerOrder Sales 3 :=
CALCULATE (
  [Reseller Order Sales 1], CROSSFILTER ( 'Date'[DateKey], InternetSales[OrderDateKey], NONE )
)
```

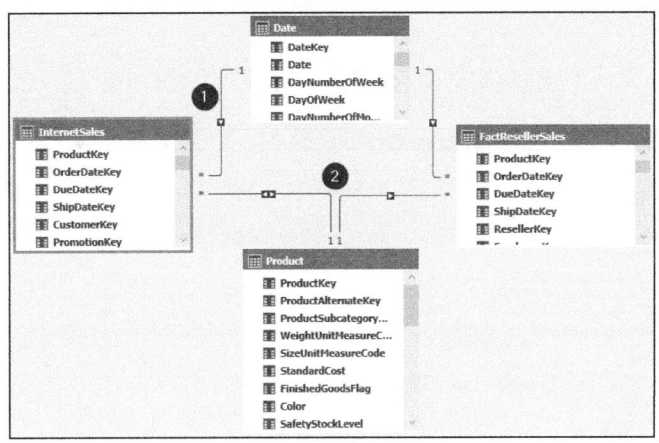

图 4.30 同时存在两条查询路径

（4）回到 Excel 分析中，刷新 Excel，参照图 4.31 所示，设置透视表，观察结果。结果显示"Reseller Order Sales 1"公式自动选择图 4.30 中默认路径①，答案正确。"Reseller Order Sales 3"公式被迫选择图 4.30 中路径①，答案也正确。而"Reseller Order Sales 2"公式被迫使用图 4.30 中路径②，答案错误。以上示例证明了虽然多对多双向关系极大地简化了模型的难度，但也存在着计算错误的风险。因此建议读者在充分理解多对多双向筛选运行原理的情况下，再考虑使用该功能。

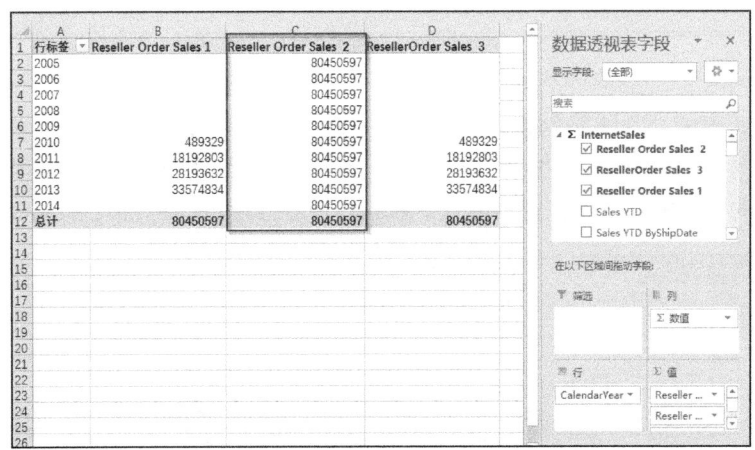

图 4.31 多种查询方式的结果对比

4.6 建立层次(层级)关系

层次关系是模型中非常典型的应用场景,例如人力组织架构、销售区域架构都涉及层次关系。

(1)在关系图中单击"创建层次结构"按钮①,将所需的字段拖曳至层次结构中②,见图4.32。

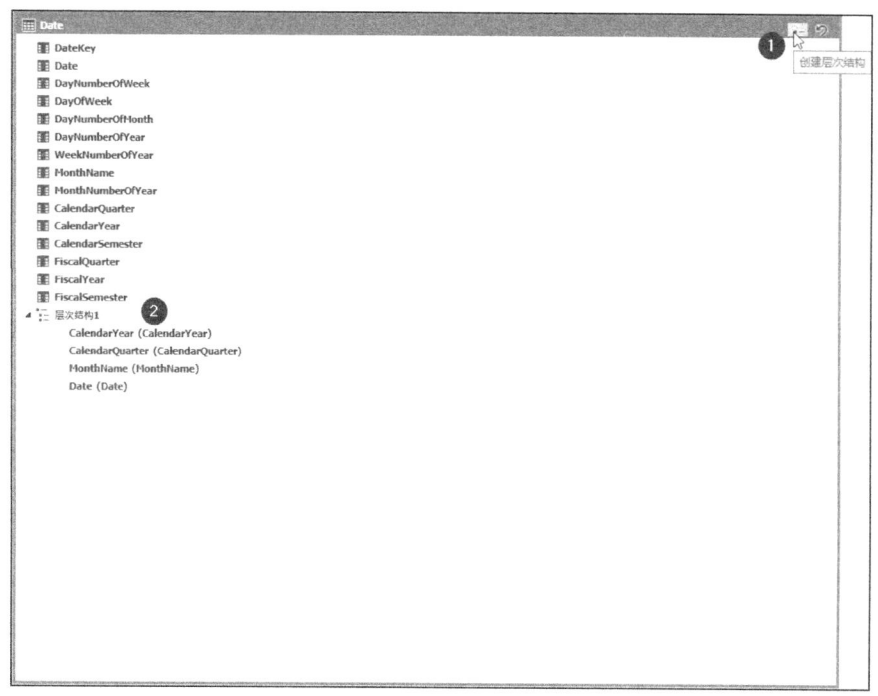

图4.32 同表建立层次关系

(2)对于跨表的层次结构创建,我们可以先通过公式将相关字段添加至相关表内,再建立层次结构。例如,在图4.33中,产品、产品子类与产品类分别属于3张不同的表,但它们之间为多对一的查询关系(确保提前导入Product、ProductSubcategory、ProductCategory表)。

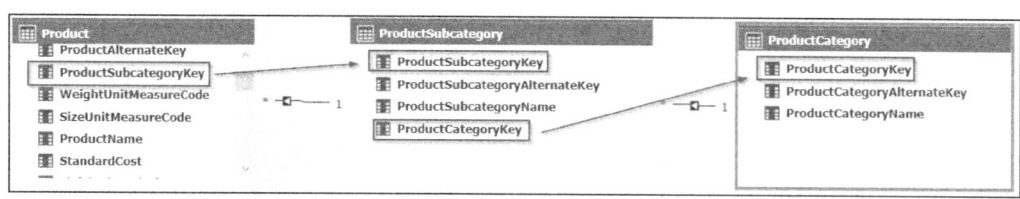

图4.33 跨表的层次关系

（3）在此，仅需要在“Product”表中通过 RELATED()函数将产子类与产品类字段“引用”过来，见图 4.34，之后则参照日期层次结构方式构建层次即可。

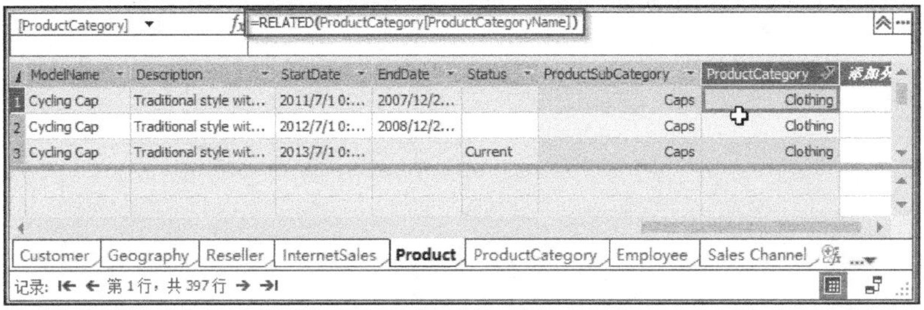

图 4.34 将相关字段映射到一张表中

4.7 父子关系

除了以上普通层次关系，组织中还有另一种常用的层次关系，即父子（Parent-Child）关系。例如，财务表的账目关系、雇员的汇报层级都属于这类关系。对于图 4.35 所示账目表（DimAccount）中的资产负债（Balance）而言，“AccountKey”代表账目 ID，“ParentAccountKey”代表父级账目 ID。对“Current Assets”来说，其父级为“Assets”，而“Assets”的父级为“Balance”，“Balance”为根级别账目，其“ParentAccountKey”为空值，而账目“Trade Receivables”与“Balance”之间的归属关系是“Trade Receivables”→“Receivables”→“Cash”→“Current Assets”→“Assets”→“Balance”，因此“Trade Receivables”的层次数是 5。

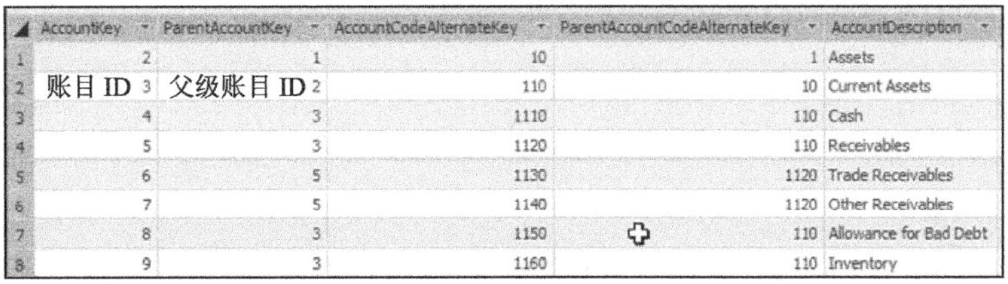

	AccountKey	ParentAccountKey	AccountCodeAlternateKey	ParentAccountCodeAlternateKey	AccountDescription
1	2	1	10	1	Assets
2	3	2	110	10	Current Assets
3	4	3	1110	110	Cash
4	5	3	1120	110	Receivables
5	6	5	1130	1120	Trade Receivables
6	7	5	1140	1120	Other Receivables
7	8	3	1150	110	Allowance for Bad Debt
8	9	3	1160	110	Inventory

图 4.35 父级与子级的层次映射

要建立资产负债表，要解决的关键问题是把资产账目（Account Key）按定义的层次陈列。我们将利用 DAX 模型中的层级函数寻求解决方案。解决方案分为 5 步。

（1）建立当前账目与根账目的层次关系。

（2）计算当前账目与根账目间的层次数，建立新列“层次”。

（3）分列表示行与根账目之间的路径。

（4）将“层 *x*”列的数字代码转换为所对应的会计科目。

(5) 建立层次。

具体操作如下。

(1) 通过以下公式，求出从根到每一条记录的路径信息，并使用"|"作为分隔符，见图 4.36。

```
PATH(DimAccount[AccountKey],DimAccount[ParentAccountKey])
```

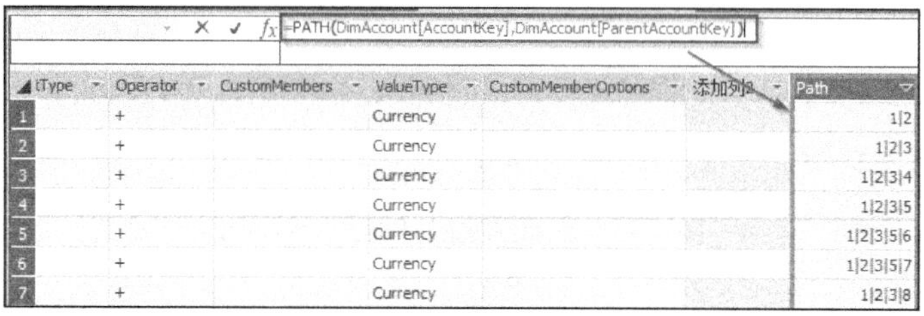

图 4.36　获取路径信息

(2) 求每一条记录到根的层次数，公式见图 4.37。这个公式中的变量为第一步中创建的"路径"，即 PATHLENGTH()函数返回路径中的节点数。可以看到此处最少的层次为 1 层，即目录顶层，最多的为 6 层。

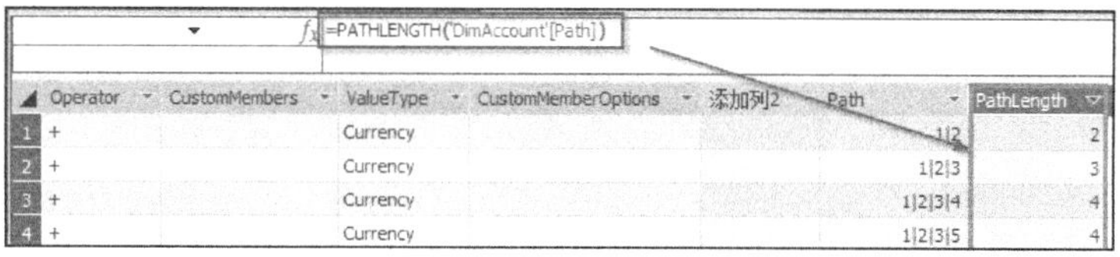

图 4.37　获取路径长度

(3) 通过 PATHITEM()函数得出本行所在父级别节点的层级代码，见图 4.38。

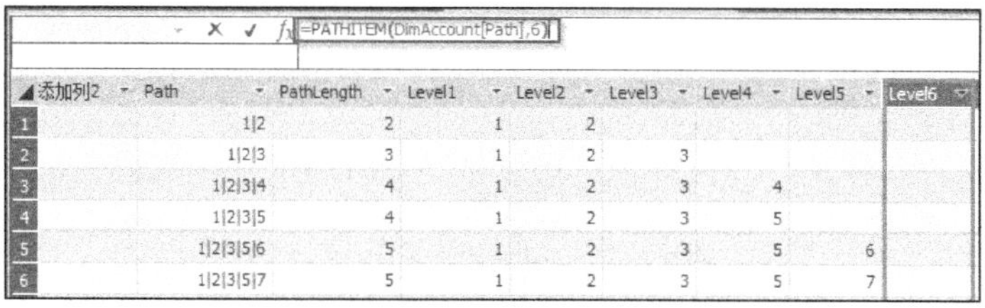

图 4.38　获取父节点信息

(4) 通过 LOOKUPVALUE()函数将步骤（3）中的层级代码转化为会计科目名称。但注意，应统一"Levelx"类型值与"AccountKey"类型值为整数，否则公式会报错，见图 4.39。

图 4.40 中的 PATHITEM()函数采用了 INTEGER 属性，因此返回值为整数类型。LOOKUPVALUE()函数则返回对应的会计科目描述。

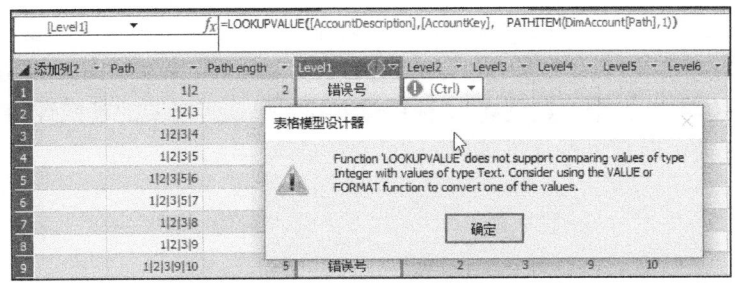

图 4.39　报错信息

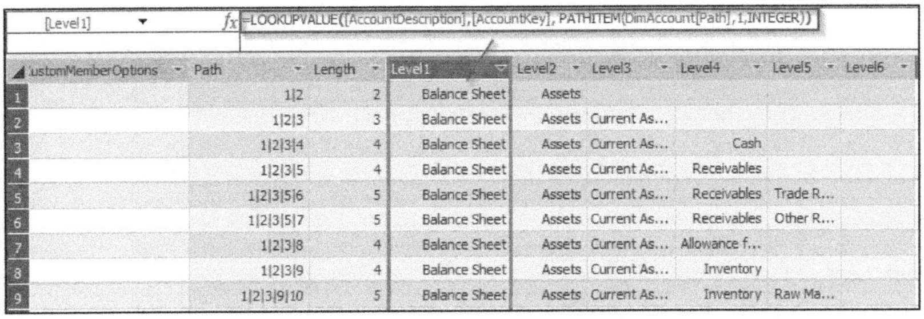

图 4.40　修改后返回正确结果

（5）基于之前的操作，建立会计科目层次关系，见图 4.41。

除了会计科目层次，AdventureWorks 中的人力组织架构也采用相似的设定，读者可以用"DimEmployee"表实现相同的效果，见图 4.42。

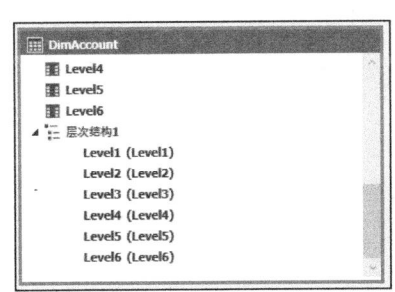

图 4.41　建立层次关系

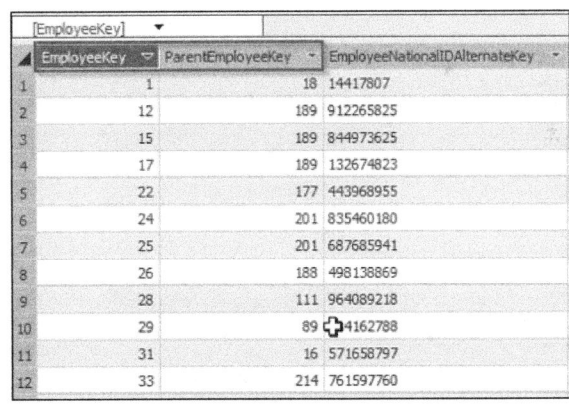

图 4.42　类似的父子级别架构

4.8　计算组

计算组（Calculation Group）是 DAX 模型中的新功能，其目的在于简化时间智能函数的应用。但目前计算组功能只支持兼容 1500 或更高版本使用。在计算组出现前，当需要为一个主题（如销售金额）创建不同的 M 种计算方式时如统计从月初至今的销售金额、季初至今的销售金额、年初至今的销售金额、去年同期销售金额等，我们往往需要分别编写多个公式，见图 4.43。如果为 N 个主题创建 M 种计算方式，那么所需要的度量数量将是 $N \times M$ 个，不但创建过项烦琐，而且也不易于管理。

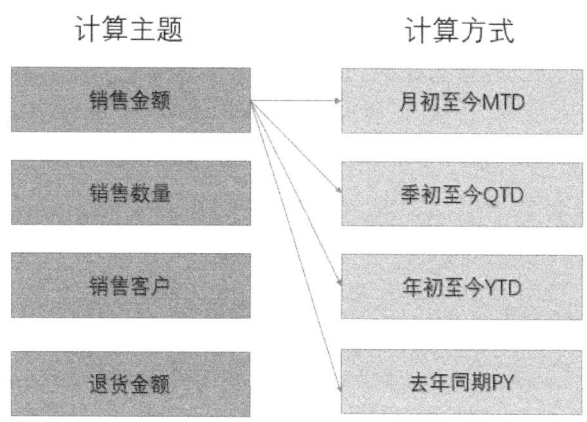

图 4.43　没有使用计算组的逻辑（以销售金额为例）

计算组的优势在于其将计算方式以集群的形式统一在一个集合中，当多个计算主题使用计算组时，仅需要反复套用该计算组即可，见图 4.44。

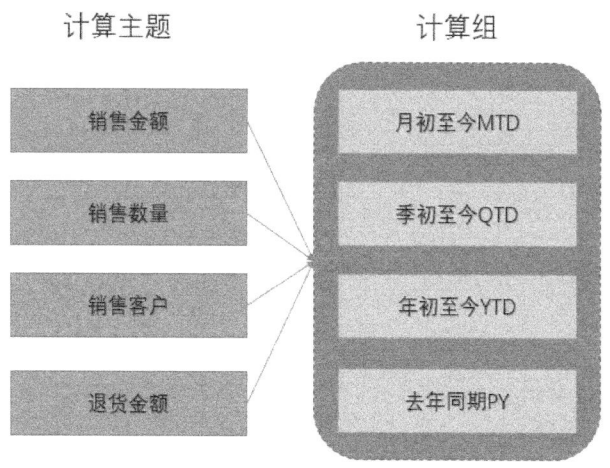

图 4.44　使用计算组的逻辑

接下来，我们来创建一个关于销售的计算组示例。
（1）右击"计算组"文件夹，在弹出菜单中选择"新建计算组"命令，见图 4.45。中文版的 VS 可能会出现错误提示，见图 4.46，目前的解决方法是使用英文版本。

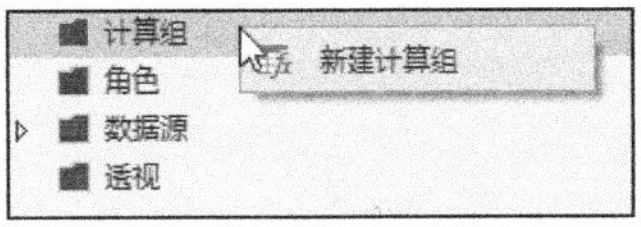

4.8 计算组

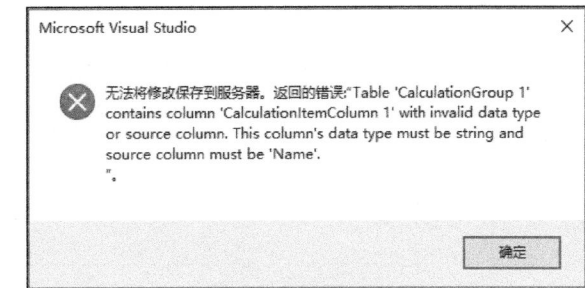

图 4.45　新建计算组　　　　　　图 4.46　错误信息

关闭 VS，启动 Visual Studio Installer，单击"修改"按钮，见图 4.47。

图 4.47　修改语言版本

在"语言包"选项卡中勾选"英语"复选框，见图 4.48，单击"确定"按钮。

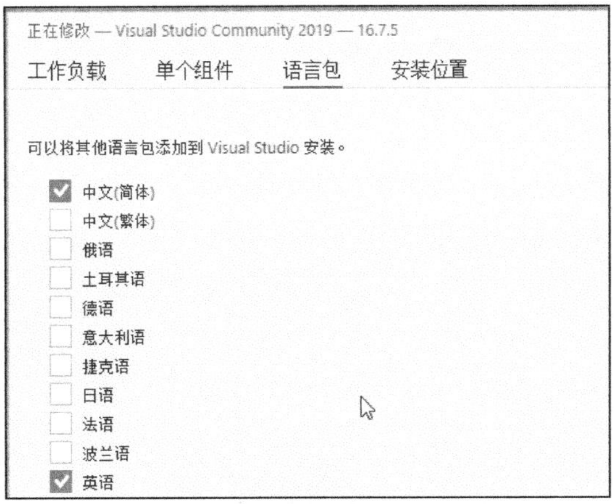

图 4.48　增添英文语言包

安装成功后，重启 VS，在菜单栏中选择"工具"-"选项"-"区域设置"命令，在打开的对话框中将"语言"设置为"English"，单击"确定"按钮，见图 4.49，并重启 VS。

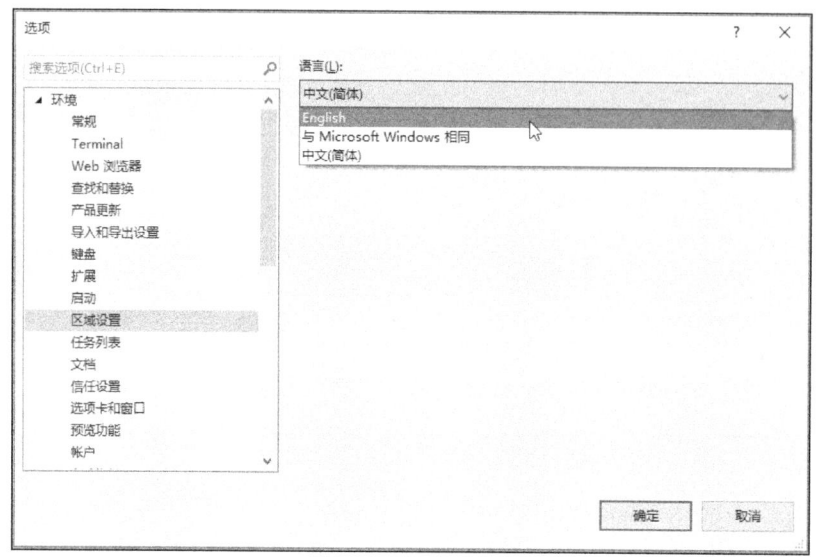

图 4.49 选择英文界面

(2) 参照图 4.45 所示操作，在英文界面下创建计算组，见图 4.50。

(3) 右击"Calculation Item 1"，在弹出菜单中为其改名为 YTD①，同样修改②、③处的名称。在①上方的"Expression"文本框中输入公式，见图 4.51。

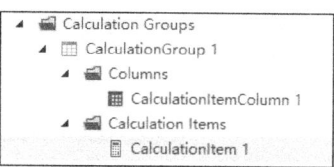

图 4.50 创建计算组

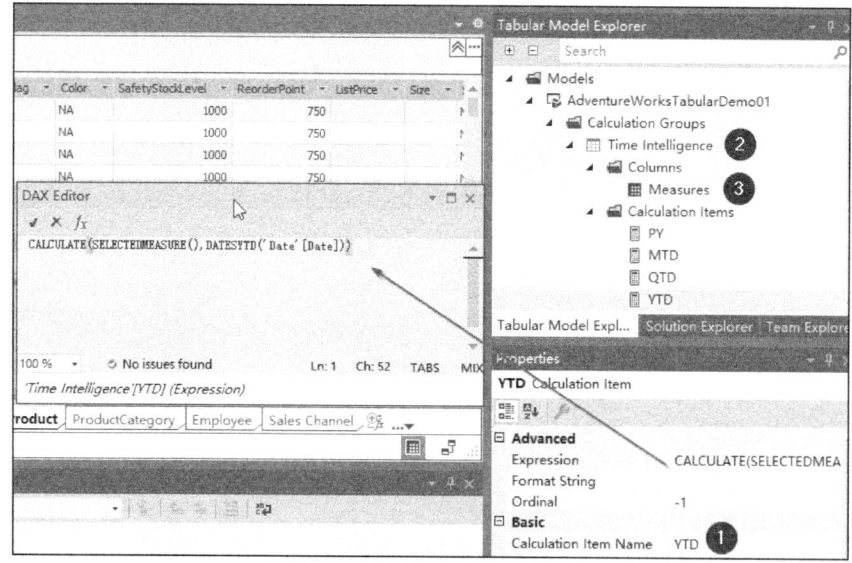

图 4.51 创建计算组公式

(4)按相同的方法创建如表 4.1 所示的计算组。

表 4.1　计算组名称及公式

Item 名称	公式
QTD	CALCULATE(SELECTEDMEASURE(),DATESQTD('Date'[Date]))
MTD	CALCULATE(SELECTEDMEASURE(),DATESMTD('Date'[Date]))
PY	CALCULATE(SELECTEDMEASURE(),SAMEPERIODLASTYEAR('Date'[Date]))

(5)完成后,在 Excel 中分析,会遇到如图 4.52 所示的错误,原因是模型需要被处理(Process)。

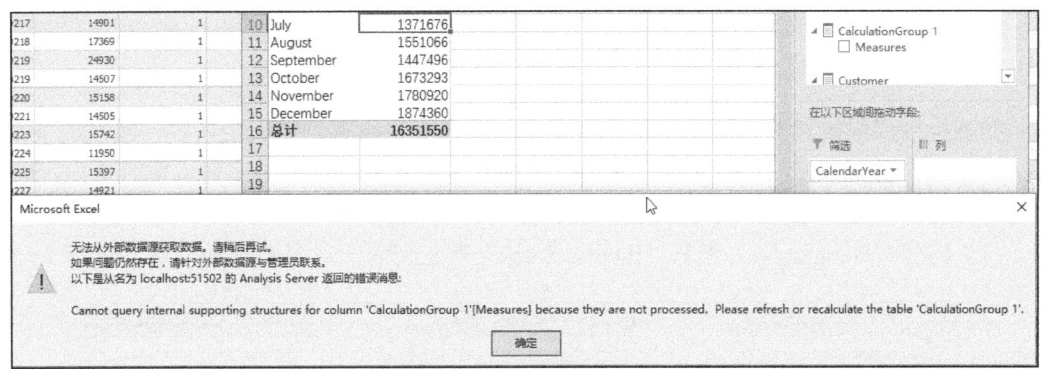

图 4.52　未被处理的计算组

(6)回到 VS 中,单击"处理"按钮,在下拉菜单中选择"Process All"(处理全部)命令,见图 4.53。

(7)回到 Excel 中,再次刷新透视表,参照图 4.54 所示完成筛选设置,即可成功应用计算组。

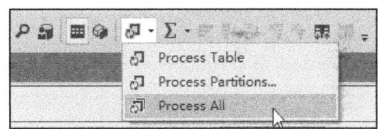

图 4.53　处理全部

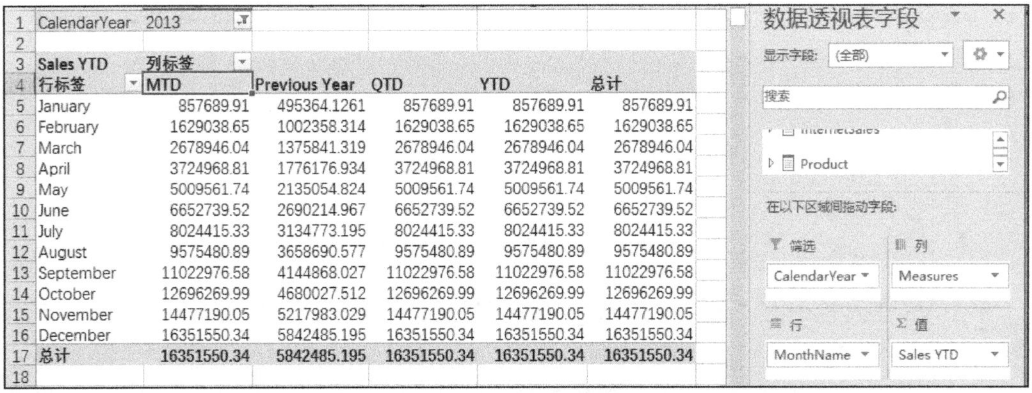

图 4.54　成功应用计算组的效果

4.9　行级权限设置

RLS（Row Level Security，行级权限设置）是企业解决方案中经常使用的一种数据安全控制方式，根据对用户不同角色进行定义，限定用户可以浏览的内容。例如，根据不同地理角色的设定，美国销售人员只能读取美国的销售数据。

RLS 实现的关键在于创建正确的表关系与正确的 DAX 表达式，从而限制观察的内容，同时 RLS 对象必须仅有只读权限。本节将介绍静态行级权限设置与动态行级权限设置两种方式。

4.9.1　静态行级权限设置

静态行级权限设置的方法简单，适合少量的用户安全设置。但安全内容一旦发生变动，如新增国家、新加入员工，那么管理人员需要面对大量重复性的维护工作，费时费力，也容易出错。静态行级权限设置的方法如下。

（1）确保"Geography"表与"InternetSales"表之间为一对多的查询关系，见图 4.55。

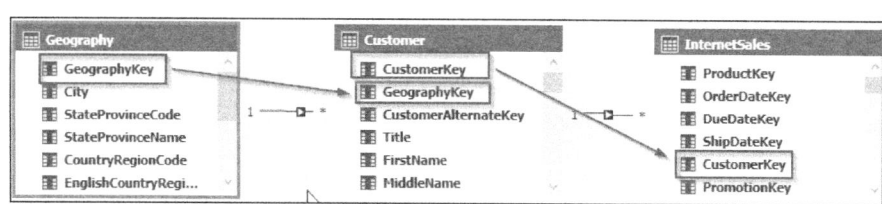

图 4.55　设置表与表之间的关系

（2）角色设置是根据"Geography"表中的"CountryRegionCode"字段值设定的，图 4.56 右方所示的 DAX 表达式限制了只显示地区为"US"的数据。

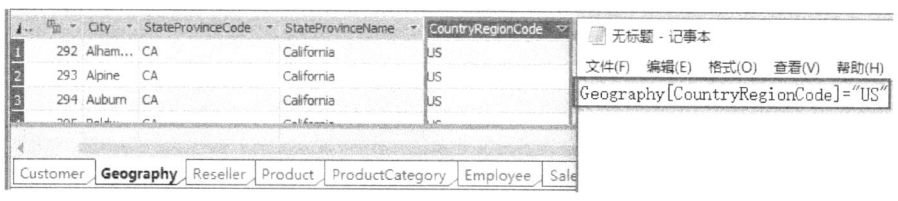

图 4.56　设置查阅内容限制

单击 VS 工具栏中的"角色"图标，在打开的"角色管理器"对话框中单击"新建"按钮，见图 4.57。

（3）在新增记录的名称栏下输入角色名称"USA"①，设置权限为"读取"②，再将图

4.56 所示中的表达式='Geography'[CountryRegionCode]="US"填入"Geography"表对应的 DAX 筛选器中③，单击"确定"按钮④，完成设置，见图 4.58。

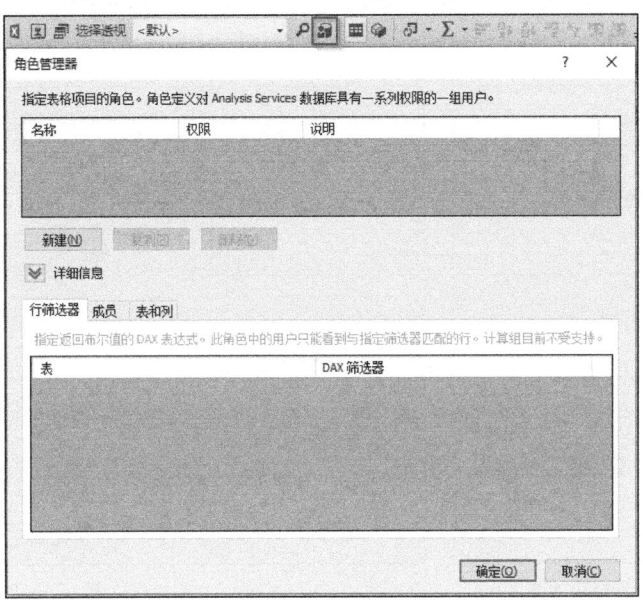

图 4.57 新建角色

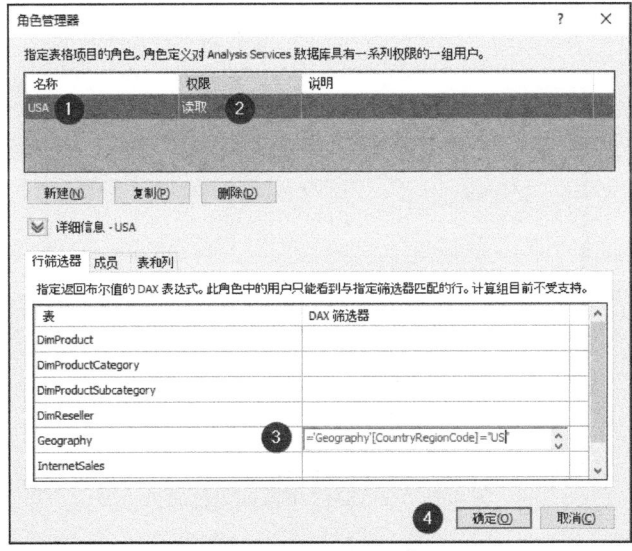

图 4.58 设置权限与代码

（4）在 VS 工具栏中，单击"Excel"图标①，在打开的"在 Excel 中分析"对话框中选择"角色"单选项，然后在下拉列表框中，选择"USA"选项②，单击"确定"按钮③，见图 4.59。

（5）参照图 4.60 所示，在 Excel 中依据地理信息查看销售金额，可仅能获取相应"US"的数据。

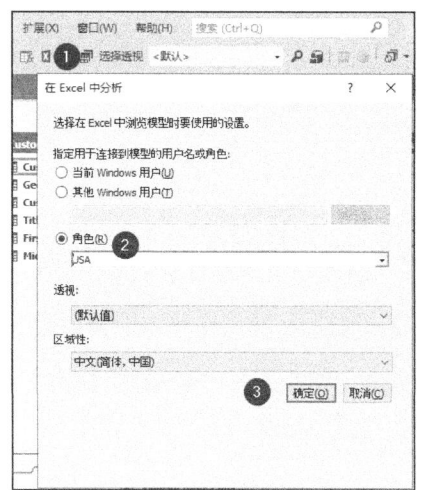

图 4.59　验证权限效果

图 4.60　验证成功

（6）我们可在 SSMS 界面中为角色添加成员。参照图 4.61 所示展开数据库节点，右击"角色"文件夹下的"USA"，在弹出菜单中选择"属性"命令，见图 4.61。

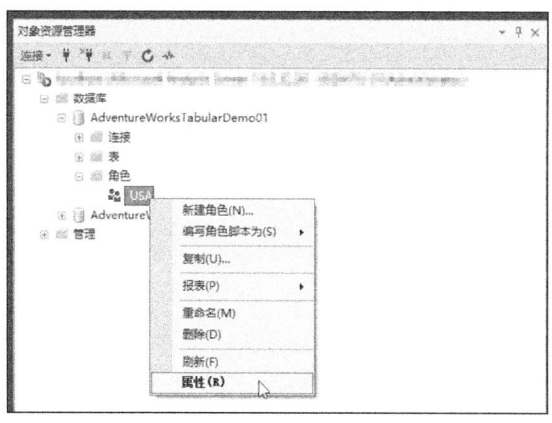

图 4.61　在 SSMS 中添加角色成员

（7）在"角色属性"窗口中，参照图 4.62 所示为角色添加成员。当将报表发布至 Power BI service 中时，该用户只能查看有关"US"的数据。

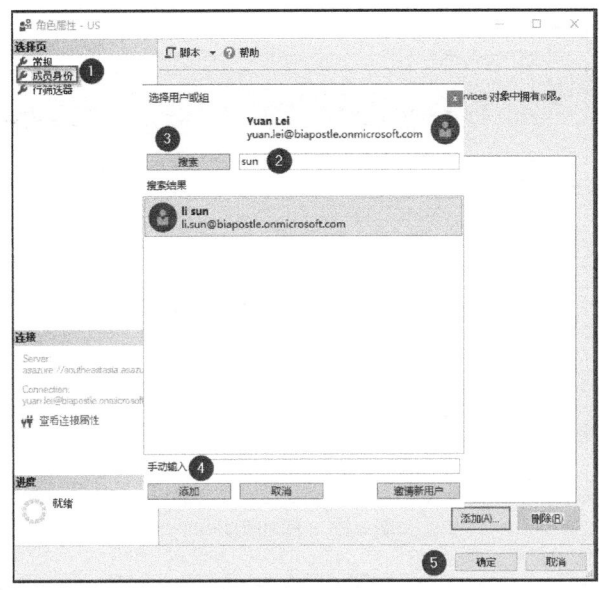

图 4.62　添加成员示例

4.9.2　动态行级权限设置

动态行级权限设置是指先设立专门的用户表，再将该表与维度表建立关联，最后通过 DAX 语言，以更加灵活的动态方式控制显示内容。

（1）添加一张类似图 4.63 所示的"RLS Table"表，里面包含了成员的活动目录（Active Directory）信息与关联信息。

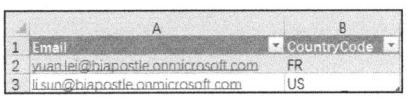

图 4.63　权限设置数据

将该表导入模型中，建立"RLS Table"表与"Geography"表之间的关联，二者为多对一的关系，见图 4.64。

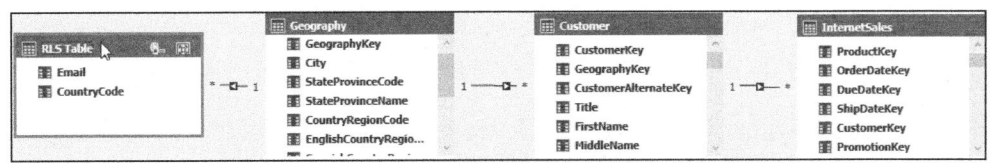

图 4.64　导入"RLS Table"表并建立关联

（2）同样在"角色管理器"窗口中，新增名称为"USA"、权限为"读取"的角色。单击"成员"选项卡，单击"添加"或"添加外部用户"按钮加入测试账户，见图 4.65。

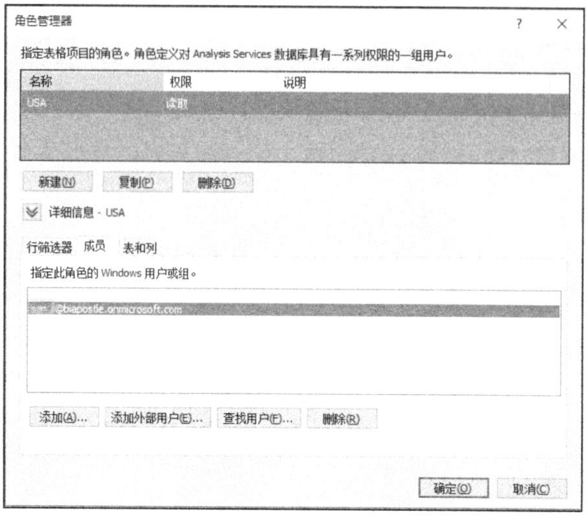

图 4.65 添加用户

（3）单击"行筛选器"选项卡，找到"RLS Table"表对应的"DAX 筛选器"栏，输入"=FALSE()"，表示缺省情况下，不允许用户读取相关表中内容，见图 4.66。

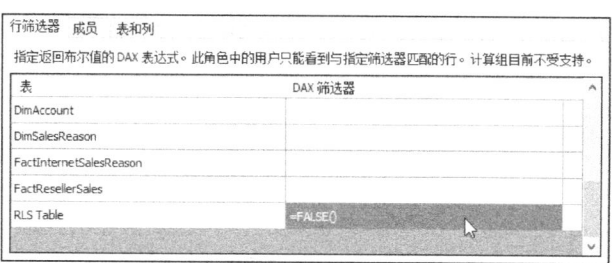

图 4.66 输入 DAX 表达式

（4）找到"Geography"表对应的"DAX 筛选器"栏，输入以下表达式，见图 4.67。

```
='Geography'[CountryRegionCode]
  = LOOKUPVALUE (
    'RLS Table'[CountryCode],
    'RLS Table'[Email], USERNAME (),
    'RLS Table'[CountryCode], 'Geography'[CountryRegionCode]
  )
//通过 LOOKUPVALUE()函数匹配 RLS TABLE 中的[CountryCode]与'Geography'[CountryRegionCode]的值，若匹配则返回 1
```

注意，DAX 函数 USERNAME()或 USERPRINCIPALNAME()皆返回用户信息。在 Power BI Desktop 中，USERNAME()函数将返回采用"域\用户"格式的用户，USERPRINCIPALNAME()函数将返回采用"user@contoso.com"格式的用户。在 Power BI service 中，USERNAME()

函数和 USERPRINCIPALNAME()函数都将返回用户的用户主体名称（UPN），即电子邮件形式。因此在以上动态行级权限设置示例中，只有将报表发送到 Power BI service 后，USERNAME()函数才会以电子邮件形式返回用户信息。

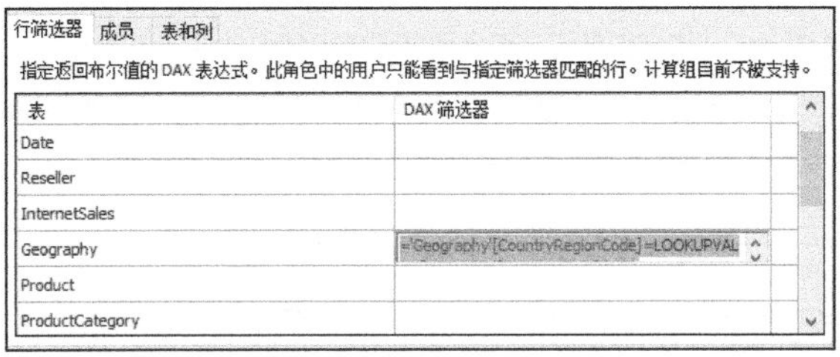

图 4.67 输入 DAX 表达式

4.10 表级与列级权限设置

在第 1 章中，我们对比了 AAS 与 Power BI 的特性，提及了对象级安全性，AAS 除了支持行级权限控制，还支持表级与列级权限控制，对安全的控制更加细致。

（1）在"角色管理器"窗口中创建一个新角色①，单击"表和列"选项卡②，勾选不对用户可见的表与列对象③（默认所有对象为可见，勾选为限制不可见），见图 4.68。

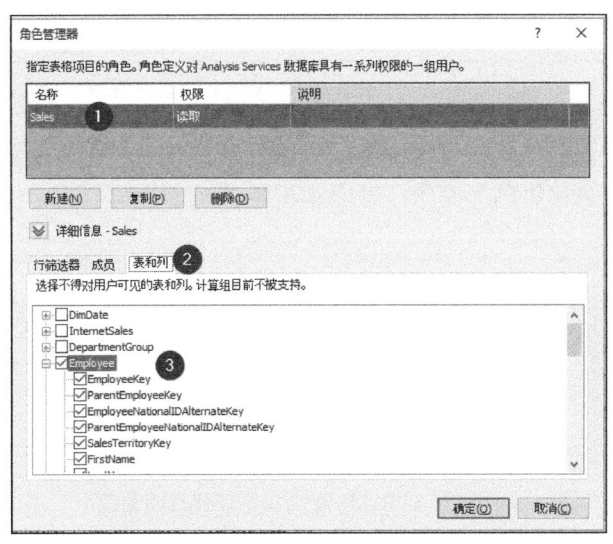

图 4.68 对角色进行表级与列级的安全设置

（2）单击"确定"按钮，完成表级与列级的权限设置。注意表级与列级的安全等级高于行级，若表级内容为不可见，自然行级内容也不可见。

4.11 模型级权限设置

当在一个 Analysis Server 上部署了多个数据模型时，见图 4.69，我们可以通过设置模型级权限来区别对不同模型对象的访问权限。模型级权限作用于整个 DAX 模型，级别高于表级与列级权限。模型级权限设置方法具体如下。

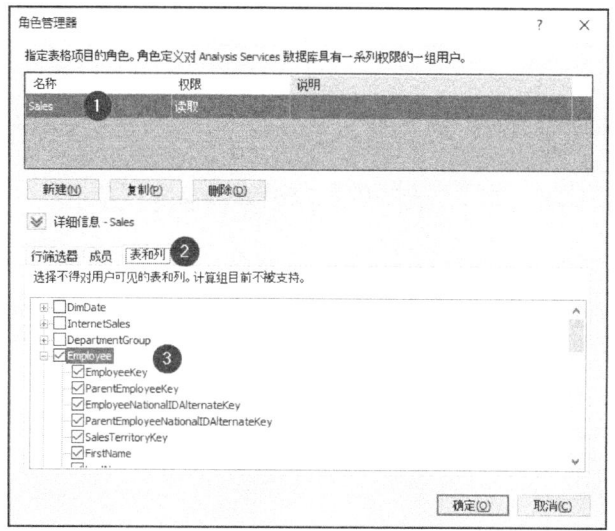

图 4.69　一个 Analysis Server 上的多个模型

（1）在 SSMS 中连接 Analysis Server，展开相应的数据库模型，右击"角色"文件夹，在弹出菜单中选择"新建角色"命令，见图 4.70。

图 4.70　在 SSMS 中为模型设置权限角色

（2）在"创建角色"窗口中选择"成员身份"选项①，单击"添加"按钮②，在打开的对话框中搜索要添加的成员③，找到后单击"添加"按钮④，单击"确定"按钮完成设置⑤，见图 4.71。

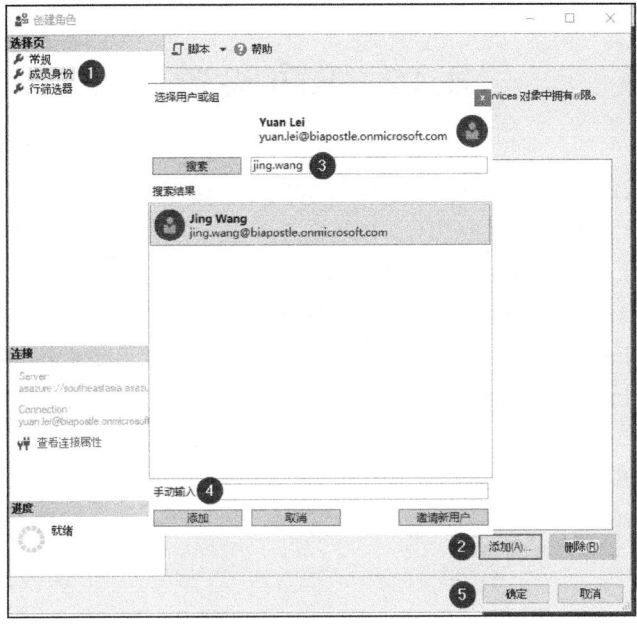

图 4.71　添加角色和成员

（3）注意，若模型角色成员同时为服务器管理员，则该角色可访问服务器中的所有数据模型，见图 4.72。

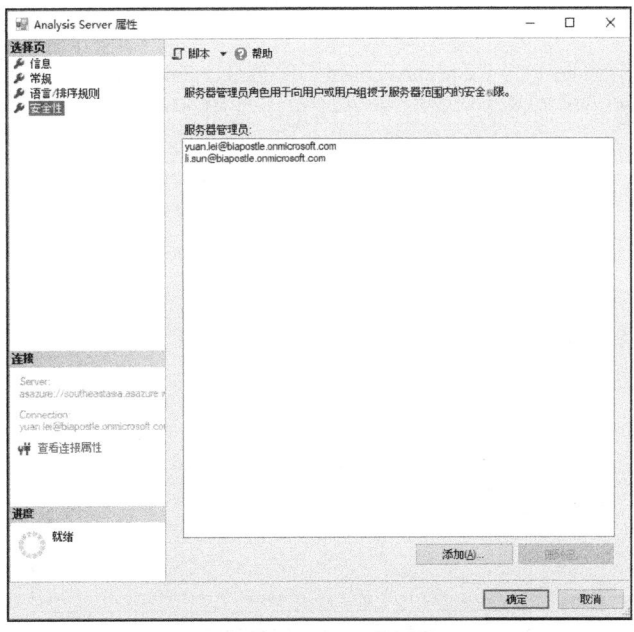

图 4.72　Analysis Server 安全性界面

4.12 KPI 设置

KPI（Key Performance Indicator，关键绩效指标）是用于衡量工作人员工作绩效表现的量化指标，是绩效计划的重要组成部分。KPI 由 3 个主要部分组成：基本值、目标值与指标。使用 KPI 的好处在于可视化图标使人们更容易理解目前的绩效状态。

（1）为了举例演示如何创建 KPI，我们首先参照图 4.73 创建模型关系。需要用到的表包括员工表（DimEmployee）、线下销售表（FactResellerSales）、销售任务额度表（FactSalesQuota）、日期表（Date）。

图 4.73 示例表关系

（2）选中线下销售表中的"SalesAmount"字段①，单击工具栏中的"总和"按钮，在下拉菜单中选择"总和"命令②，得出汇总结果，见图 4.74。

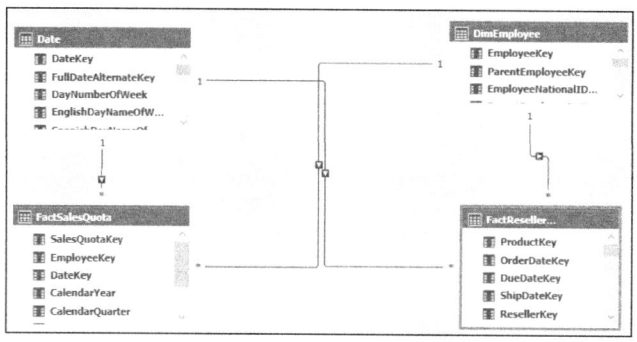

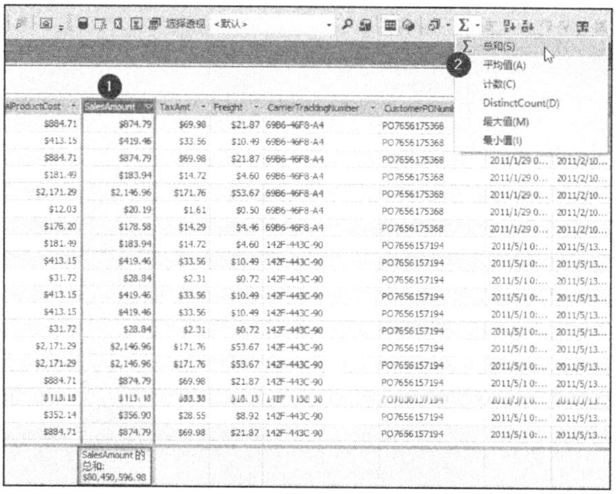

图 4.74 创建销售度量

（3）类似地，在销售任务额度表中选择"SalesAmountQuota"字段，对其进行汇总求和，见图 4.75。

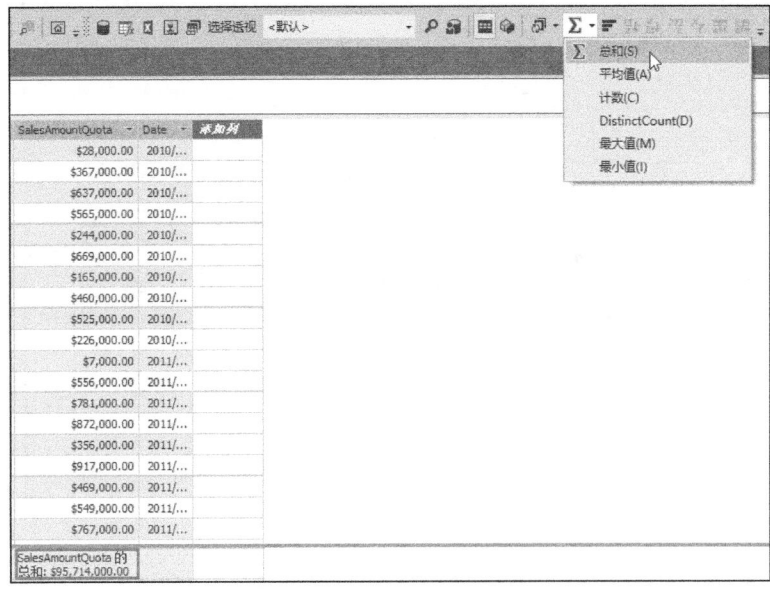

图 4.75　创建销售目标度量

（4）重命名度量，使其更为易读。

```
ResellerSales Sum:=SUM([SalesAmount])  //销售实际值
Sells Quota Sum:=SUM([SalesAmountQuota])  //销售目标值
```

（5）右击创建的"ResellerSales Sum"度量，在弹出菜单中选择"创建 KPI"命令，见图 4.76。

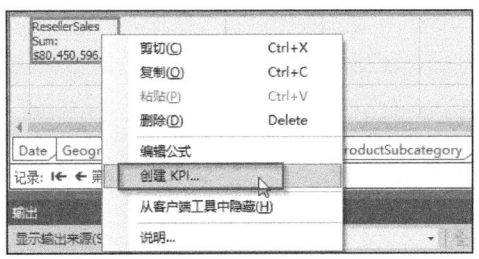

图 4.76　创建 KPI

（6）在打开的"关键绩效指标（KPI）"对话框中，选择目标度量值①，调整 KPI 的阈值②，选择期望的图标样式③，见图 4.77。

（7）如果需要对 KPI 进行进一步的解释说明，可单击图 4.77 中的"说明"图标，并填写 KPI 的具体描述信息，见图 4.78。

86 第 4 章 数据建模

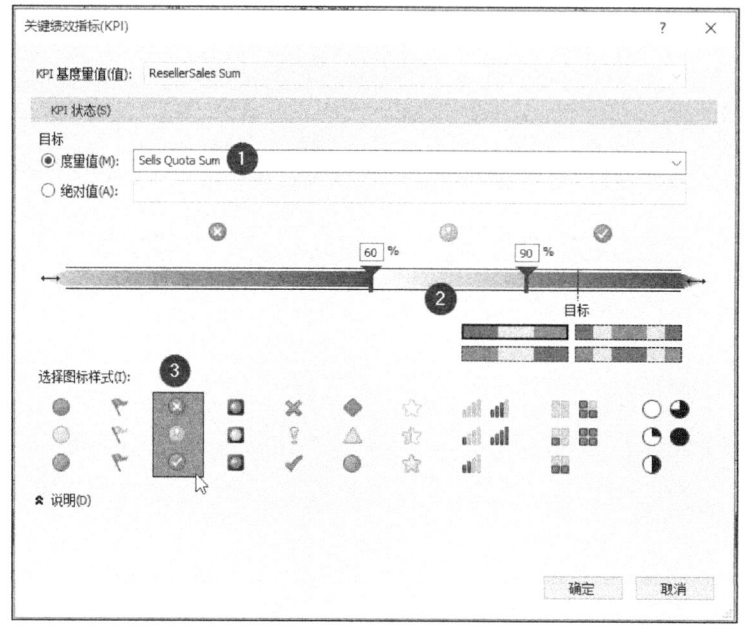

图 4.77 设置 KPI 参数

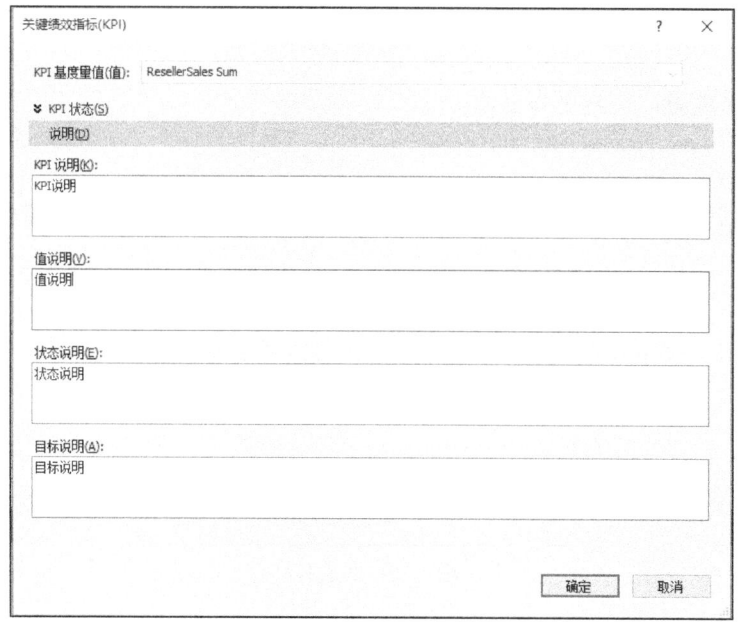

图 4.78 填写说明

（8）单击"确定"按钮，打开 Excel 进行分析。参照图 4.79 所示筛选条件创建数据透视表，勾选"KPI"下的"数值""目标""状态"复选框便可使用 KPI。

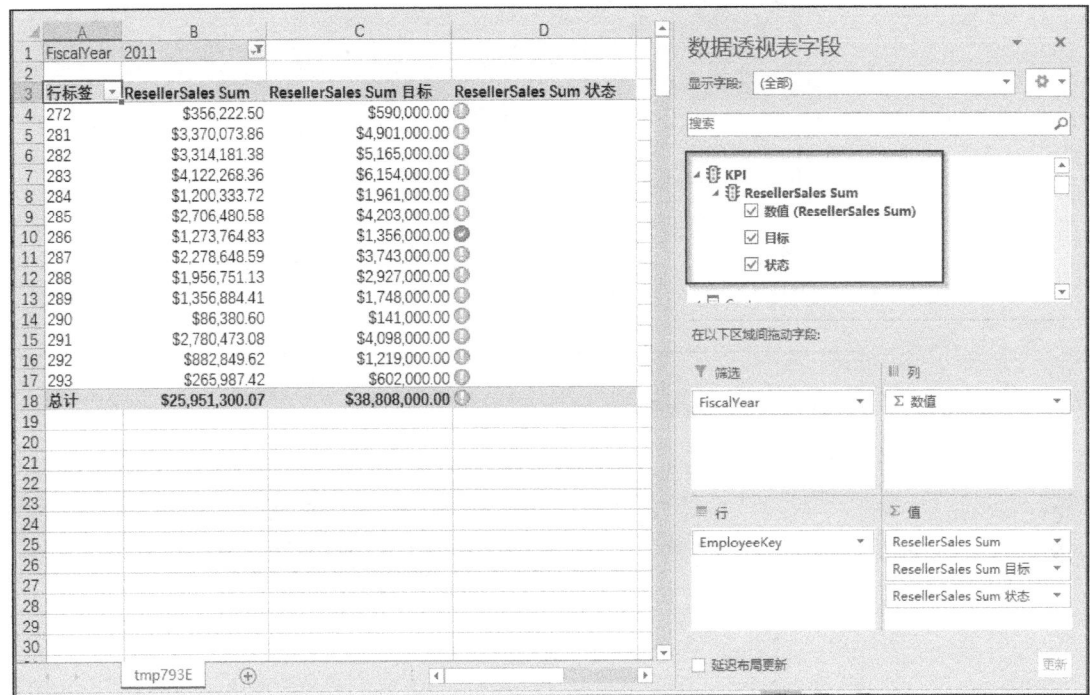

图 4.79　KPI 使用效果

4.13　透视

此处的透视（Perspective）功能与 Excel 透视表不同，但有所关联。例如，一个完整的数据集中可能包括财务报表分析、人员奖金分析、产品销量分析等相关的数据，而财务经理关心的仅是财务分析方面的数据，销售经理关心的仅是销售人员的销售数据。不同的职能造成了不同的视角，而透视功能将这种视角封装为一种"视图"，方便分析人员聚焦在相关的视角上，而不受其他业务数据的干扰。

透视的具体创建步骤如下。

（1）单击图 4.80 所示的①处或右击②处创建透视。

（2）在"透视"对话框中单击"新建透视"按钮，勾选需要透视的表对应的复选框。注意，因为没有被勾选，红框内的表不会出现在后来的透视中。单击"确定"按钮，见图 4.81。

（3）在图 4.82 所示①处选择创建的透视，单击"Excel"图标。或者先单击"Excel"图标，再在图 4.82 所示②处选择创建的透视，单击"确定"按钮。

88 第 4 章 数据建模

图 4.80 创建透视

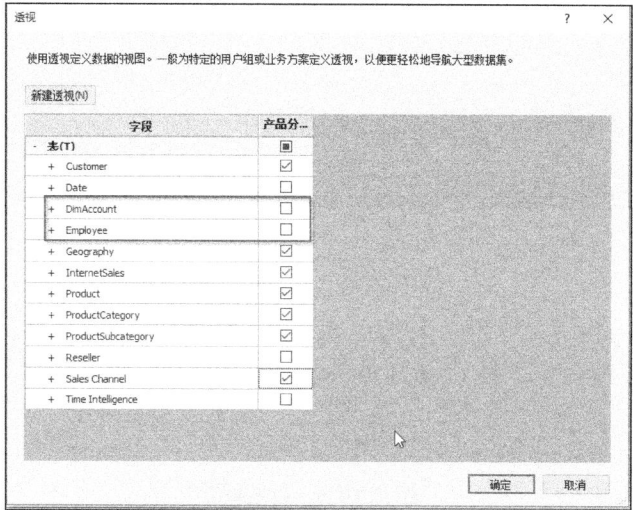

图 4.81 选择透视的内容

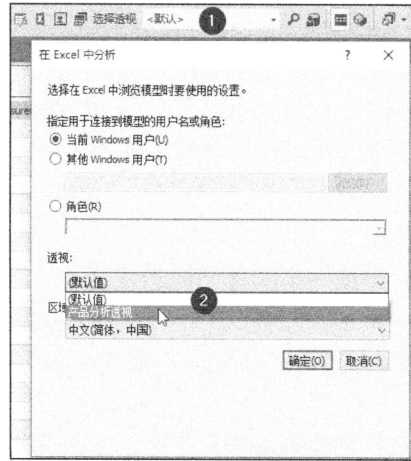

图 4.82 测试透视效果

（4）在 Excel 透视表中，可以看到步骤（2）中勾选的数据表，见图 4.83。

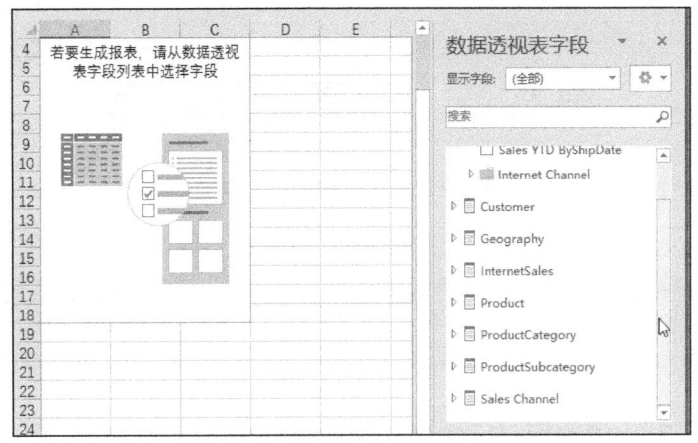

图 4.83　验证结果

注意，透视表是为了方便用户分析特定问题而设立的功能，与行级权限是两个概念。

本章小结

　　本章重点介绍了建模中应着重掌握的知识点，包括日期表、表关系设置，设立中间表、多对多筛选关系与限制，层次与父子关系，计算组（新功能），行级权限设置。这部分功能体验与在 Power BI 中的体验相同。而对于模型级权限设置、表级与列级权限设置、KPI 设置、透视功能，Power BI 中并没有直接对应的实现方法，或需要通过第三方工具间接实现。

第 5 章 部署数据模型

完成了数据建模后,本章将开始讲解数据部署,介绍如何将创建完成的模型部署在服务器端。

5.1 本地 Analysis Services 项目部署

模型建立完成后,下一步需要通过 VS 将模型部署到 Analysis Server 中。部署数据模型的操作如下。

(1)单击"解决方案资源管理器"选项卡①,选中对应的项目名称②,见图 5.1。

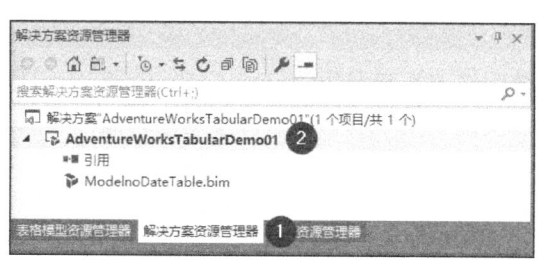

图 5.1 "解决方案资源管理器"选项卡

(2)右击该项目,在弹出菜单中选择"属性"命令,在打开的"属性页"对话框中可设置"服务器"与"模型名称",见图 5.2。将"服务器"设置为"localhost",代表将部署在本地服务器上,单击"确定"按钮完成设置。

(3)在菜单栏中选择"生成"-"部署解决方案"命令,见图 5.3,启动部署。

注意,部署过程中可能会出现以下错误。

■ 错误 1:项目版本问题,此时系统会提示"1500 不是此元素的有效值",见图 5.4。

此问题出现的原因为在初始创建项目的步骤中选择了项目兼容性级别为 1500,而本地 SQL Server 的版本较低。

在撰写本书时"1500"为最高兼容版本,高版本不能调整为低版本,故此处显示为灰色,见图 5.5。

5.1 本地 Analysis Services 项目部署　91

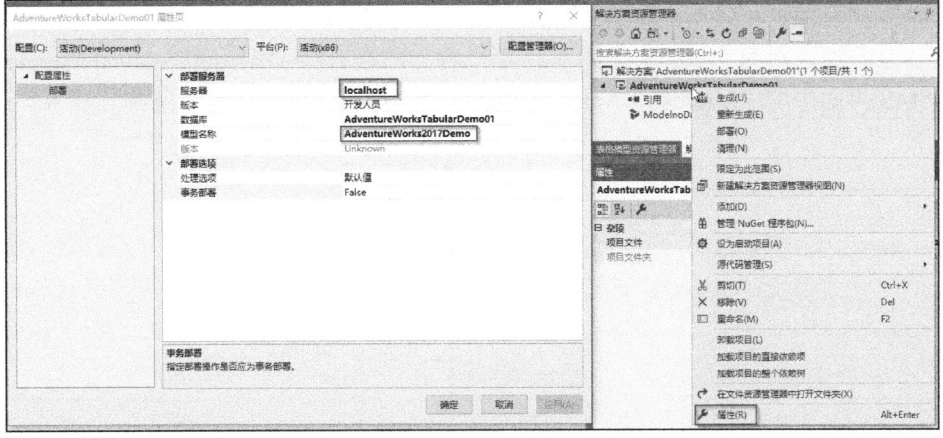

图 5.2　项目属性页

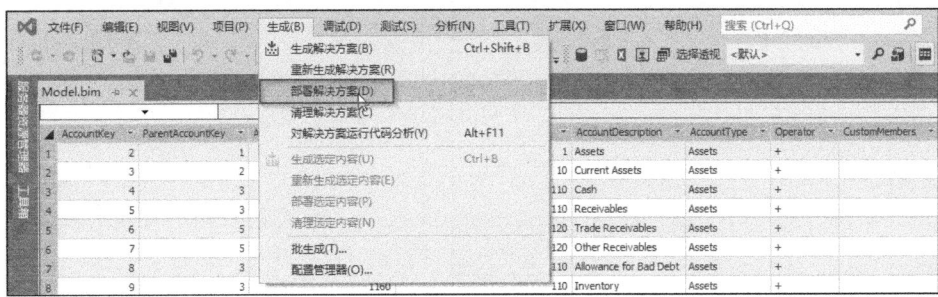

图 5.3　部署解决方案

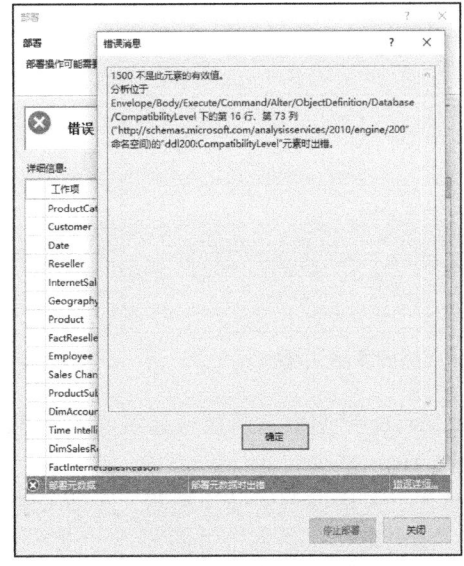

图 5.4　版本错误

图 5.5　查询当前的兼容级别

解决方法有两种：第一种方法是降级项目版本，创建新的项目（具体步骤请参阅前文），并设置其兼容性级别为"1400"，见图 5.6；第二种方法是升级 Microsoft Analysis Server 版本，右击 SSMS 界面中的"Microsoft Analysis Server"节点，在弹出菜单中选择"属性"命令，见图 5.7。

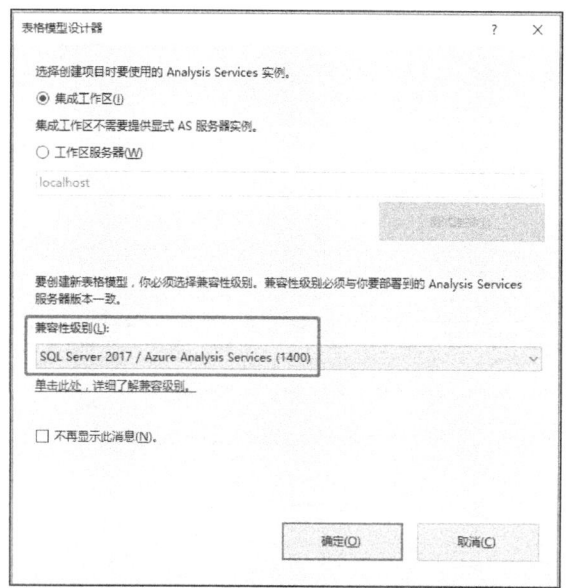

图 5.6　创建低兼容性级别的项目　　　　图 5.7　升级 Microsoft Analysis Server 版本

在"Analysis Server 属性"窗口中的"支持的兼容性级别"选项中可以看到服务器目前支持的兼容性级别，见图 5.8。

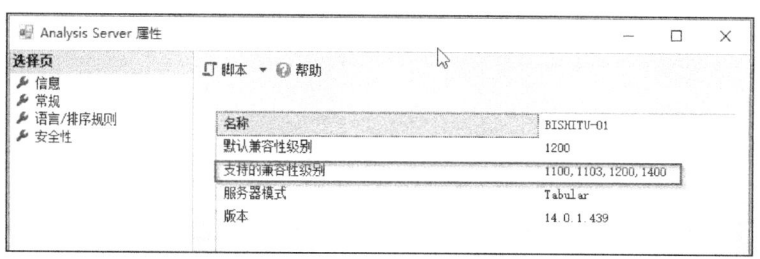

图 5.8　查询 Analysis Server 支持的兼容性级别

进入"SQL Server 安装中心"，选择"从 SQL Server 早期版本升级"选项，见图 5.9。
- 错误 2：凭据属性中的用户名缺失，见图 5.10。

这个问题是认证设置所导致的，解决的方式是在"表格模型资源管理器"选项卡的"数据源"文件夹中右击数据源，在弹出菜单中选择"编辑权限"命令，见图 5.11。

5.1 本地 Analysis Services 项目部署

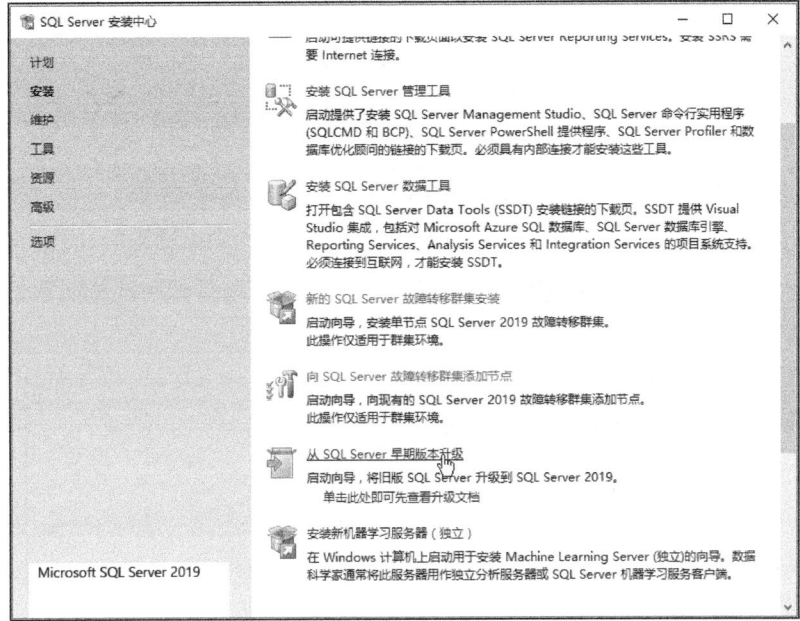

图 5.9 升级旧版本

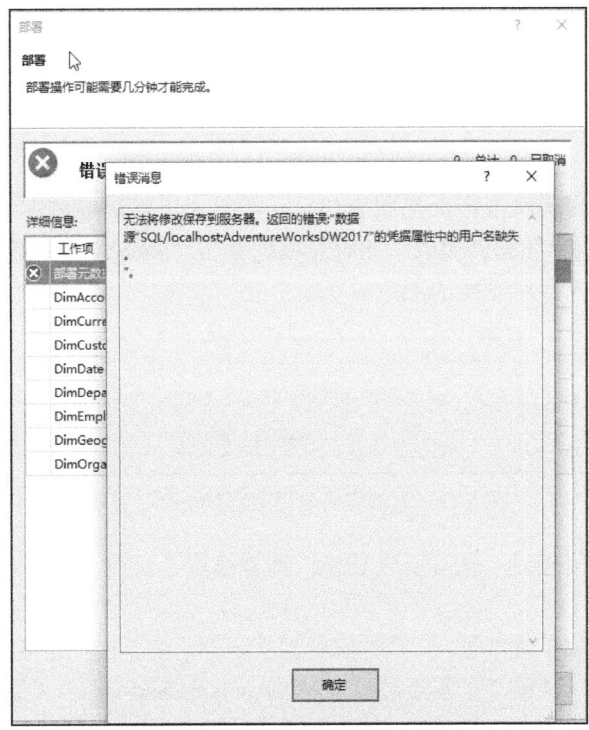

图 5.10 凭据属性中的用户名缺失

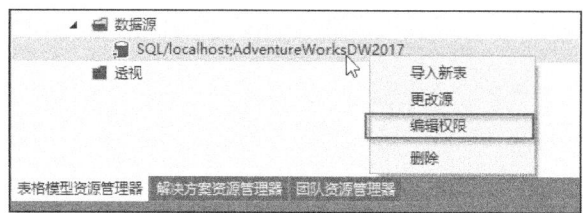

图 5.11 编辑权限

在弹出的对话框中选择"模拟账户",输入正确的用户名与密码,见图 5.12,单击"连接"按钮,完成设定。

图 5.12 连接模拟账户

但如果设置完成后仍然报错,见图 5.13。一般是由于当前项目中有很多未保存的更改,Visual Studio 无法再保存凭据的更改,此时可以先单击"Save All"按钮保存当前的项目,再更改数据源凭据,并保存对凭据的更改。

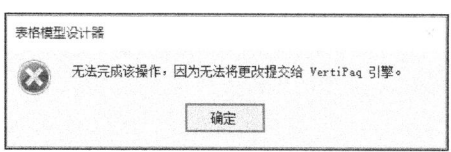

图 5.13 无法将更改提交给 VertiPaq 引擎

解决了以上部署问题后,就可以顺利推进部署过程了,图 5.14 所示为部署成功后的系统提示。

(4)重新回到 SSMS 的界面,在"对象资源管理器"中单击"连接"按钮,在弹出的"连接到服务器"对话框中设置"服务器类型"为"Analysis Services","服务器名称"为本地服务器,验证方式为"Windows 身份验证",单击"连接"按钮,见图 5.15。

图 5.14　部署成功界面

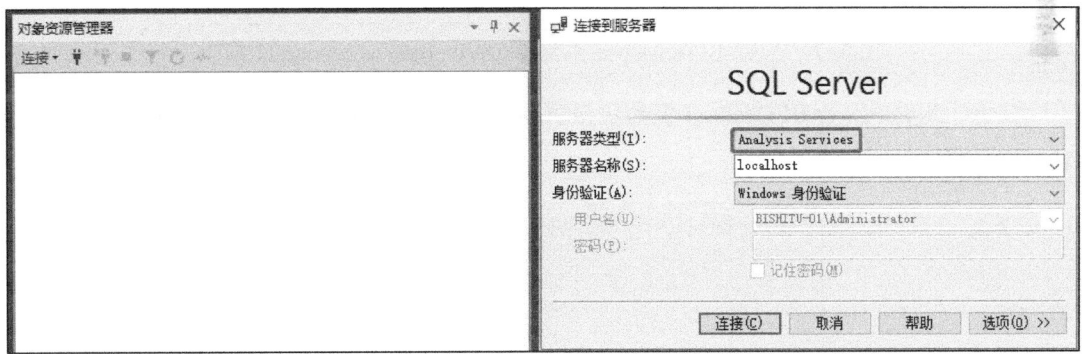

图 5.15　登录 Analysis Services

SSMS 成功连接后，可在"Microsoft Analysis Server"节点下查看刚才部署的分析模型，见图 5.16。

（5）打开 Power BI Desktop，单击"获取数据"按钮，在下拉菜单中选择"Analysis Services"选项，参照图 5.17 所示以"实时连接"方式连接部署完成的模型，单击"确定"按钮。

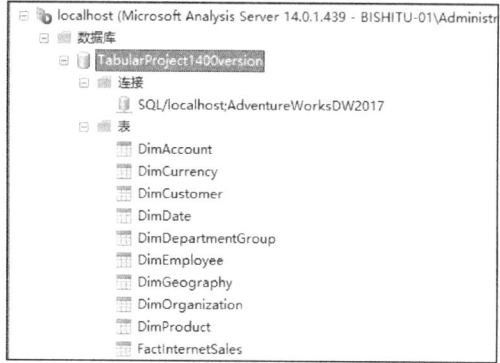

图 5.16　部署成功的模型

图 5.17　Power BI Desktop 连接 SQL Server Analysis Services 数据库

注意，此处 Power BI Desktop 仅显示报表视图和模型视图，不显示数据视图，这是实时连接模式的特性，见图 5.18。

图 5.18　实时连接模式无数据视图

5.2 云端 Analysis Services 项目部署

当要将模型部署到 AAS 中时，需要额外设置数据网关（Data Gateway），操作步骤如下。

（1）登录 Azure 官网，找到前文启用的 AAS，单击"服务器名称"旁的"复制到剪贴板"按钮，见图 5.19。

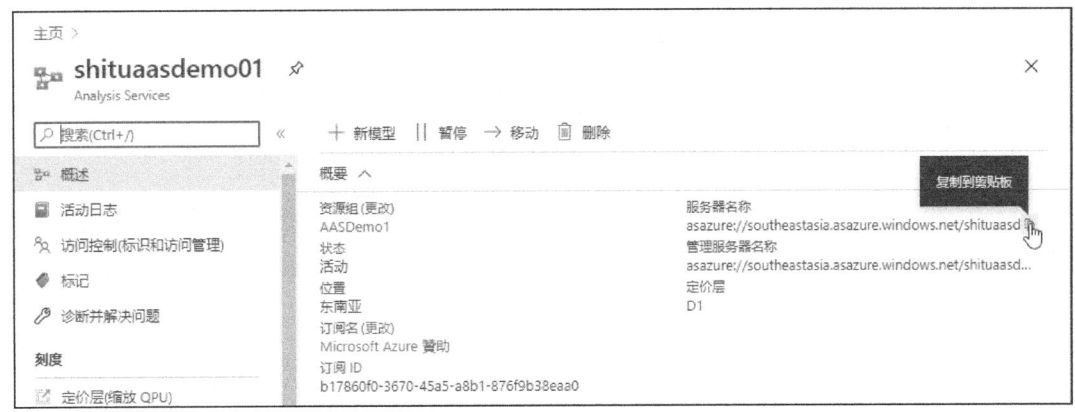

图 5.19 复制服务器名称

（2）参照图 5.2 所示的方式将部署的服务器的名称替换为新复制的字符串，见图 5.20。单击"确定"按钮，重复图 5.3 所示步骤部署数据模型。

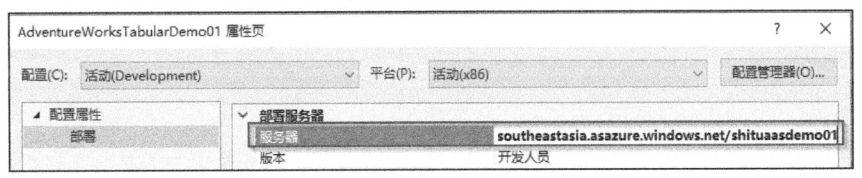

图 5.20 粘贴服务器名称至项目属性页

（3）但此时出现了新的错误"On-promise gateway is required to access the data source..."，见图 5.21。出现此错误的原因是本地数据无法被自动同步到 Azure 云端。

图 5.22 所示为本地数据源与 AAS 之间的数据传输示意图，本地数据源需要通过本地数据网关（On-promise data gateway）将数据传输到云端，而在云端也需要设置相应的网关进行数据交互。

（4）通过搜索关键字"Microsoft data gateway"在微软官网找到下载文件（目前网关无中文版本），单击"Download"按钮，见图 5.23。

98　第 5 章　部署数据模型

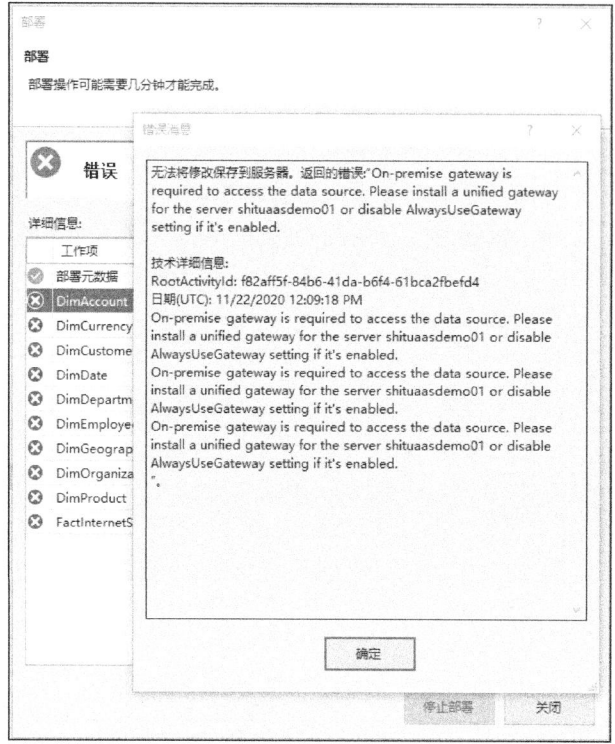

图 5.21　错误提示

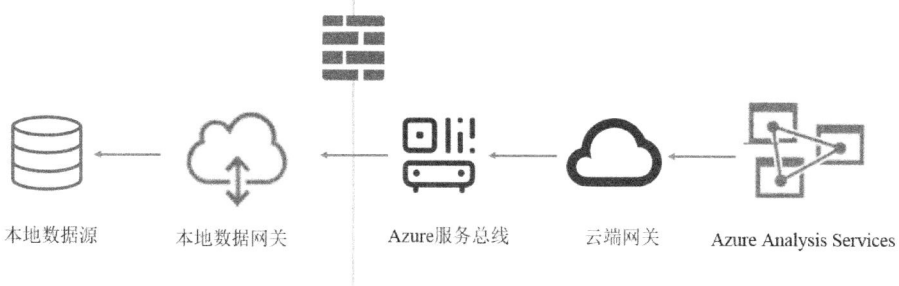

本地数据源　　本地数据网关　　Azure服务总线　　云端网关　　Azure Analysis Services

图 5.22　数据网关作用示意图

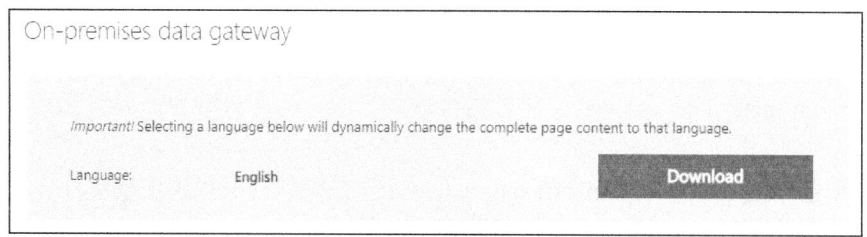

图 5.23　下载网关

（5）下载完成后，双击安装文件，在弹出的对话框中单击"安装"按钮，开始安装网关，见图 5.24。

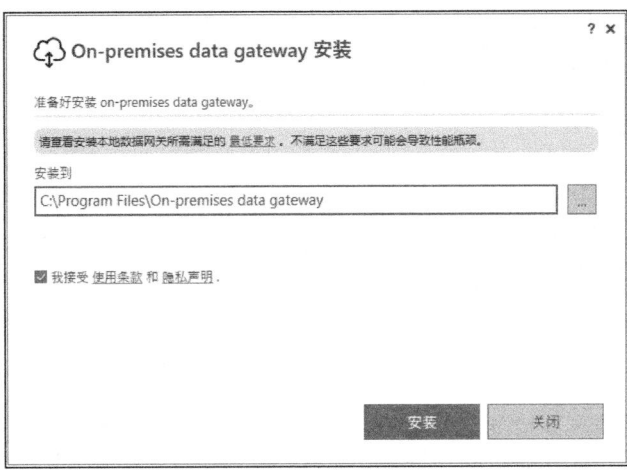

图 5.24　安装网关

（6）填入注册邮件地址，见图 5.25。

图 5.25　输入注册邮件地址

注意，此处的网关区域为"East Asia"（东亚），这里沿用该默认值，见图 5.26，单击"配置"按钮。

图 5.26 配置网关区域

配置完成后,网关处于联机状态,见图 5.27。

图 5.27 网关处于联机状态

（7）登录 Azure 官网，单击"On-promises data gateways"按钮，见图 5.28。若默认页面没有该按钮，则单击"更多服务"按钮，查找相应按钮即可。

图 5.28　在 Azure 官网创建 On-promises data gateways

（8）单击"添加"按钮，创建新的 Azure 网关，见图 5.29。

图 5.29　添加网关

（9）注意，在设置网关的时候，其"位置"值应为"东亚"，与之前本地网关的设置必须相同。选择完毕后，在"Installation Name"下拉列表框中选择本地网关的名字，单击"创建"按钮，见图 5.30。

（10）将 Azure 网关与 AAS 相连。回到 AAS 主页，选择"本地数据网关"选项①，将"网关区域"设置为"东亚"②，并选定刚才创建的 Azure 网关③，单击"连接选定网关"图标④，见图 5.31。

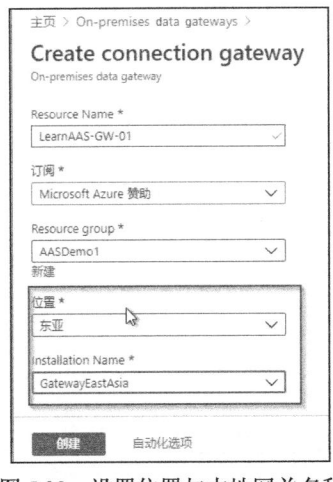

图 5.30　设置位置与本地网关名称

图 5.31　为 AAS 添加网关

图 5.32 所示为连接成功的状态,由于先前 AAS 的安装区域为"东南亚",而网关区域为"东亚",因此系统会提示"为获得最佳性能,请选择与你的服务器位于同一区域的网关。"的信息。

(11) 为确保当前 Windows 凭证用户对数据源 AdventureWorksDW2017 数据库有管理的权限,展开对应 SQL Server 下的"安全性"-"登录名"文件夹,右击对应的登录名,在弹出的菜单中选择"属性"命令,见图 5.33。

图 5.32　成功连接本地数据网关

图 5.33　编辑本地当前用户

(12) 在打开的窗口中勾选对应数据库的复选框①,勾选相应的权限,此处勾选了"db_owner"②,见图 5.34。单击"确定"按钮。

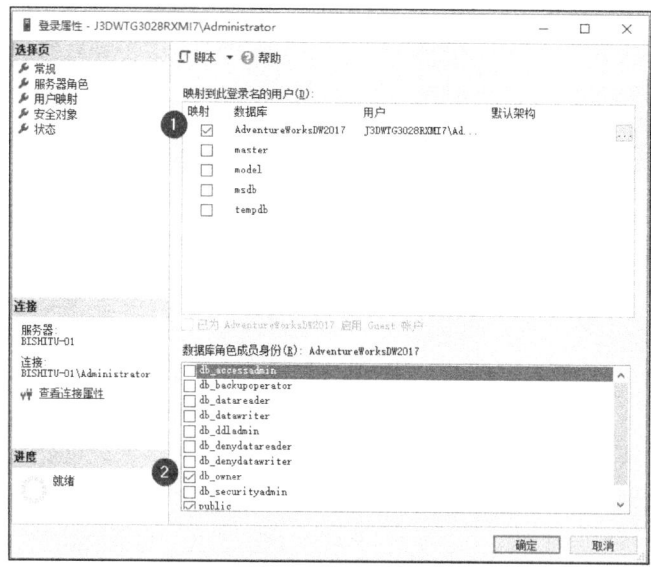

图 5.34　赋予相应的数据库权限

（13）完成以上操作后，参照图 5.3 所示步骤重新部署 AAS，通过 SSMS 登录 Microsoft Analysis Server 节点后，可见成功部署的实体，见图 5.35。

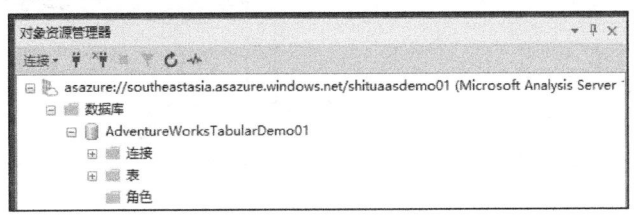

图 5.35　成功将模型从本地部署到 AAS 中

以上是关于本地 SQL Server 与 AAS 结合的部署步骤。如果使用的是 Azure 虚拟机上的 SQL Server，操作方法也同上述方法相同。如果使用的是 Azure SQL Server 服务，则无须配置数据网关，因为 Azure SQL Server 与 AAS 同属于 Azure 云端 PaaS 服务，默认情况下，应用之间数据交换不需要通过数据网关。

5.3　SQL Server Agent 自动刷新模型

前面的例子是通过手动的方式部署模型的，从效率的角度出发，我们可以将部署通过代码的方式自动化执行。本节演示的场景是通过本地 SQL Database 服务器中的 SQL Server 代理自动化部署本地 Analysis Services。

（1）在 SSMS 中右击已经部署的本地 Analysis Services 节点，在弹出菜单中选择"脚本"-"编写数据库脚本为"-"创建或替换为"-"新查询编辑器窗口"命令，见图 5.36。

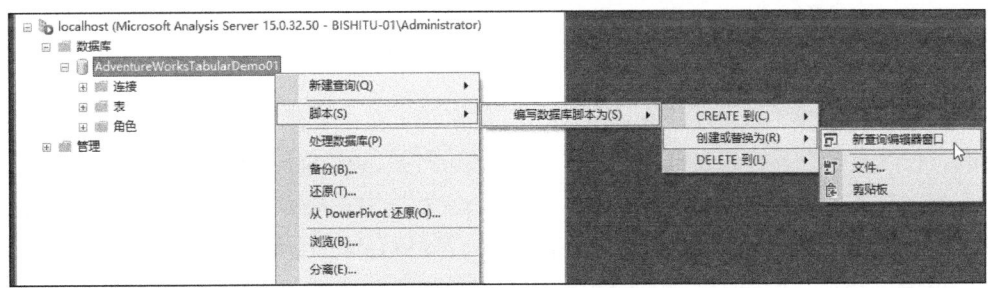

图 5.36　创建部署脚本

（2）SSMS 会自动产生一段扩展名为 .xmla 的部署脚本，见图 5.37，图中被框选的部分为数据库名称变量。

（3）右击"SQL Server 代理"节点，在弹出菜单中选择"新建"-"作业"命令，见图 5.38。

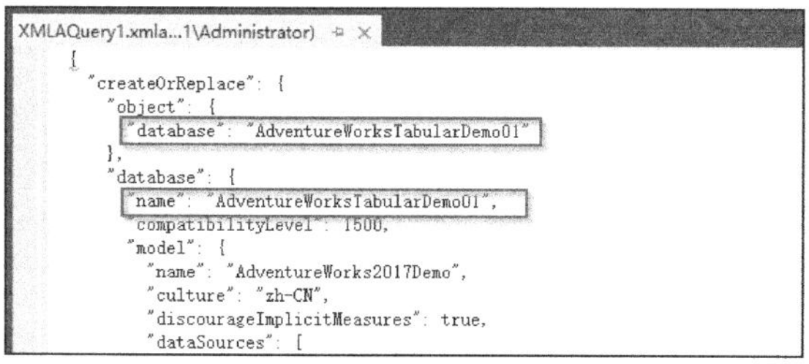

图 5.37　自动产生的部署脚本 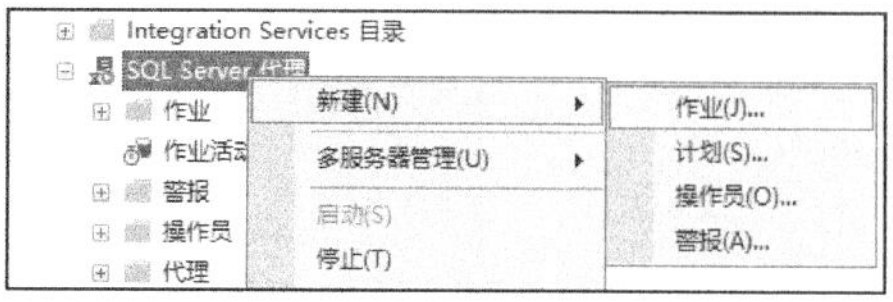　　　　图 5.38　在 SQL Server 代理中新建作业

（4）在打开的"新建作业"窗口中输入名称，见图 5.39。

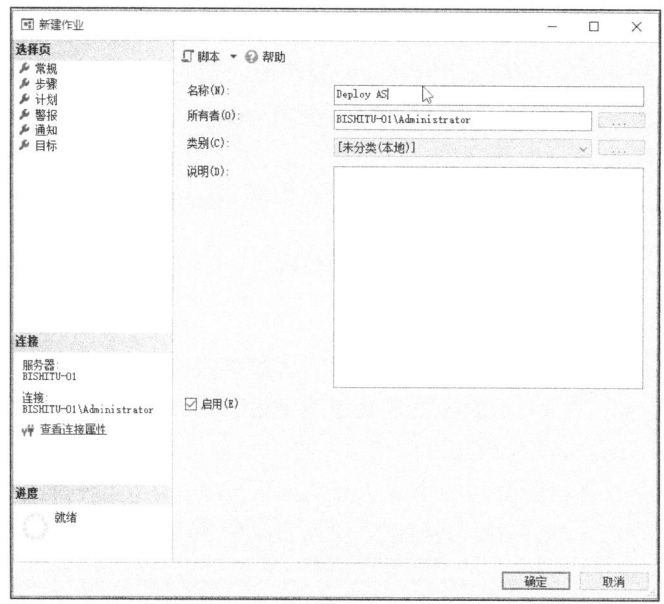

图 5.39　输入作业名称

（5）选择"步骤"选项①，单击"新建"按钮②，在"新建作业步骤"窗口中设置步骤名称③，在"类型"下拉列表框中选择"SQL Server Analysis Services 命令"选项④，在"服务器"文本框中输入服务器名称⑤，在"命令"文本框中粘贴如图 5.37 所示的脚本命令。注意，脚本中的服务器名称此处改为"AdventureWorksTabularDemo02"，表示部署完成新的节点，单击"确定"按钮⑦，见图 5.40。

（6）选择"计划"选项①，单击"新建"按钮②，在打开的"新建作业计划"窗口中输入新作业计划名称③，选择具体的计划安排④，单击"确定"按钮⑤，见图 5.41。

完成以上操作后，虽然我们已经完成了自动脚本的作业配置，但默认情况下的"Server SQL 代理服务账户"（图 5.40 中的 SQL Server 代理服务账户）并没有权限访问 Analysis Services 应用。因此还需要创建新的代理（Proxy），并赋予其应用的凭据。具体步骤如下。

5.3 SQL Server Agent 自动刷新模型

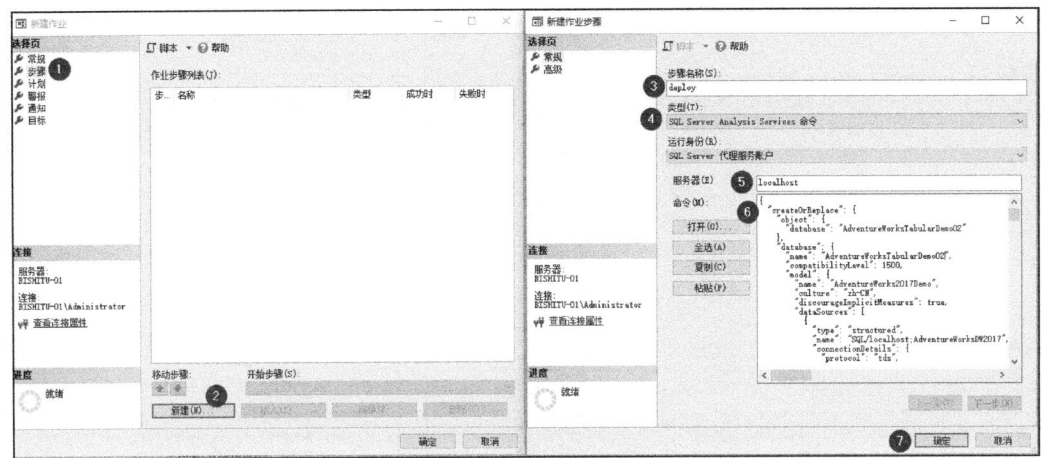

图 5.40 新建作业的步骤

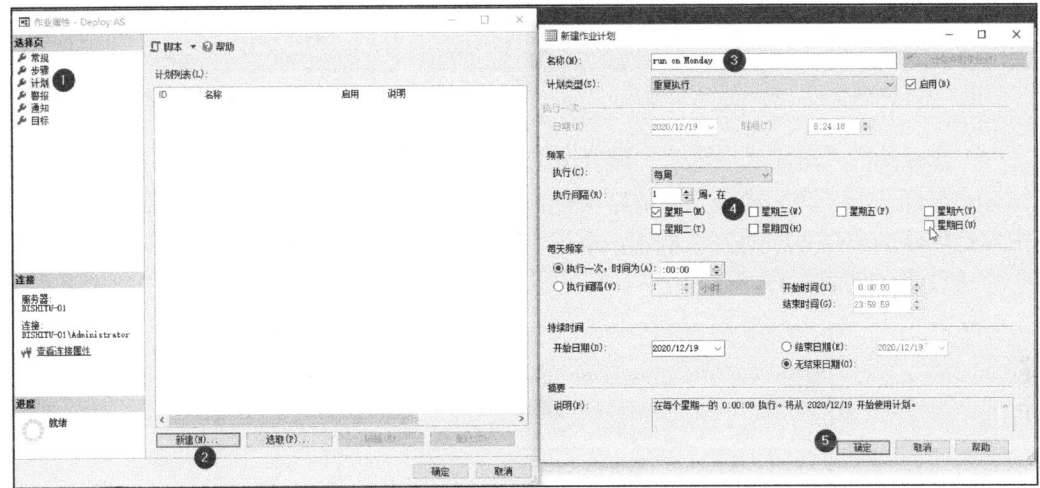

图 5.41 设置作业的计划

（1）右击 SQL 节点下的"凭据"文件夹，在弹出菜单中选择"新建凭据"命令，见图 5.42。

（2）在打开的"新建凭据"窗口中输入凭据名称、标识（此处用管理员账号，该账号同时有权限读、写 Analysis Services），输入密码并确认密码，见图 5.43。单击"确定"按钮。

（3）刷新 SSMS 界面，可以看到成功创建的凭据（Credential）①。在"代理"文件夹下右击"Analysis Services 命令"文件夹，在弹出菜单中选择"新建代理"命令②，见图 5.44。

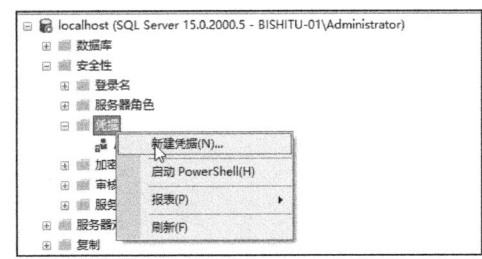

图 5.42 新建凭据

106 第 5 章 部署数据模型

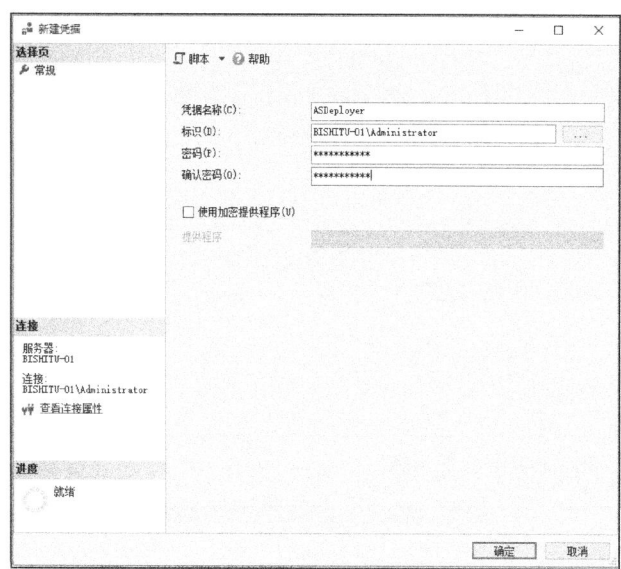

图 5.43 输入管理员信息

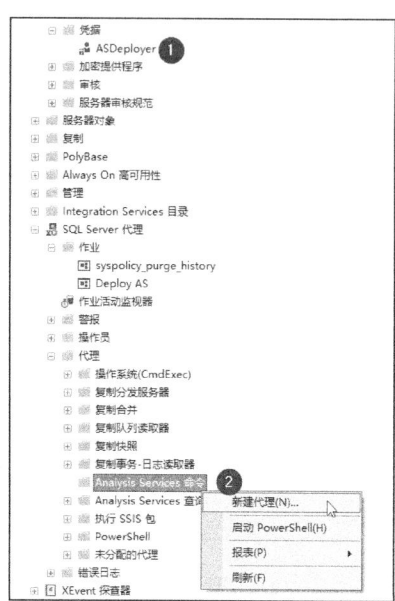

图 5.44 新建代理

（4）在打开的"新建代理账户"窗口中输入代理的名称①，单击"凭据名称"旁的"..."按钮②，在打开的"选择凭据"对话框中单击"浏览"按钮③，在打开的"查找对象"对话框中勾选创建的凭据对应的复选框④，单击"确定"按钮关闭该对话框⑤，单击"确定"按钮⑥完成设置。见图 5.45。

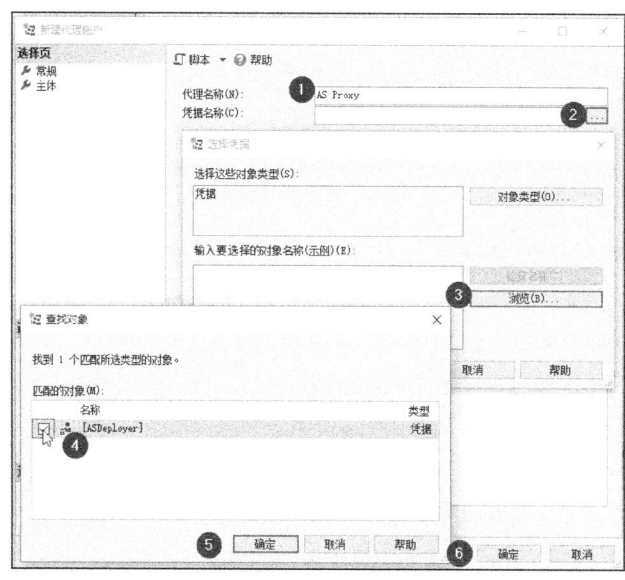

图 5.45 为代理添加凭据

(5）回到图 5.40 所示界面中，切换"运行身份"为新创建的代理账户，见图 5.46，单击"确定"按钮。

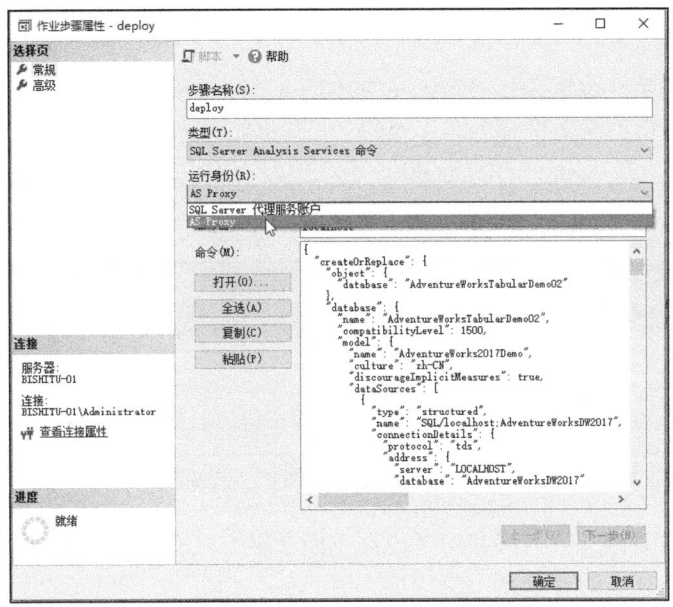

图 5.46　切换代理账户

(6）手动测试脚本。右击新创建的作业节点，在弹出菜单中选择"作业开始步骤"命令，见图 5.47。

(7）运行成功后，提示结果见图 5.48。

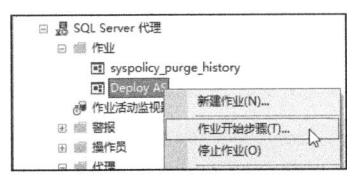

图 5.47　测试作业运行

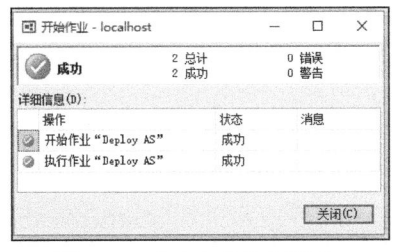

图 5.48　成功完成作业测试

(8）相应地，在 Analysis Server 节点下，可见通过脚本自动部署的新应用，见图 5.49。

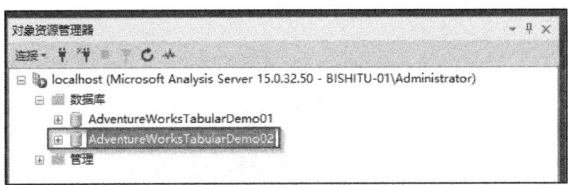

图 5.49　通过脚本自动部署的新应用

5.4 自动化 Runbook 刷新模型

上一节演示的是从本地 SQL Database 到本地 Analysis Services 或 Azure Analysis Services 的自动部署演示，但如果数据源为非本地的 Azure SQL Database，则部署方式略为不同，这是新的技术更替下，在 Azure SQL Database 种已经没有 SQL Server 代理这个功能组件了，见图 5.50。

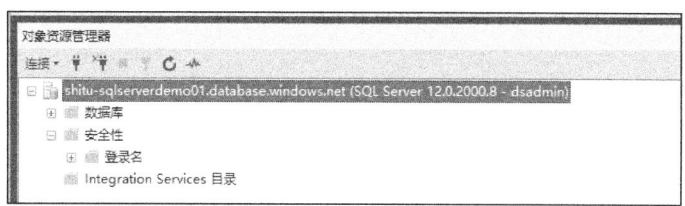

图 5.50　Azure SQL 不包含 SQL Server 代理组件

在 Azure PaaS 环境下，开发者可考虑用下面 3 种方式之一部署模型，见图 5.51。
（1）使用 Rest API 进行刷新。
（2）使用逻辑应用进行刷新。
（3）使用 Azure 自动化进行刷新。

图 5.51　不同的刷新方式

因为篇幅原因，本节内容仅介绍使用 Azure 自动化进行刷新，读者可登录微软官方网站浏览关于其他刷新方法的信息。使用 Azure 自动化进行刷新方式包含以下步骤。

（1）创建 Azure 应用主体以及相应的授权设置。

（2）创建 Azure 自动化以及相应的授权设置。

（3）创建 Runbook 并设置自动刷新 PowerShell 脚本。

（4）发布与运行 Runbook。

5.4.1　创建 Azure 应用主体以及相应的授权设置

（1）在 Azure 服务主页中单击"Azure Active Directory"（Azure 活动目录）按钮，见图 5.52。

图 5.52　进入 Azure 活动目录

（2）选择"应用注册"选项①，单击"新注册"按钮②，见图 5.53。

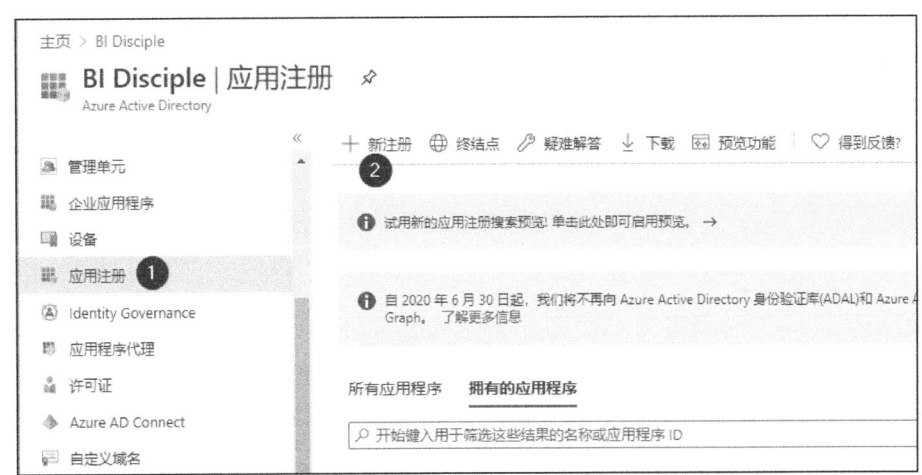

图 5.53　注册新应用（服务主体）

（3）输入应该程序的名称，单击"注册"按钮，见图 5.54。

（4）选择"API 权限"选项①，单击"添加权限"按钮②，选择"Azure Service Management"（Azure 服务管理）选项③，见图 5.55。

（5）在弹出对话框中勾选"user_impersonation"（用户模拟）复选框，单击"添加权限"按钮，见图 5.56。

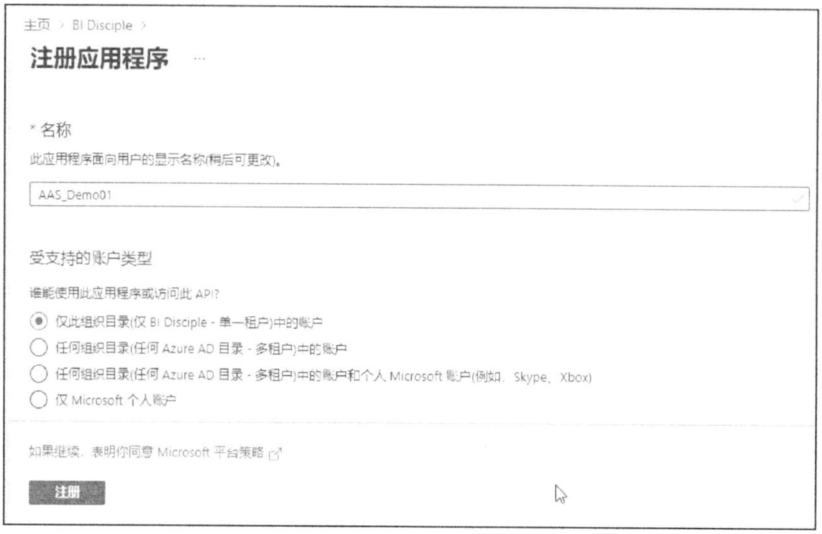

第 5 章 部署数据模型

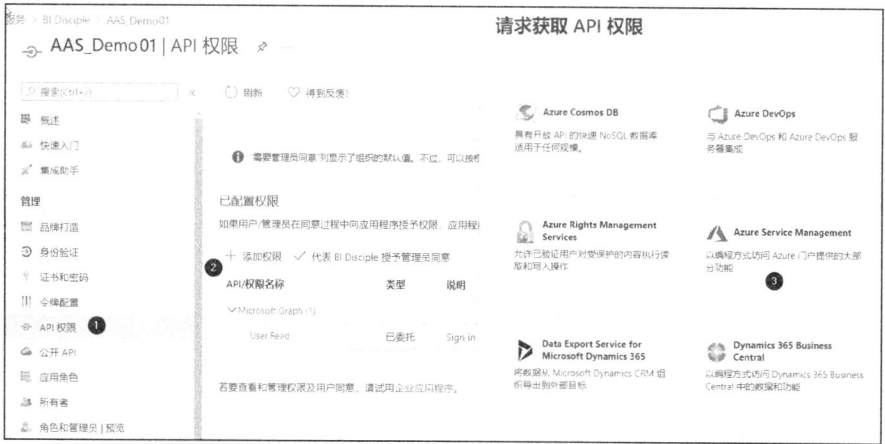

图 5.54 为新应用命名

图 5.55 启用 Azure 服务管理的 API 权限

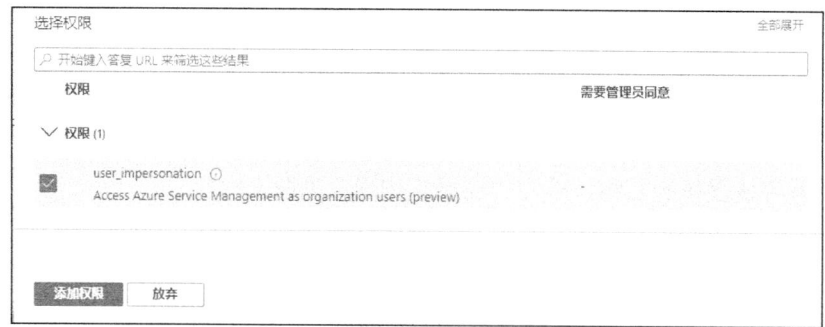

图 5.56 勾选"user_impersonation"复选框

（6）在单击"代表×××授予管理员同意"按钮①，单击"是"按钮②确认，见图5.57。

图 5.57　同意授权

（7）回到新创建的服务主体主页中，选择"证书与密码"选项①，单击"新客户端密码"按钮②，调整说明及截止日期③（可选），单击"添加"按钮④，见图5.58。

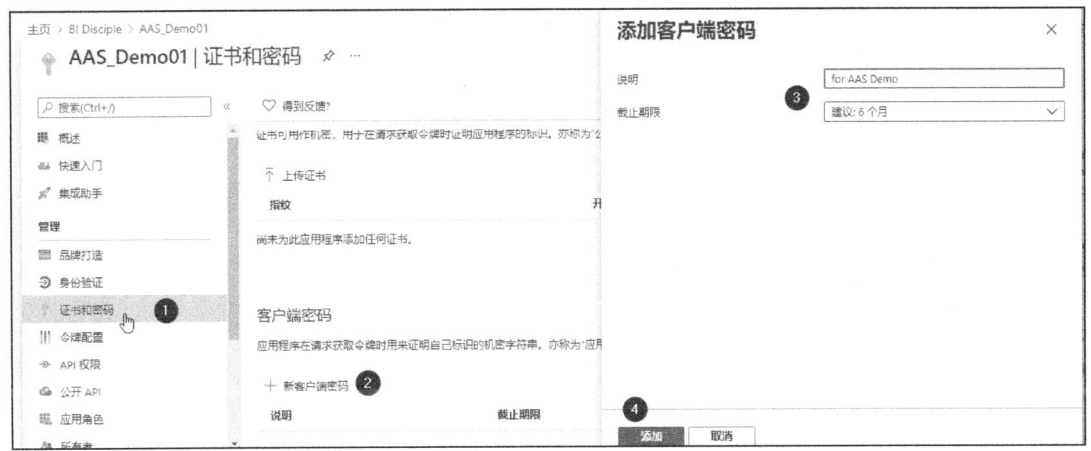

图 5.58　为服务主体添加密码

（8）完成后，复制新密码的值（密钥值），另存到记事本中，见图5.59。
注意，密钥值随后默认会变成掩码，如果一开始没有保存妥善，今后则无法恢复，必须重建。

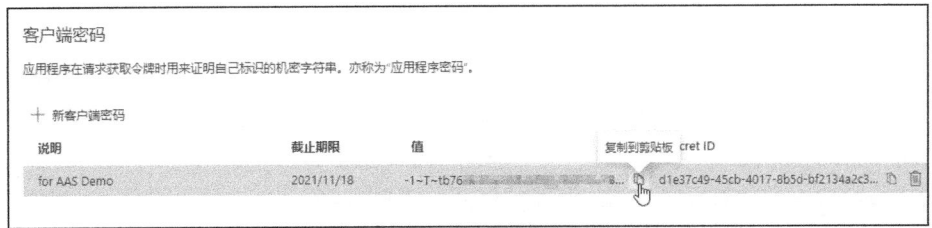

图 5.59　获取密钥值

（9）除了保存密钥值，还需要保存另外两个值：应用程序（客户端）ID 与目录（租户）ID，这两个值都可以在应用主体的"概述"选项中获取，见图 5.60。

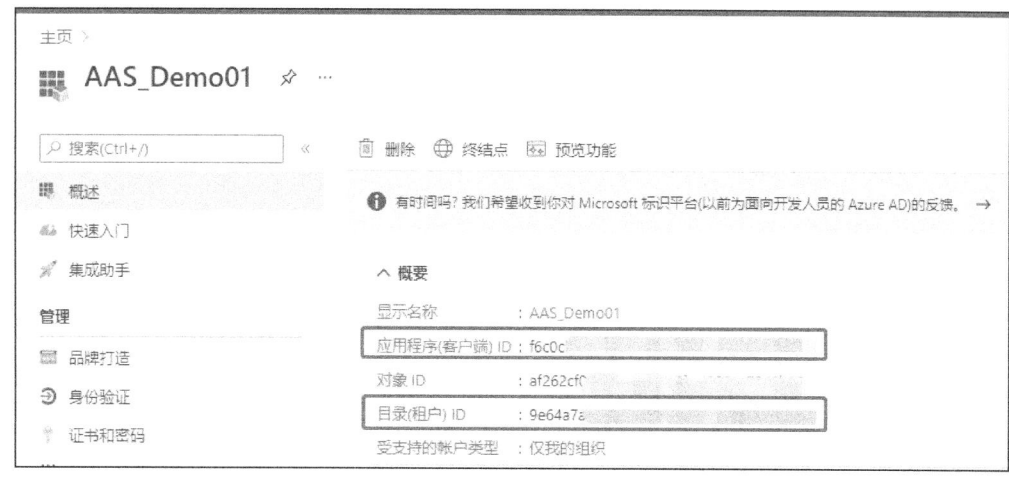

图 5.60　获取客户端 ID 与租户 ID

（10）回到 SSMS 管理界面下，连接 AAS 服务器，右击服务器，选择"属性"，见图 5.61。

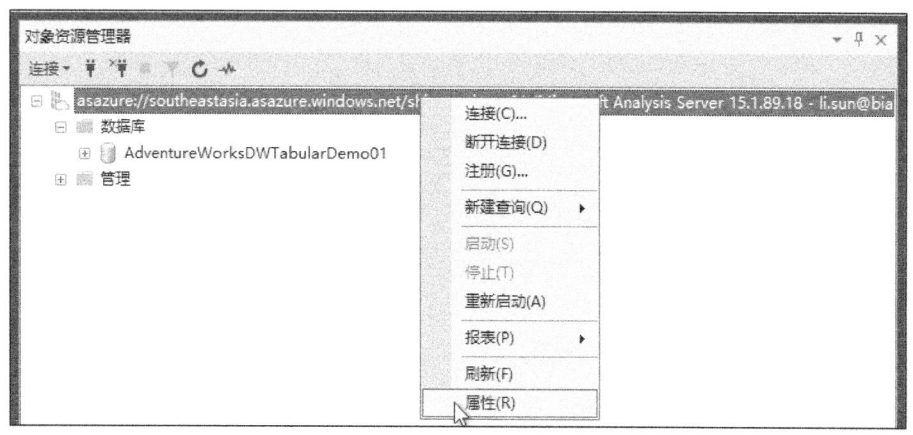

图 5.61　添加角色分配操作

（11）在弹出设置框如图 5.62 所示中，单击"添加"按钮①，以 app:{应用 ID}@{租户 ID}格式在手动输入栏输入应用主体的信息②，假设应用程序 ID 为 123，目录 ID 为 456，那么手动输入值为"app:123@456"，单击"确定"按钮③。

完成后，应用主体被赋予 AAS 管理员权限，见图 5.63。

5.4 自动化 Runbook 刷新模型   **113**

图 5.62   以 app:{应用 ID}@{租户 ID}格式输入应用主体信息

图 5.63   赋予应用主体 AAS 管理员权限

5.4.2 创建 Azure 自动化以及相应的授权设置

（1）在 Azure 市场中通过关键字查找自动化组件，并单击创建，见图 5.64。

图 5.64 查找自动化组件

（2）进入图 5.65 后，再次单击"创建"按钮。

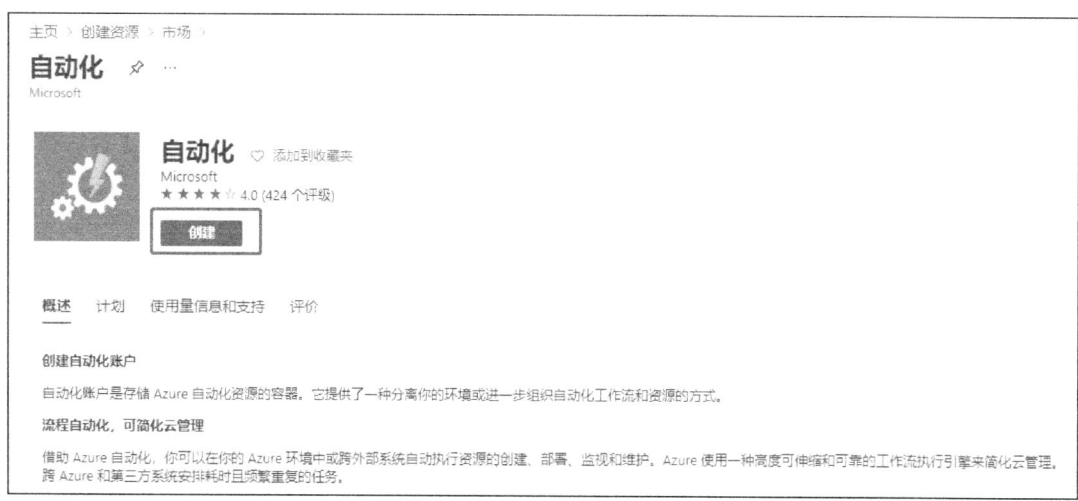

图 5.65 再次单击"创建"按钮

（3）在弹出"添加自动化账户"对话框中，填入相应信息，见图 5.66。
（4）接下来，我们安装 PowerShell 模块，单击"模块库"栏，通过关键字搜索查找

"SqlServer"模块，并双击，见图 5.67。

图 5.66　创建自动化账户

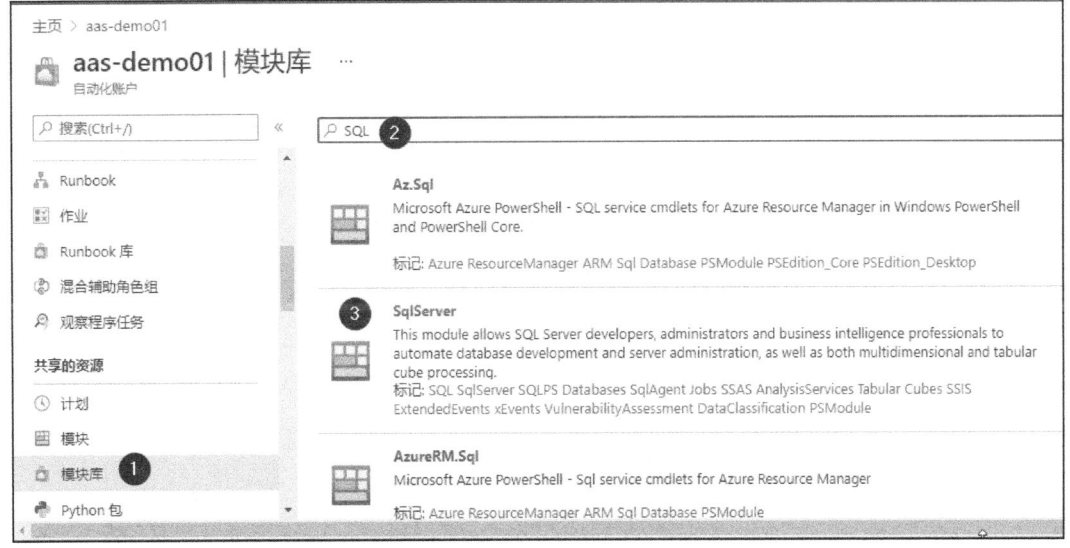

图 5.67　查找 SqlServer 模块

（5）在下一个界面图 5.68 中，单击"导入"命令。
（6）在"导入"对话框下，单击"…"按钮，见图 5.69。
（7）重复前面的模块安装操作，继续查找并安装"AzureRM.profile"模块与"Azure.AnalysisServices"模块，见图 5.70 与图 5.71。

图 5.68　导入模块

图 5.69　确认导入

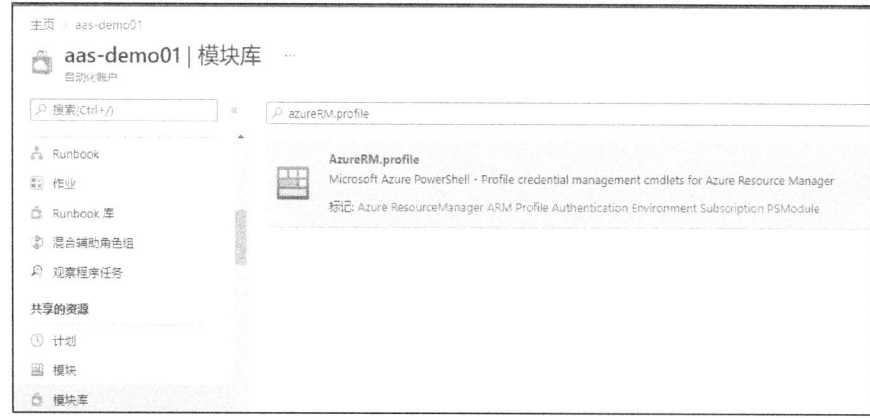

图 5.70　查找 AzureRM.profile

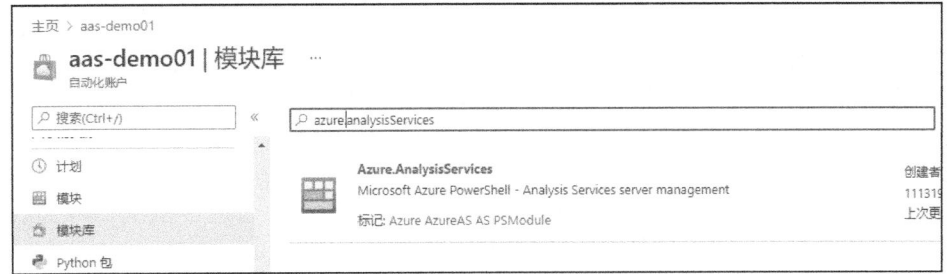

图 5.71　查找 Azure.AnalysisServices

（8）为自动化账户创建凭据，在自动化账户主页选中"凭据"①，填入新建凭据信息（用户名为应用程序 ID，密码为应用程序密码）②，单击"创建"按钮③，见图 5.72。

图 5.72　为自动化账户创建凭据

5.4.3　创建 Runbook 并设置自动刷新 PowerShell 脚本

（1）在自动化账户下单击"Runbook"①，单击"创建 Runbook"命令②，填写 Runbook 名称与 Runbook 类型（选择 Powershell）③，单击"创建"按钮完成④，见图 5.73。

（2）在图 5.74 中，输入以下的 PowerShell 代码，用于刷新数据模型，单击"保存"，单击"测试窗格"。

```
$AzureCred = Get-AutomationPSCredential -Name 自动化凭据
Add-AzureAnalysisServicesAccount -RolloutEnvironment 服务环境 -ServicePrincipal-Credential $AzureCred -TenantId 租户 ID
Invoke-ProcessASDatabase -server 服务器名称 -DatabaseName 数据库名称 -RefreshType Full
```

图 5.73 在自动化中创建 RunBook

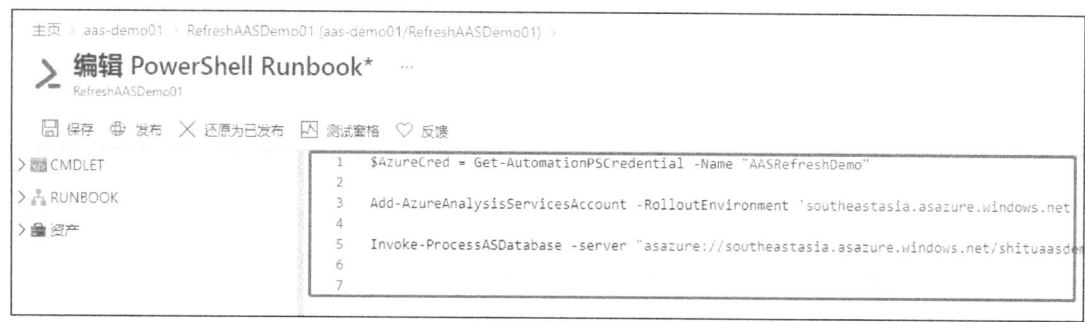

图 5.74 在 Runbook 中输入 PowerShell 指令

（3）单击"开始"命令，等待脚本完成，成功运行后，脚本提示已完成，见图 5.75。回到图 5.74 界面下单击"发布"命令，正式发布 Runbook。

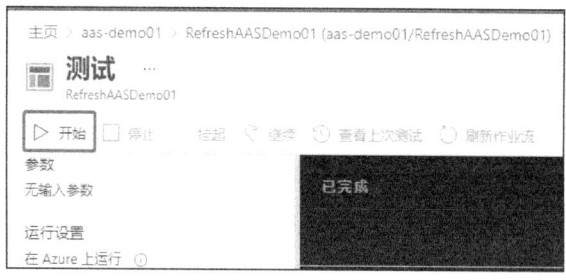

图 5.75 运行测试脚本

用户可在 SSMS 中查看相应的数据模型的刷新时间，确认 Runbook 刷新成功，见图 5.76。

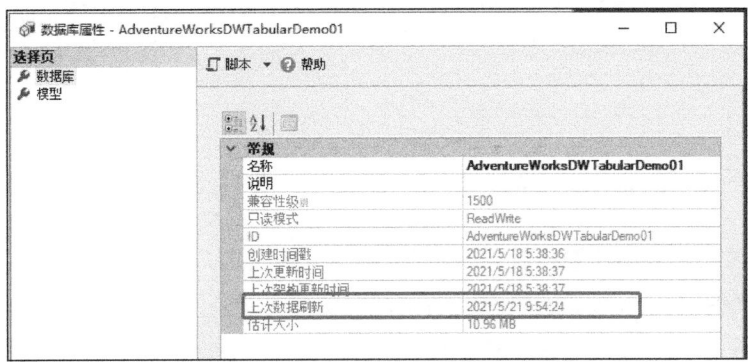

图 5.76　显示上次数据刷新结果

5.4.4　发布与运行 Runbook

（1）单击"计划"栏①，单击"添加计划"②，按需求填写日常安排详情③，完成后单击创建按钮④，见图 5.77。

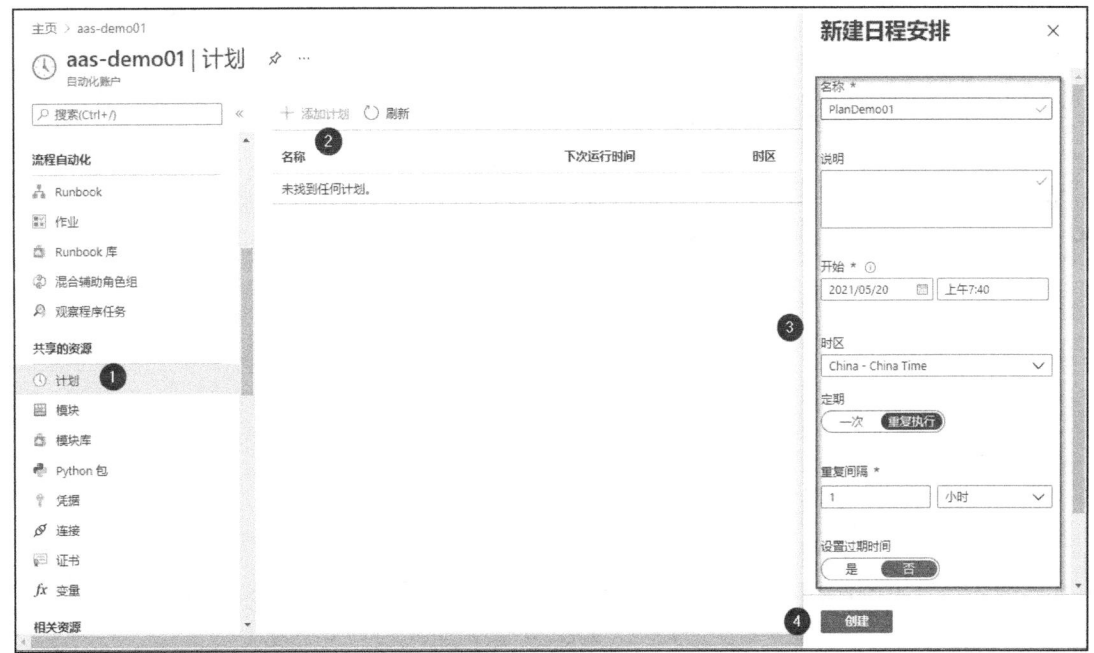

图 5.77　创建计划

（2）回到前文创建 Runbook 界面，单击"链接到计划"命令，见图 5.78。

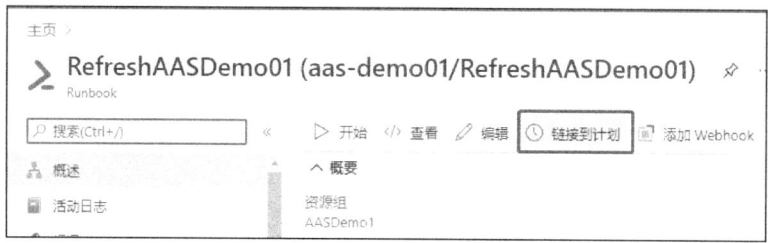

图 5.78　开启链接到计划命令

（3）在新界面下单击计划栏旁的">"符号，见图 5.79。
（4）在新界面下双击前文创建的计划名称，见图 5.80。

图 5.79　将计划链接到 Runbook　　　　图 5.80　选中计划

（5）成功选择计划后，单击"确定"按钮，完成自动化 Runbook 计划。
在图 5.81 中单击"确定"按钮，完成 Runbook 的自动化。

图 5.81　计划 Runbook 界面

以上是关于如果使用自动化 Runbook 刷新模型的演示。如果开发人员仍希望在 Azure PaaS 环境下使用经典 SQL Server 代理，可考虑使用创建 SQL managed instances 服务，这是一种可以将本地 SQL 应用完整移植到 Azure PaaS 环境的特别 SQL 托管服务，见图 5.82。具体创建方法如前文创建 Azure SQL Database 类似，不在此赘述。

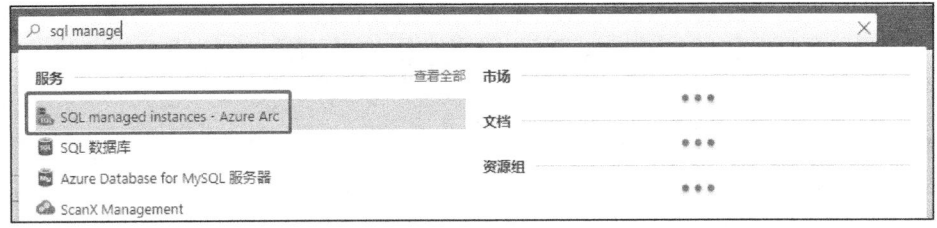

图 5.82　创建 SQL managed instances 服务

本章小结

本章分别介绍了数据模型在本地部署与在 Azure 云端部署的两种方式，同时还讲解了通过脚本进行自动部署的操作步骤。值得一提的是，在 Azure 环境中，管理人员可以使用新的方式包括 Rest API、逻辑应用或 Azure 自动化代替 SQL Server 代理完成脚本任务，本章还通过案例详细介绍 Azure 自动化的相关设置。

第 6 章　数据处理

第 5 章讲解了数据模型的部署，本章将进行数据处理的讲解。本章所指的数据处理（Data Processing）即数据部署的方式，而非数据准备。

6.1　表格分区

表格分区可以优化数据处理的过程。例如，一张销售表包含近 10 年的销售数据，在没有分区的情况下，每天我们都需要全量处理更新 10 年的数据。如果将包含 10 年销售数据的表格按年分为 10 个分区，那我们日常仅需要处理本年的数据分区即可，大大提高了数据处理的效率。下面通过"InternetSales"表来演示分区功能。

（1）选中"InternetSales"表，单击"分区"按钮，见图 6.1。

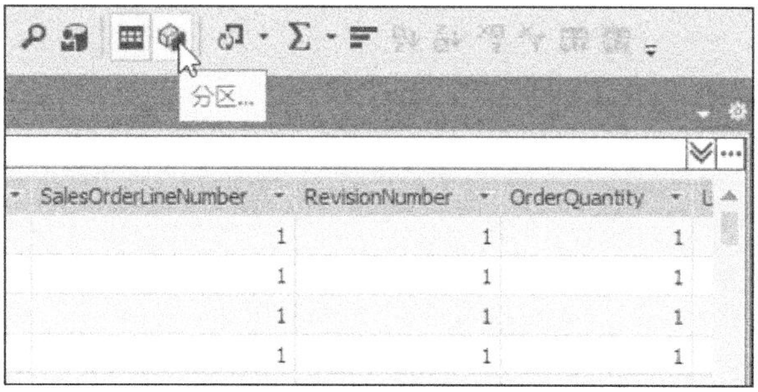

图 6.1　分区操作

（2）在弹出的"分区管理器"对话框中，可以看到已经存在一个名为"Partition"的分区，此分区包含整张表格，见图 6.2。

（3）单击"新建"按钮，将"分区名称"改为"InternetSales2010"，单击"设计"按钮，见图 6.3，建立一个 2010 年的分区。

（4）在打开的 PowerQuery 界面中，单击字段"OrderDateKey"旁的下拉按钮①，在弹出的菜单中选择"数字筛选器"-"介于"命令②，见图 6.4。

（5）如图 6.5 所示，在"筛选行"对话框中设置筛选日期范围，单击"确定"按钮。

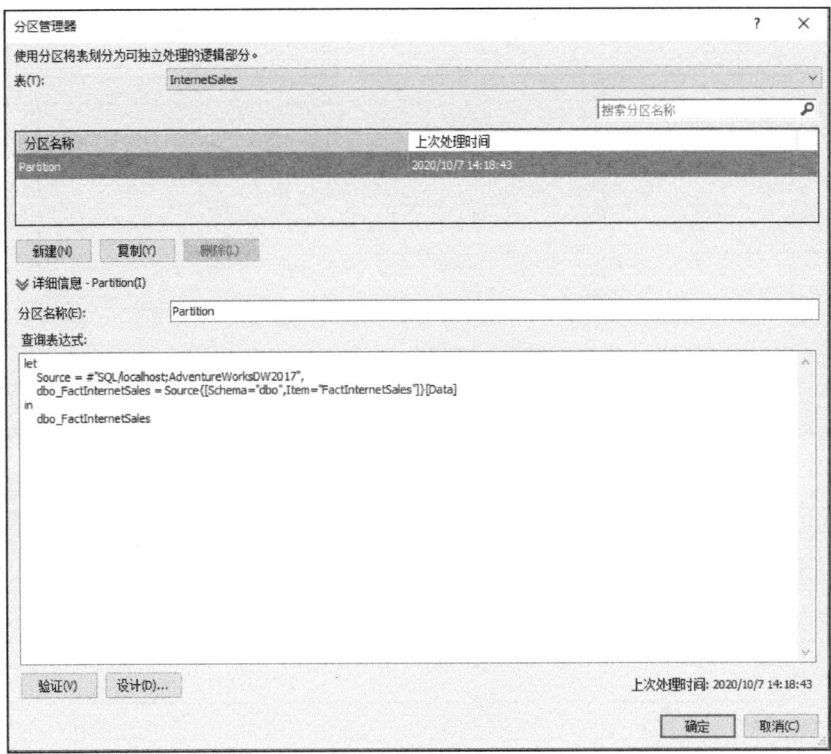

图 6.2 分区管理器

图 6.3 创建新分区

(6)设置完成后,单击"导入"按钮,完成该分区的设置,见图 6.6。

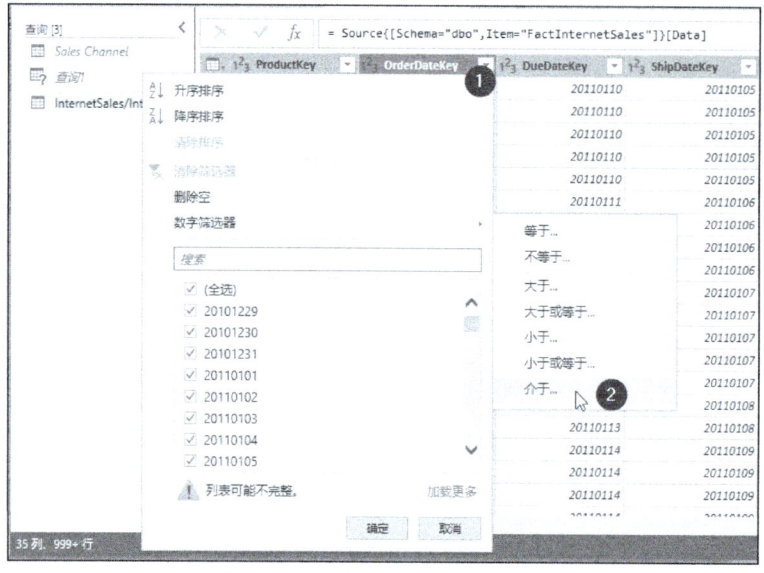

图 6.4 设置新分区的筛选条件

图 6.5 设置筛选条件为 2010 年

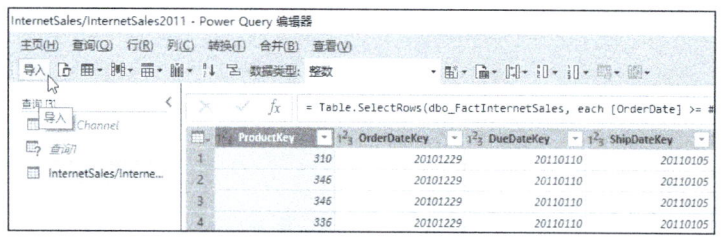

图 6.6 导入新查询

(7)依次创建 2011、2012、2013 年的分区,可以复制已经创建完成的 2010 年分区进行快速创建,只需简单修改其筛选代码即可,见图 6.7 与图 6.8。

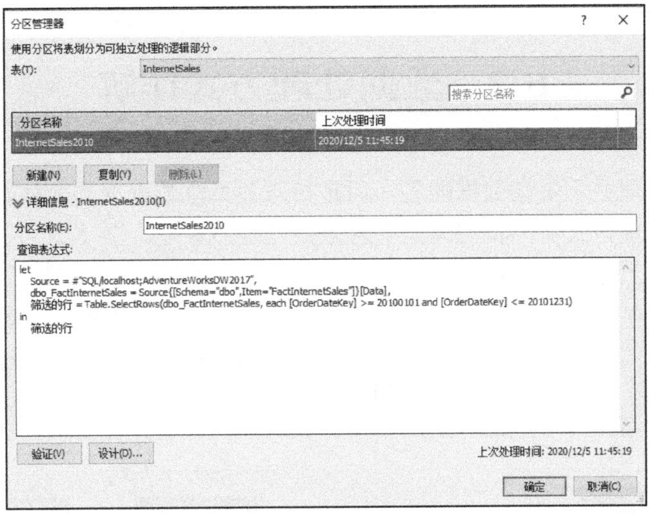

图 6.7　设置新查询表达式

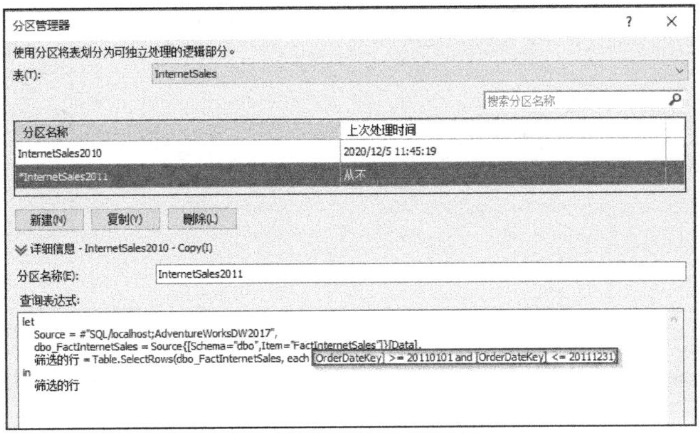

图 6.8　复制并设置 2011 年分区

（8）删除原本的"Partition"总分区，完成对应"InternetSales"表的分区操作，见图 6.9。

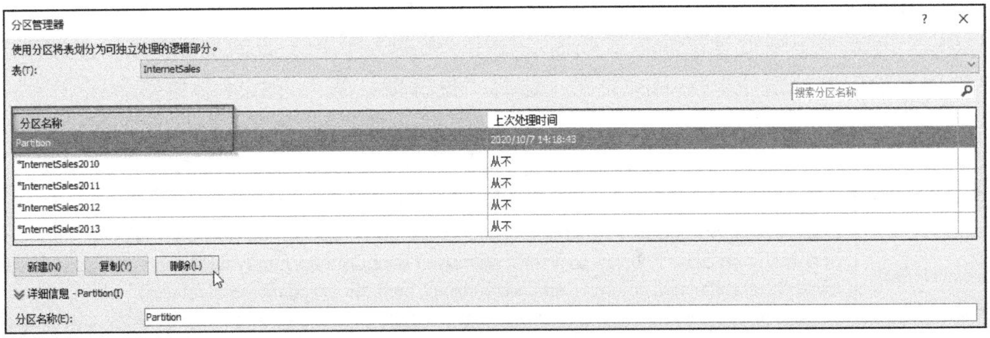

图 6.9　删除原有分区

6.2 数据处理方式详解

此处的数据处理并不是指数据准备，而是指从关系型数据库到表格数据库的数据传递。在正式介绍数据处理方式前，我们先来了解数据处理的原理。图 6.10 左侧部分数据是以行存储形式存在的，当数据被处理至 DAX 模型端时，数据是以列存储形式存在的。列词典用作列存储的索引，存储原表中的值与配对键，而原有行数据则被替换为索引值，这样就大大节约了存储空间，同时提升了查询性能。衍生结构包括基于新的列存储结构生成的计算列、关系与层次结构等。

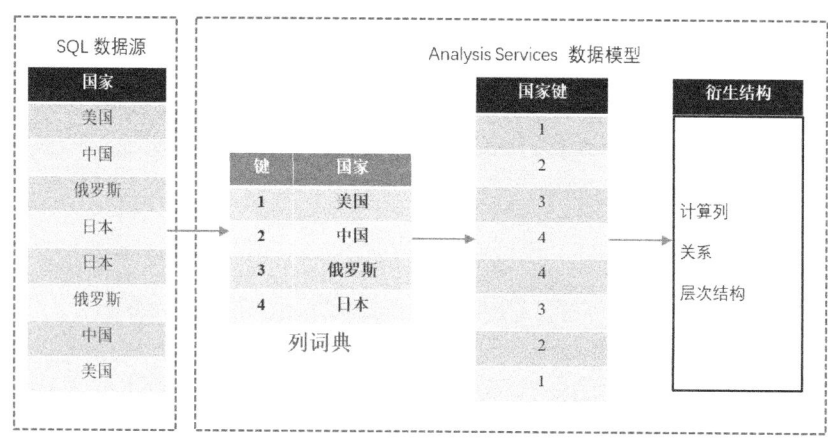

图 6.10 列存储的方式

针对不同的处理需求，DAX 模型提供了不同的处理方式，表 6.1 列出了所有的处理方式及其中英文解释。

这里重点对比"处理默认值"与"处理全部"两种方式的区别。"处理全部"方式对数据的处理最为彻底，无论何种情况，都重新处理全部数据，因此也是最消耗资源的处理方式。而"处理默认值"方式只处理未处理或者部分处理的对象。假设对象中的数值发生变化，"处理默认值"方式将不会处理更新。如果需要使用"处理默认值"方式更新数据，则需要先使用"处理清除"方式清空分区中的数据，这时"处理默认值"方式才会更新分区。

表 6.1 处理方式的区别

处理需求	处理方式
Process Default 处理默认值	Detects the process state of a table object, and performs processing necessary to deliver unprocessed or partially processed objcets to a fully processed state.Data for empty tables and partitions is loaded; hierarchies, calculated columns, and relationships are built or rebuilt (recalculated). 检测数据表对象的处理状态，并执行未处理或部分处理的对象到完全处理状态所需的操作。加载空表和分区的数据：构建或重建（重新计算）层次结构、关系和计算列

续表

处理需求	处理方式
Process Full 处理全部	Processes a table object and all the objects that it contains. When Process Full is run for an object that has already been processed, Analysis Services drops all data in the object, and then processes the object. This kind of processing is required when a structural change has been made to an object. This option requires the most resources. 处理数据表及其包含的所有对象。对已经处理过的对象运行"处理全部"时，Analysis Services 会删除该对象中的所有数据，然后处理该对象。对对象进行结构更改时，需要进行这种处理。此选项需要最多的资源
Process Clear 处理清除	Removes all data from a table and any table partitions. 从数据表对象和表分区中删除所有数据
Process Recalc 处理再计算	Updates and recalculates hierarchies, relationships, and calculated columns. 更新并重新计算层次结构、关系和计算列
Process Data 处理数据	Load data into a table without rebuilding hierarchies or relationships or recalculating calculated columns and measures. 将数据加载到表中，而无须重建层次结构、关系或重新计算列和度量
Process Defrag 处理碎片	Defragments the auxiliary table indexes. 对辅助表索引进行碎片整理
Process Add 处理添加	Incrementally update partition with new data. 用新数据增量更新分区

数据处理的范围分为 3 个不同等级，分别是数据库级别、数据表级别、分区级别，见图 6.11。

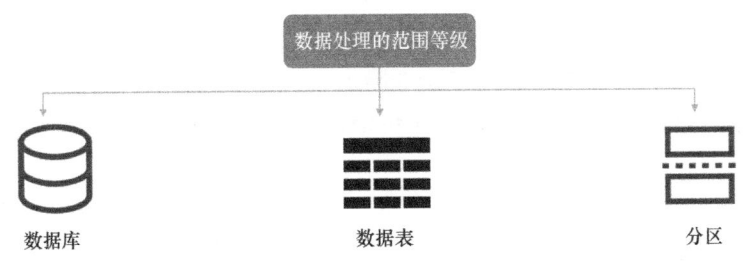

图 6.11 数据处理分级

在 VS 的处理图标中可找到其对应的 3 个命令，其中"全部处理"为数据库级别处理，"处理表"为数据表级别处理，"处理分区"为分区级别处理，见图 6.12。

并非所有的处理方式都可作用于所有的处理范围，图 6.13 列出了各种处理方式所作用的范围，当选择不同的范围时，只能采用对应的处理方式。该图有助于读者理解处理方式与处理范围之间的关系，更为详细的文档可参阅微软官方说明［处理数据库、表或分区（Analysis Services）］。

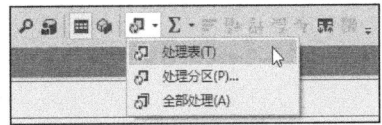

图 6.12 3 个对应命令

	数据库	数据表	分区	数据	词典	衍生结构
处理默认值						
处理全部						
处理清除						
处理再计算						
处理数据						
处理碎片						
处理添加						

图 6.13 处理方式作用范围

接下来演示如何使用"处理默认值"方式处理分区数据。

（1）回到前面的分区场景中，将该分区模型部署至 Analysis Server 上，在 SSMS 中右击"InternetSales"表，在弹出的菜单中选择"分区"命令，见图 6.14。

（2）在"分区"窗口中单击"进程"图标，见图 6.15。注意，此时分区的"行数"皆为"0"。

（3）在"处理分区"窗口中的"模式"下拉列表框中，选择"处理默认值"选项，单击"确定"按钮，见图 6.16。处理完成后，可见成功传输的行数，见图 6.17。

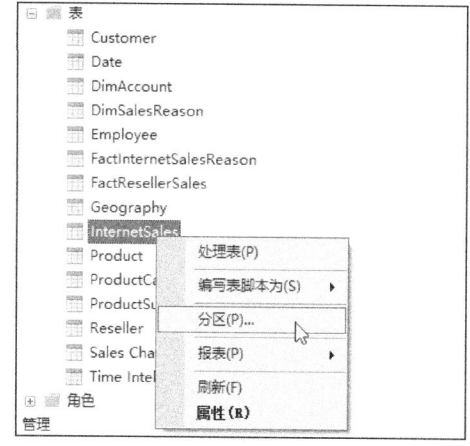

图 6.14 在 SSMS 界面下设置分区

图 6.15 查看分区处理信息

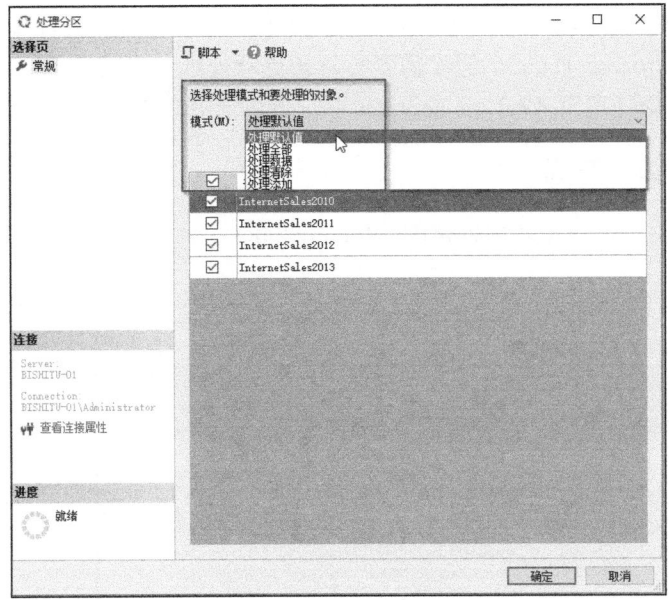

图 6.16 选择对分区的处理方式

图 6.17 处理完毕

以上例子说明"处理默认值"的具体操作是针对空分区、空表而言的。

6.3 增量刷新

因业务的特性,企业应用场景中经常需要使用增量数据,例如每日刷新销售额至月度销售额中。DAX 模型支持增量刷新数据策略，使用到的处理方式是"处理添加"（Process Add）或"处理数据"（Process Data）。假设需要每月初更新处理上月的数据，而目前我们需要将 2013 年 11 月的数据处理至 Analysis Services 中。可以选择以下两种方式进行处理。

6.3.1 "处理添加"方式

（1）在 SSMS 中，右击之前创建的"InternetSales"表，在弹出菜单中选择"分区"命令，见图 6.18。

图 6.18　分区操作

（2）在"分区"窗口中选中 2013 年对应的分区，单击"分析"图标 ，见图 6.19。

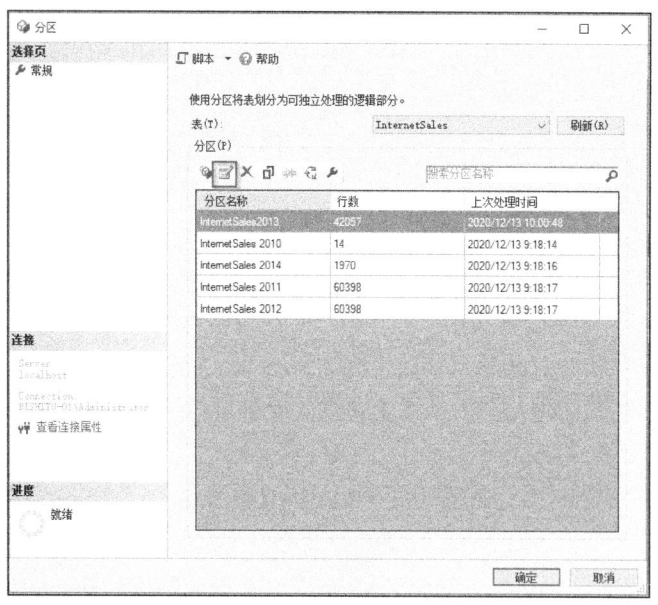

图 6.19　分析操作

（3）在"编辑分区"窗口中，可以看到目前只包括 2013 年 1 月 1 日至 10 月 31 日之间的数据，见图 6.20。

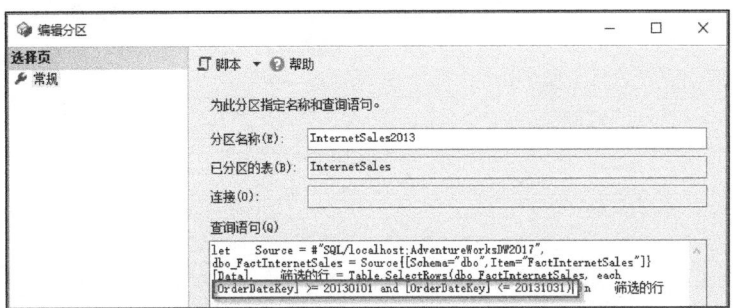

图 6.20　包括 2013 年 1 月 1 日至 10 月 31 日之间的数据

（4）将数据的筛选条件改为 2013 年 11 月 1 日至 2013 年 11 月 30 日，其他保持不变，单击"确定"按钮，见图 6.21。

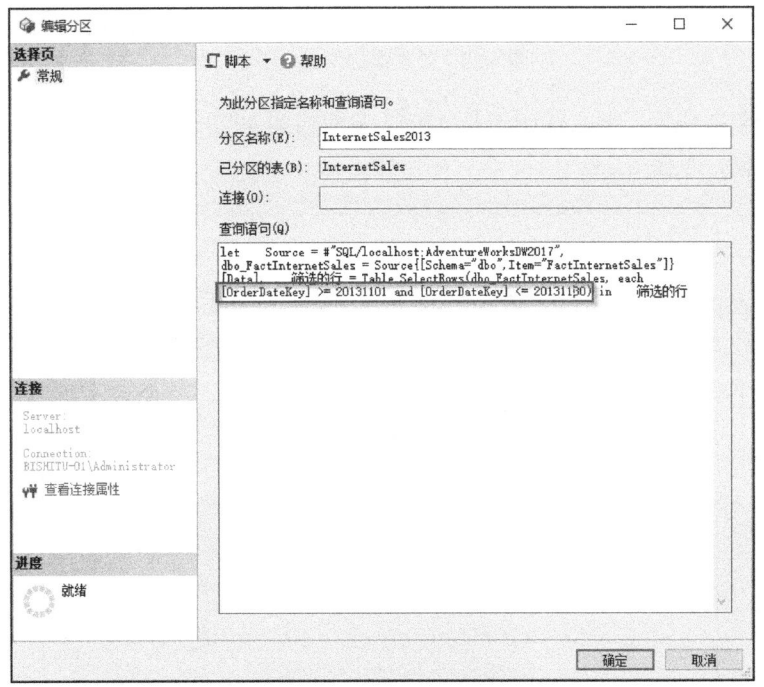

图 6.21　修改查询语句

（5）单击"分区"窗口中的"刷新"按钮①，在"处理分区"窗口中，选择"模式"为"处理添加"②，单击"确定"按钮③，见图 6.22。注意，必须完全确定新增的数据与旧数据没有重合，否则刷新将导致记录重复。

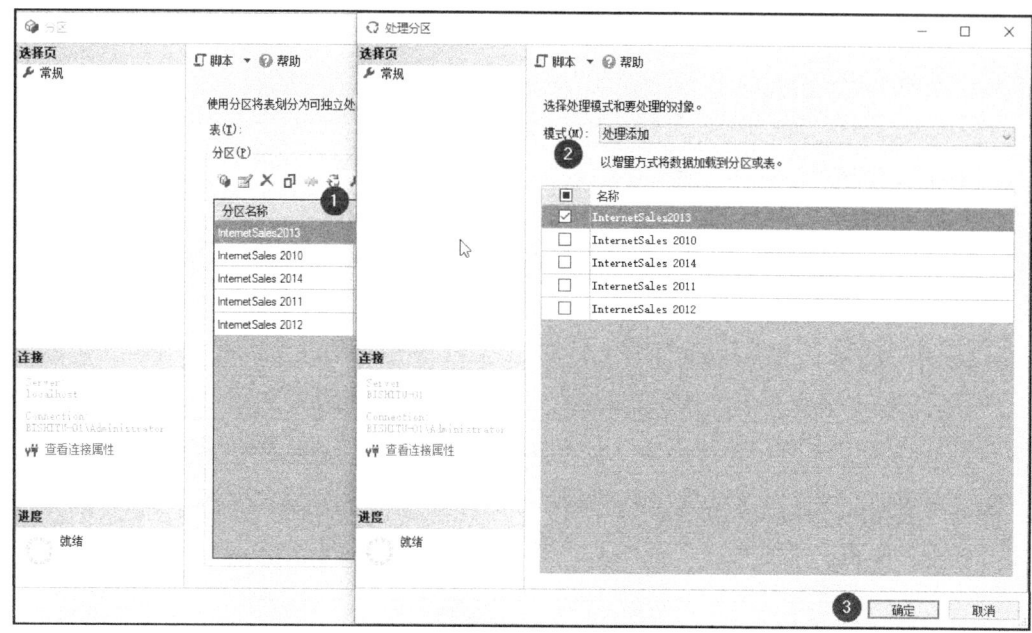

图 6.22　处理添加修改的分区

（6）待刷新完成后，原来的记录从 42057 条增加到 47281 条，新增的记录为 2013 年 11 月产生的新数据，见图 6.23。

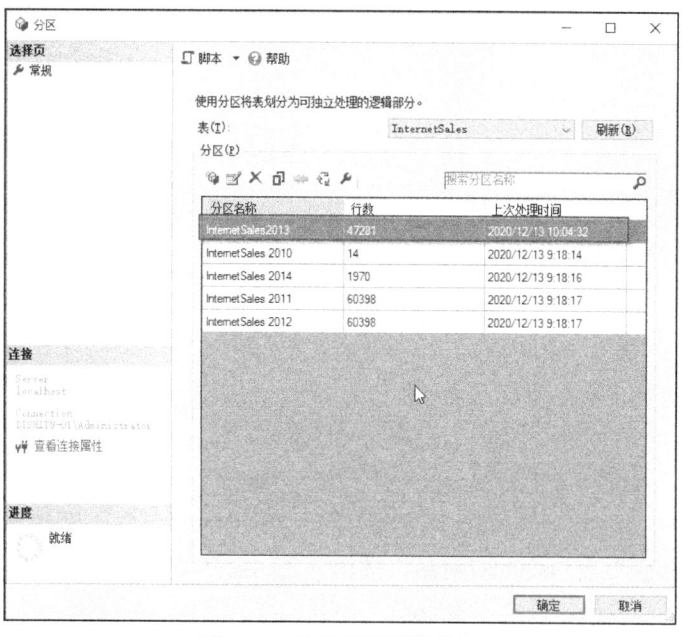

图 6.23　处理后记录数变多

6.3.2 "处理数据"方式

第二种方式是"处理数据"（Process Data）方式，步骤比"处理添加"方式略多。假设目前我们需对 2013 年 12 月的数据进行增量刷新，步骤如下。

（1）为 2014 年 12 月创建一个新的分区。单击图 6.24 所示的"新建"图标 。

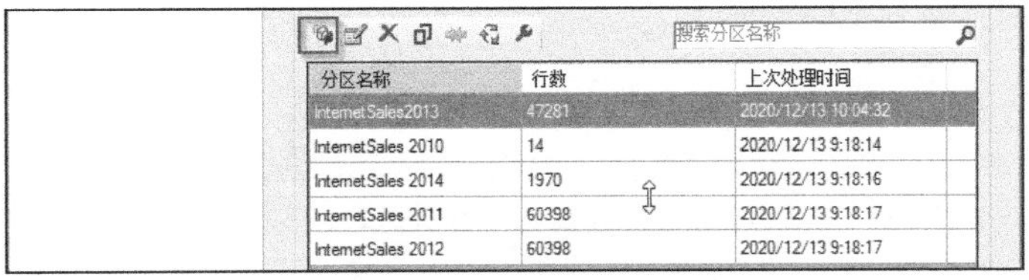

图 6.24　新建分区

（2）在"新建分区"窗口中，设置筛选的日期范围为 2013 年 12 月 1 日至 2013 年 12 月 31 日，见图 6.25，单击"确定"按钮。

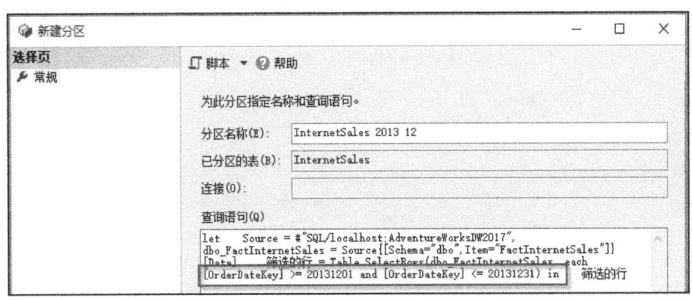

图 6.25　仅包括 2013 年 12 月的分区数据

（3）参照之前的操作，在"分区"窗口中单击"进程"图标 ，在"处理分区"窗口中选中新分区，将"模式"设置为"处理数据"，见图 6.26，单击"确定"按钮。

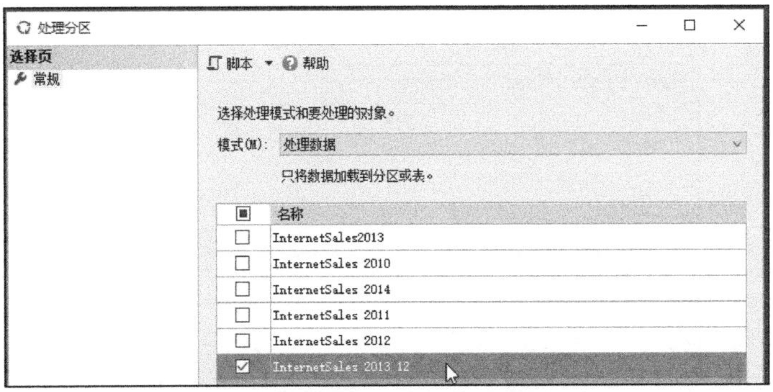

图 6.26　对新分区进行处理数据

(4) 在"分区"窗口中可见新建的分区,先选中目标分区"InternetSales2013",按住 Shift 键,再选中"InternetSales2013 12"分区,单击"合并"图标 ,见图 6.27。

图 6.27　合并分区

(5) 系统将提示会自动将数据合并到目标分区中,并删除源分区(2013 12),见图 6.28,单击"确定"按钮开始合并分区。

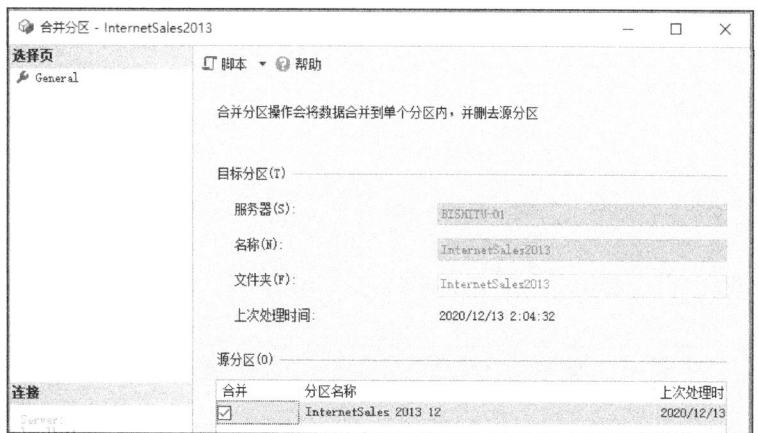

图 6.28　合并分区

合并成功后,2013 年分区的总行数从原有 47281 增加至 52801,见图 6.29。

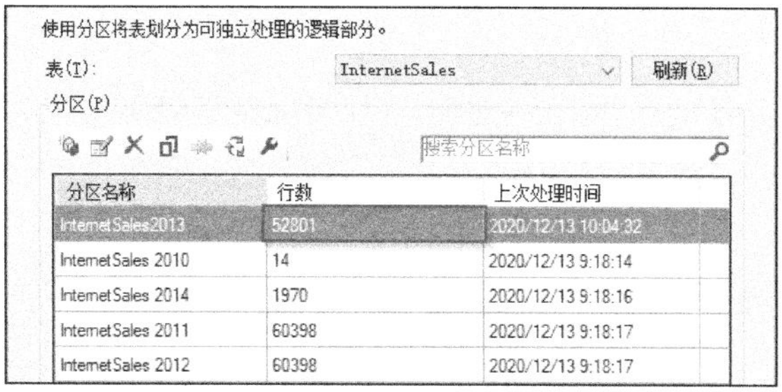

图 6.29　合并后行数增加

6.4 添加自动处理脚本

在第 5 章中,我们讲解了通过脚本自动化部署模型的方法。同理,我们也可以通过脚本自动化处理数据。具体操作如下。

(1) 创建以下脚本(AdventureWorksDWDemo01 为数据模型名称)。

```
{"refresh":
  {
    "type":"full",
    "objects":[{"database":"AdventureWorksDWDemo01"}]
  }
}
```

(2) 参考 5.3 节的内容,创建新的脚本(作业)步骤,见图 6.30。

图 6.30 制动处理脚本

(3) 创建完成后,作业属性中包括两个步骤。第一步是部署模型(deploy),第二步是处理数据(refresh),见图 6.31。

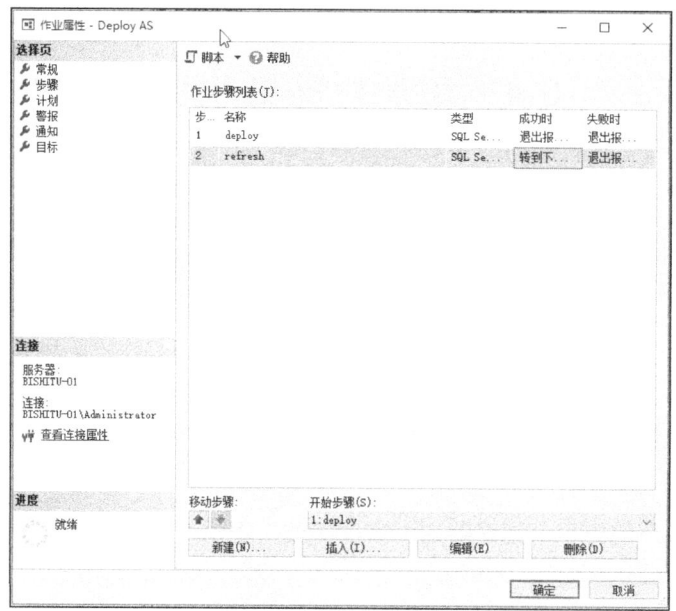

图 6.31 作业属性

6.5 直连模式

到目前为止,所有演示的示例都是在数据导入模式下完成的,即数据从 SQL 数据库中导出后,存放在 Tabular 内存中,所有的查询结果都通过访问内存中的模型得来。这种方式的优点是查询性能的最优化与功能的全面化。导入模式也是默认的连接模式。

2012 年,微软发布了 Tabular 新数据连接模式——直连模式(DirectQuery),目的是解除导入模式中的限制。二者最主要的区别在于性能运行资源的来源不同,表 6.2 列举了二者的主要差别。

表 6.2 导入模式与直连模式的主要差别

连接模式	查询资源	查询性能	数据源	DAX 查询	PowerQuery
导入模式	数据查询性能依赖于内存	相对快	支持多个	全部支持	全部支持
直连模式	数据查询性能依赖于关系型数据库	相对慢	支持一个	部分支持	部分支持

除 SQL Server(2008 版本或以上)、Azure SQL、Azure HDInsight Spark 这些微软自家的数据库外,以下数据库也支持直连模式。

- Amazon Redshift。
- Google BigQuery(Beta)。
- IBM Netezza(Beta)。
- Impala。

- Oracle Database 9.0 版本及以上。
- SAP Business Warehouse（Beta）。
- SAP HANA。
- Snowflake。
- Spark（Beta）9.0 版本及以上。
- Teradata Database V2R6 版本及以上。
- Vertica。

虽然在大多数情况下建议使用导入模式，但以下情况使用直连模式更有优势。

（1）实时查询更新。因为在直连模式下，Analysis Services 本身不再存储数目模型，也不存在部署的必要，每次查询结果都直接来自数据库端的实时数据，所有的结果都处于最新状态。

（2）克服内存上限的约束。虽然导入模式性能较优，但其依赖充足的内存配置，当运行的模型过于庞大，内存无法满足查询性能要求时，导入模式性能将受到限制，而在直连模式下所需的查询资源都由后端的数据库承担。当然，这种非直接的"借用"仍然会牺牲部分性能。

（3）政策限制。在一些特殊行业中，有严苛的数据管理要求，敏感数据不允许被导出数据库，只能采取直连模式。

6.5.1 从导入模式转换为直连模式

以下是将默认导入模式转换为直连模式的步骤。

（1）单击"解决方案资源管理器"选项卡①选择 BIM 文件②，尝试设置"DirectQuery 模式"为"打开"③，见图 6.32。

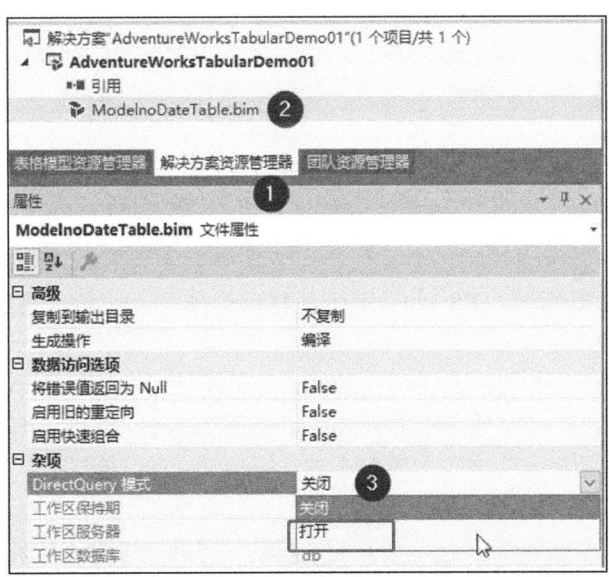

图 6.32 设置"DirectQuery 模式"为"打开"

此时会显示若干错误提示，见图 6.33。可能导致错误的原因如下。
- 计算组功能不被直连模式支持。
- 多数据源不被直连模式支持。
- 分区功能不被直连模式支持。

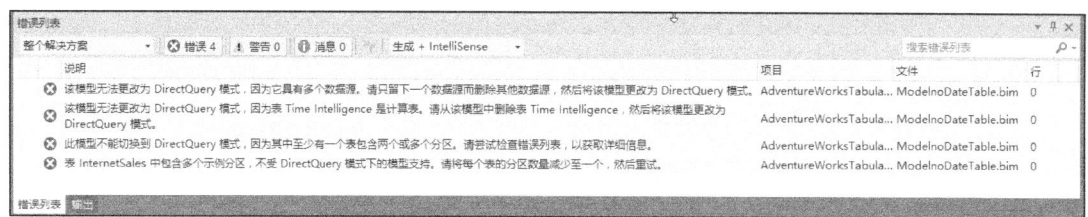

图 6.33　转换为直连模式的错误信息

（2）下面对这些错误进行修正。用户可以另外创建一个全新的项目，或者参照图 6.34 所示的操作，删除计算组①，删除手工导入表②，删除分区③，然后再尝试图 6.32 所示的操作。

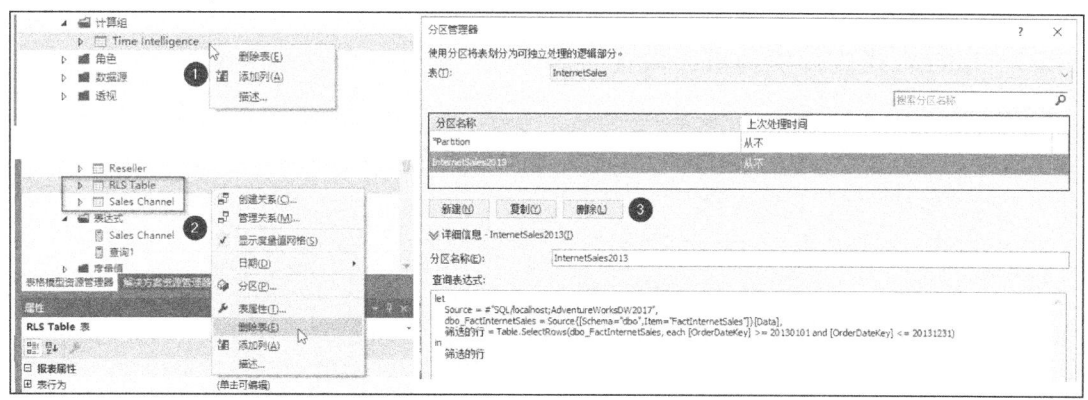

图 6.34　删除计算组、手工导入表和分区

（3）成功转换为直连模式后，会发现所有表格中都不再显示数据，这是因为所有的数据都存在于关系型数据库端。VS 会提示可创建示例分区，注意，这仅是提示并非错误，见图 6.35。

（4）直连模式的查询性能比导入模式的低，为了在开发中更快速地查阅数据，直连模式支持建立示例分区，以保证可使用小部分数据用于测试查询。创建示例分区的方式同前文创建分区步骤一样，只是每一张表仅限有一个直连分区与一个示例分区，VS 会标注具体分区的属性，见图 6.36。

注意，直连分区与示例分区是可以互相切换的，单击"设置为 DirectQuery"按钮，见图 6.37，可将示例分区切换为直连分区。

6.5 直连模式

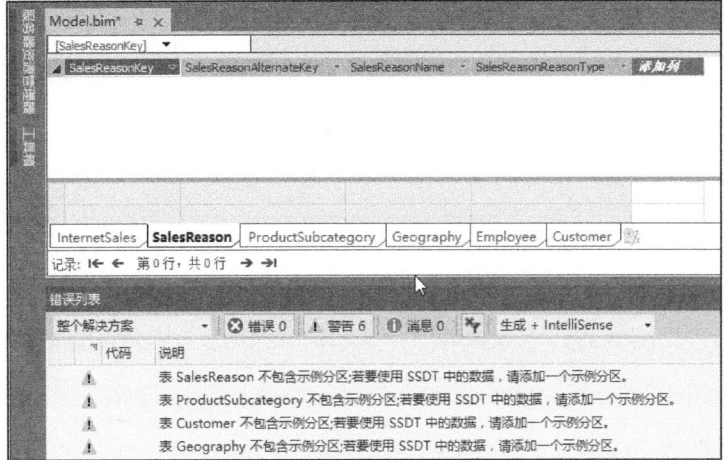

图 6.35 提示创建示例分区

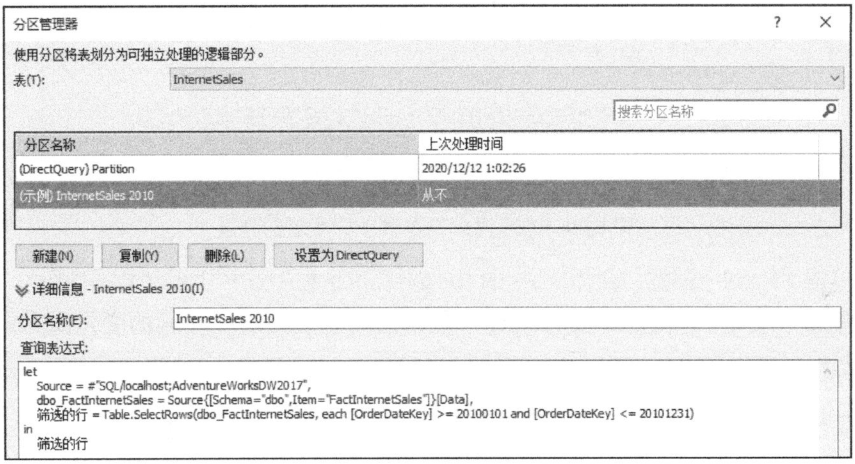

图 6.36 创建一个示例分区

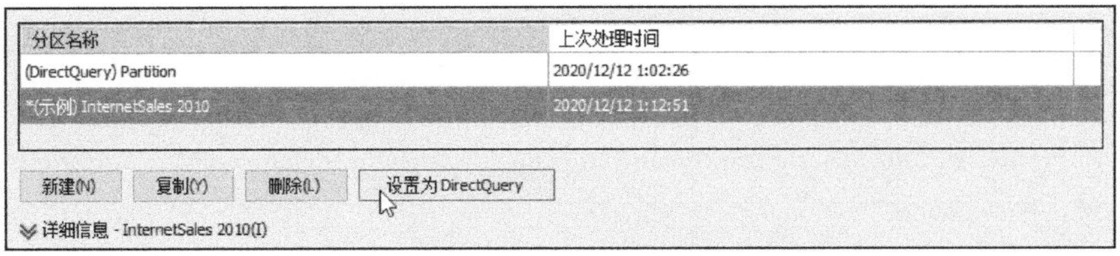

图 6.37 示例分区与直连分区相互切换

注意，VS 会提示不可同时存在多于一个直连分区，见图 6.38。需要将其中一个直连分区变为示例分区，才可以继续。

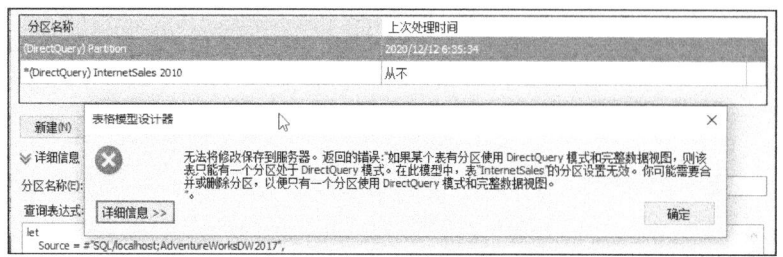

图 6.38　不可同时存在多于一个直连分区

同样，当存在多于一个示例分区时，VS 也会提示不可同时存在多于一个示例分区，需要一个直连分区，见图 6.39。当删除其中一个示例分区时，VS 会自动将另一个示例分区转化为直连分区。

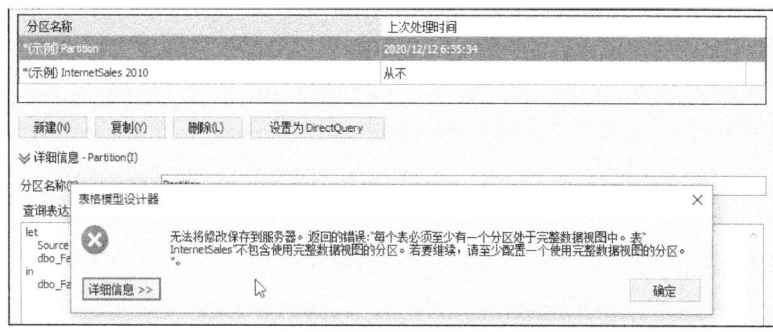

图 6.39　不可同时存在多于一个示例分区

（5）单击"Excel"图标，在"在 Excel 中分析"对话框中选择"示例数据视图"，见图 6.40。

（6）单击"确定"按钮后，在 Excel 中显示的内容随之发生相应的变化，见图 6.41。

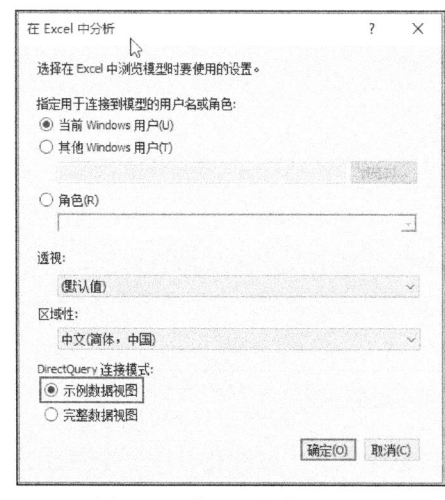

图 6.40　使用示例数据视图

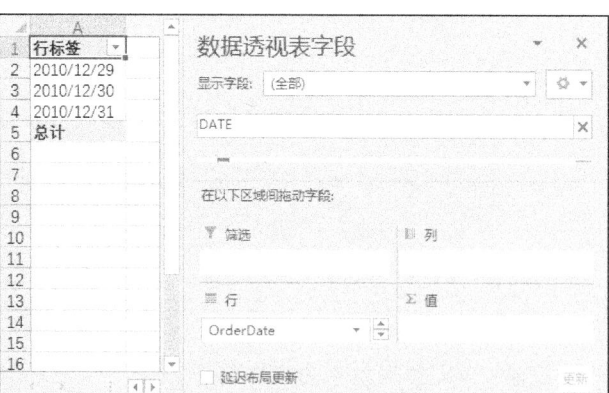

图 6.41　仅显示示例数据

注意，当部署直连数据模型时，VS 不会处理任何数据，见图 6.42，因为数据始终只存放于后端关系型数据库中。

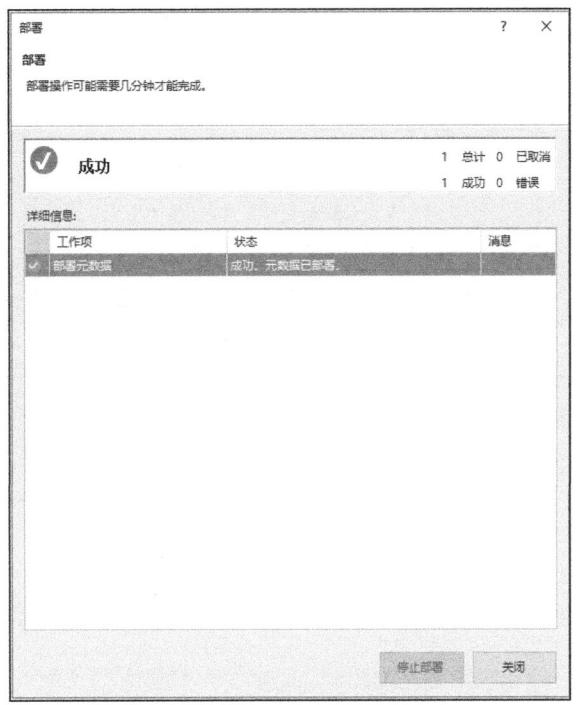

图 6.42 不部署直连模式的数据

6.5.2 从直连模式转换为导入模式

（1）参照图 6.32 所示的操作，选择关闭直连模式，VS 会提示是否要删除示例分区，单击"是"按钮，模式会切换为导入模式，见图 6.43。

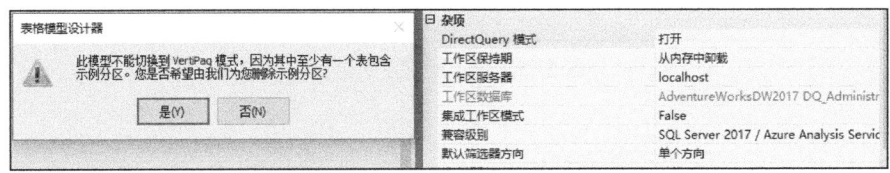

图 6.43 从直连模式切换为导入模式

（2）另一种方式是在 SSMS 界面中切换模式，右击 SSMS 中对应的模型节点，在弹出菜单中选择"属性"命令，见图 6.44。

在"数据库属性"窗口中，尝试选择"Import"为默认模式，但同样会出现删除示例分区的提示，见图 6.45。删除示例分区后，可成功转换模式。

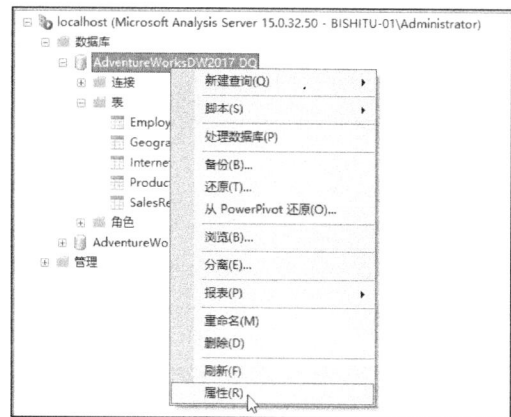

图 6.44 属性设置

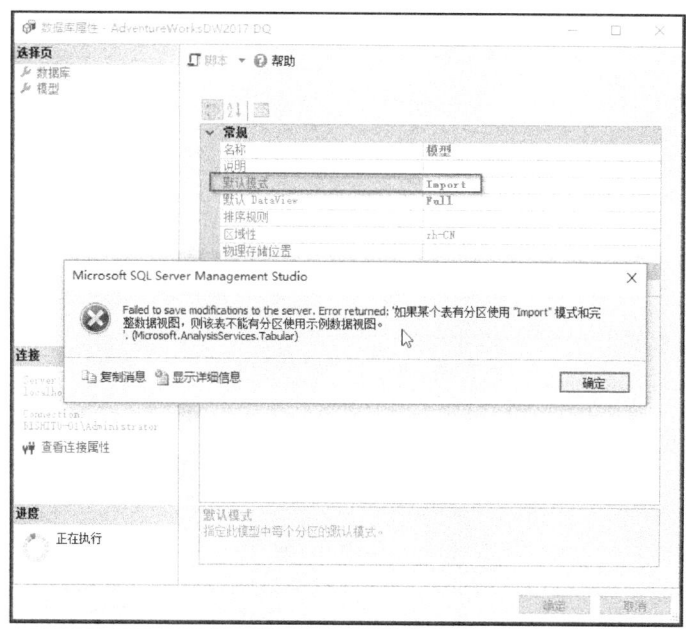

图 6.45 提示删除示例分区

本章小结

本章介绍了分区功能、多种数据处理方式、增量刷新等内容,讲解了导入模式与直连模式的转换方法。

第 7 章 高级开发工具和功能

本章主要介绍企业开发环境中经常使用的高级工具和功能。这些工具和功能对开发企业级报表有非常重要的价值，是开发者工具箱中不可缺失的重要组件。

7.1 DAX Studio：DAX 开发工具

DAX Studio 是一款优秀的免费 DAX 模型开发工具，其功能涵盖编写、执行、测试 DAX 查询等各方面。通过关键字"DAX Stduio"可搜索到 DAX Studio 的官网并下载该软件，见图 7.1，目前 DAX Studio 仅有英文版本。

图 7.1　DAX Studio 下载界面

本节主要介绍有关 DAX Studio 的 5 个方面的知识内容。
（1）主界面介绍。
（2）DAX 公式开发。

第 7 章 高级开发工具和功能

（3）DAX 性能测试。
（4）导出元数据。
（5）导出模型数据。

7.1.1 主界面介绍

启动 DAX Studio 后，在"Connect"对话框下的"DataSource"选项组中选择"PBI/SSDT Model"单选项（确保 VS 项目为开启状态），在下拉列表框中选择相应的项目应用，单击"Connect"按钮连接数据模型，见图 7.2。

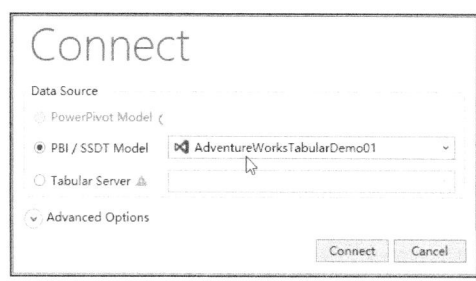

图 7.2 连接数据模型

DAX Studio 主界面分为 4 个子功能区，见图 7.3。

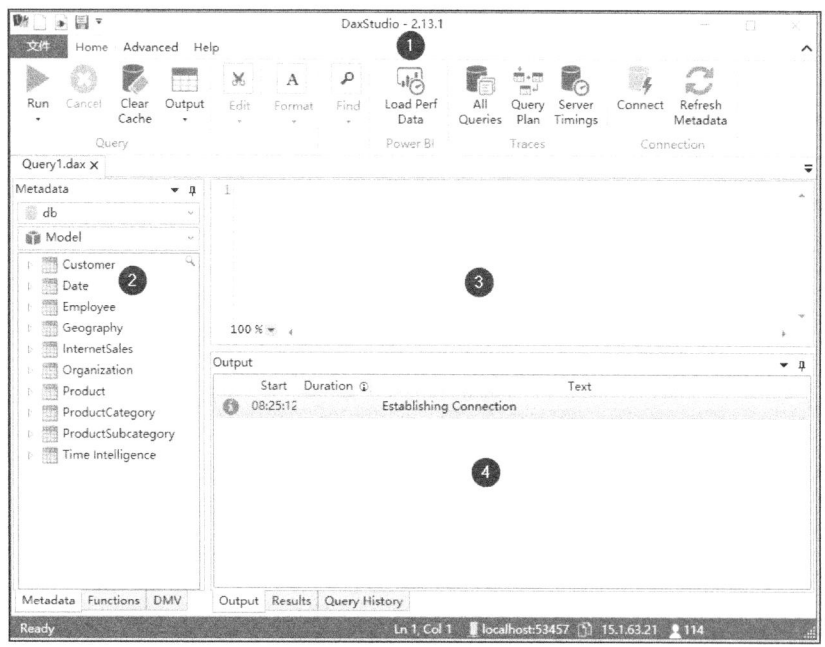

图 7.3 DAX Studio 主界面

（1）菜单区①，包含执行与保存查询、连接数据、调整 DAX 语句格式、设置调试窗口、导出数据等功能按钮。

（2）模型区②，包含元数据信息、DAX 函数、DMV 查询工具等。

（3）查询输入区③，在此输入 DAX 查询语句。

（4）查询输出区④，在此输出 DAX 查询结果。

图 7.3 所示主界面下方的"localhost:53457"字符串可用于 Analysis Services 连接。打开 Power BI Desktop，选择 SQL Analysis Services 连接选项，在连接设置框中，将上述字符串输入"服务器"文本框中，见图 7.4。单击"确定"按钮，Power BI Desktop 便可直接连接 Visual Studio 中未部署的模型，这种操作对 Excel 同样有效。需要注意，localhost 后的数字串为随机数字，一旦 Visual Studio 关闭重启，数字串将改变。

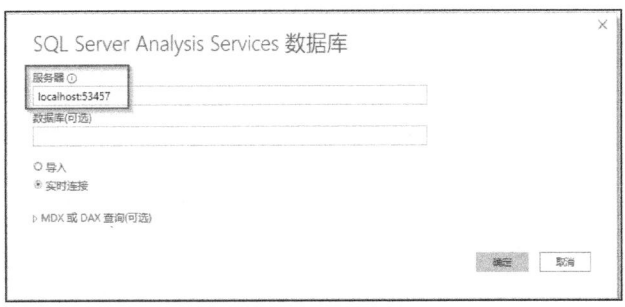

图 7.4　通过 DAX Studio 获取连接信息

7.1.2　DAX 公式开发

（1）在查询输入框中输入关键字"EVALUATE"与查询表的名称，也可从主界面左侧模型区中将目标表拖曳至查询框中，单击"Run"按钮，单击界面下方的"Result"选项卡，查看返回的结果，见图 7.5。由此，我们通过 DAX Studio 完成了第一个 DAX 查询。需要注意的是，DAX Studio 只支持返回表结果而不可直接返回度量结果。

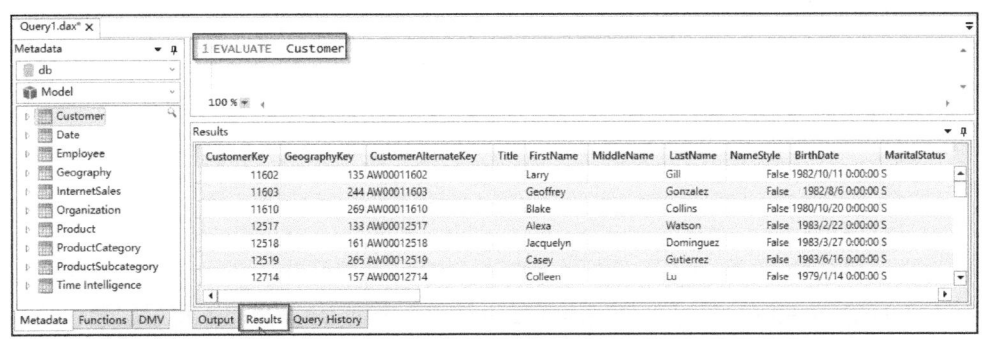

图 7.5　查询结果

（2）还可以选择返回的结果形式，单击"Output"下拉按钮，选择"File"选项①，单击"Run"按钮②，见图7.6。

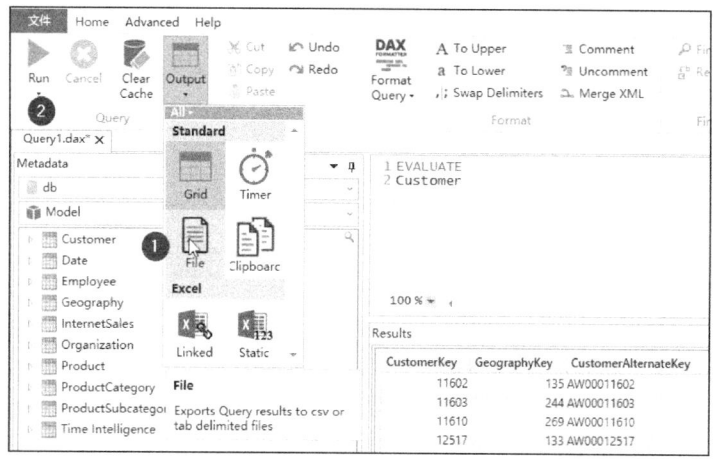

图7.6　输出运行结果

（3）DAX Studio 将查询结果以 CSV 格式导出，见图7.7。该方法并不受 Power BI Desktop 默认导出 CSV 文件最多3000行数据的限制。

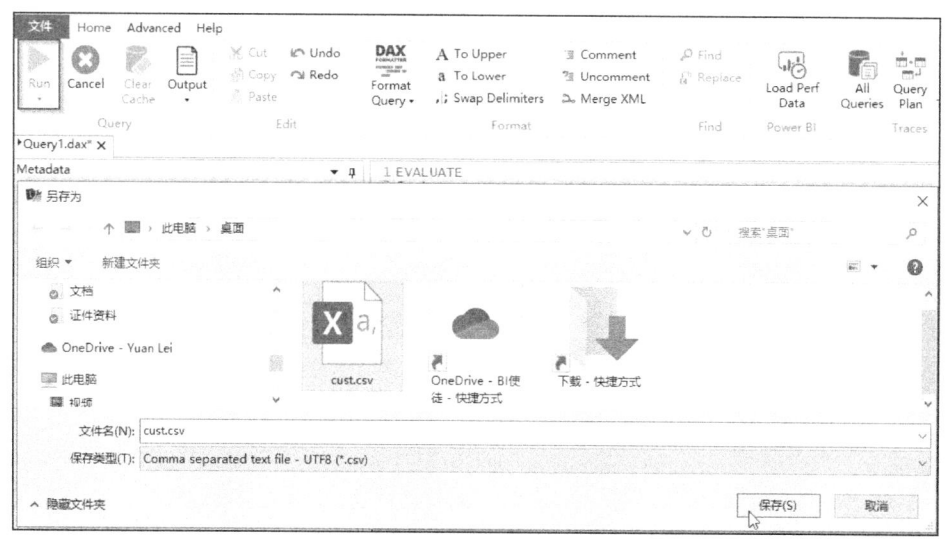

图7.7　保存为 CSV 文件

（4）进一步延伸 DAX 查询的迭代，使用 FILTER() 函数设定查询的条件，见图7.8。

（5）在 DAX Studio 中不可以直接返回度量结果，否则 DAX Studio 将返回错误结果，见图7.9。

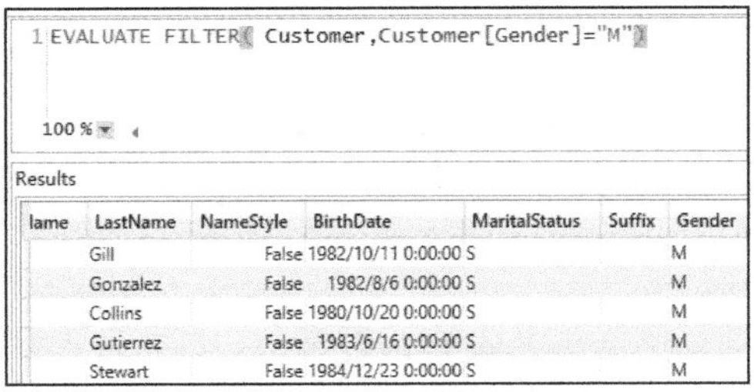

7.1 DAX Studio：DAX 开发工具　　147

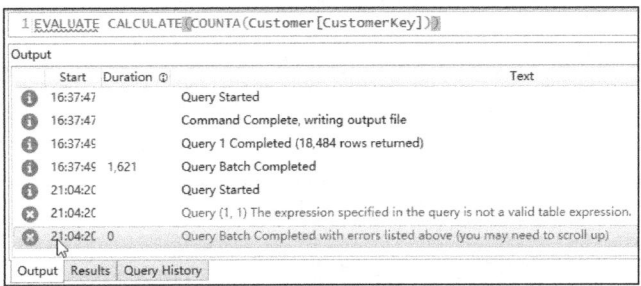

图 7.8　查询性别为男性的客户

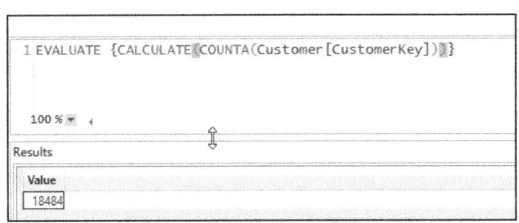

图 7.9　返回错误结果

（6）解决此问题的正确方式是在度量的外层使用大括号"{}"将其括住，使度量以表的形式返回，这样则不会报错，见图 7.10。

图 7.10　以表的形式返回度量

（7）对于有多个度量的情况，只需用逗号分隔度量，查询结果将以列的方式显示，见图 7.11。

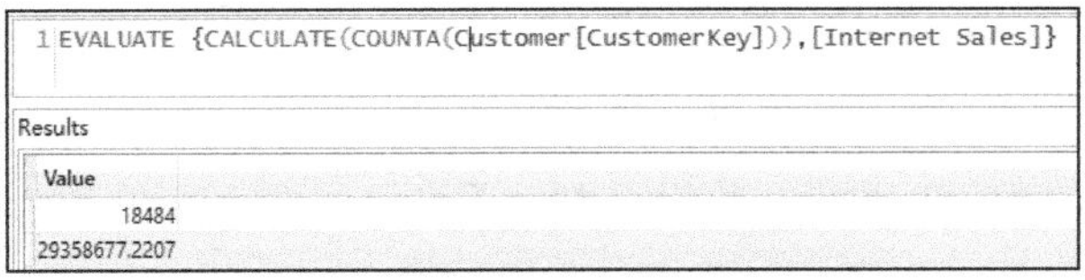

图 7.11　有两个度量值的查询结果

（8）如果需要以行的方式返回结果，则可以在大括号内添加一组小括号"()"，表示一条记录中的多个度量，结果将以横向的方式展示，见图 7.12。

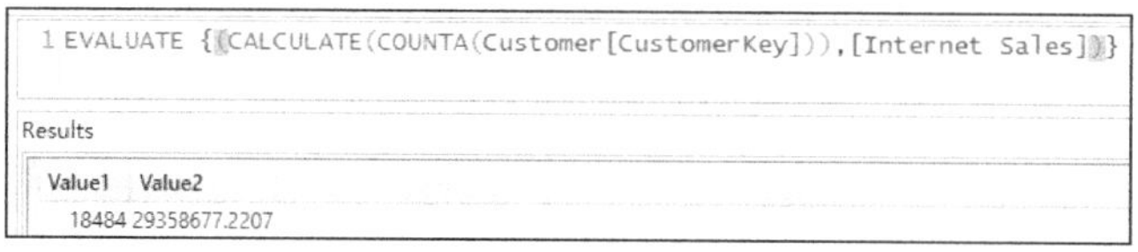

图7.12 以横向的方式展示查询结果

（9）注意，图 7.12 中的返回结果并没有标题名称。如果需要标题名称，则可以添加 row() 函数，结果见图 7.13。

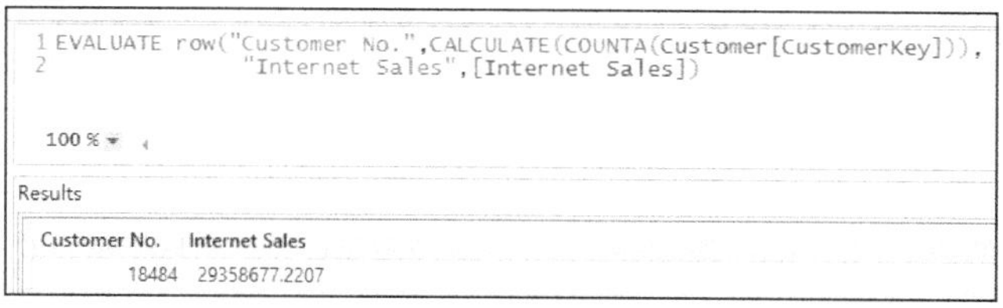

图7.13 添加列标题

（10）为增强表达式的可读性，可以单击菜单区的"DAX Format Query"按钮，优化表达式的格式，见图 7.14。

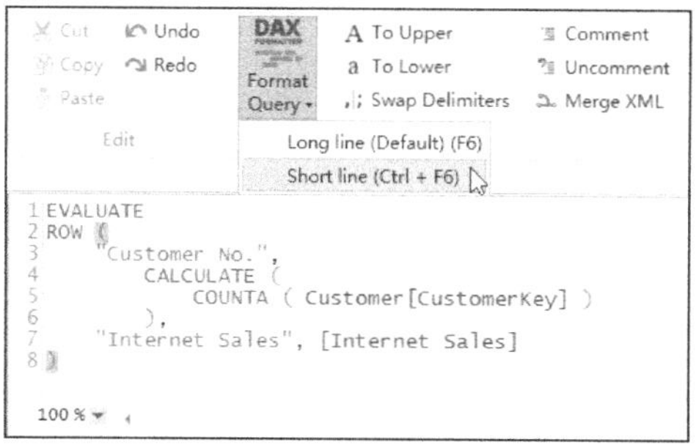

图7.14 优化格式

7.1.3 DAX 性能测试

（1）单击菜单区的"Server Timings"按钮，见图 7.15。

（2）查询输出区会出现一个新的输出选项"Server Timings"，单击菜单区的"Run"按钮，在查询输出区中查看查询完成所需要的速度，见图 7.16。在①区中的 Total 是查询完成的速度，②区是查询的关键参数，③区是 DAX 查询转换为最终 SQL 语句的类代码。

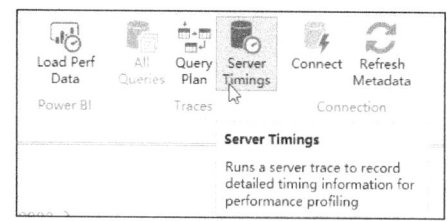

图7.15 开启服务器时间选项

7.1 DAX Studio：DAX 开发工具

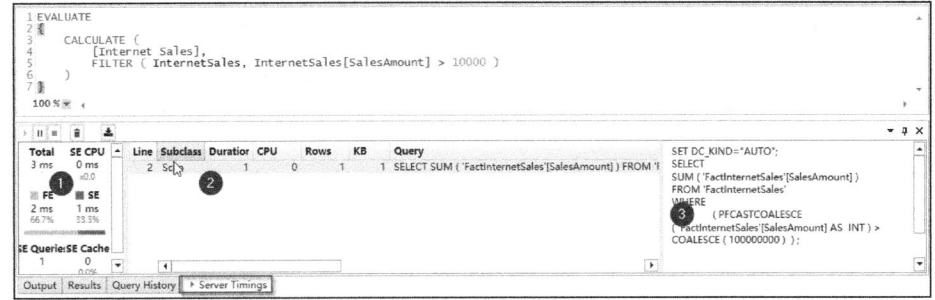

图 7.16　显示查询性能结果

7.1.4　导出元数据

（1）单击菜单区的"Advanced"菜单，单击"View Metrics"按钮，查询输出区将显示模型中所有的主要信息，例如表信息与字段信息，见图 7.17、图 7.18 与图 7.19。这些信息有助于设计者了解整体模型性能，对优化模型设计非常重要。我们称这部分信息为元数据，即描述数据的数据。

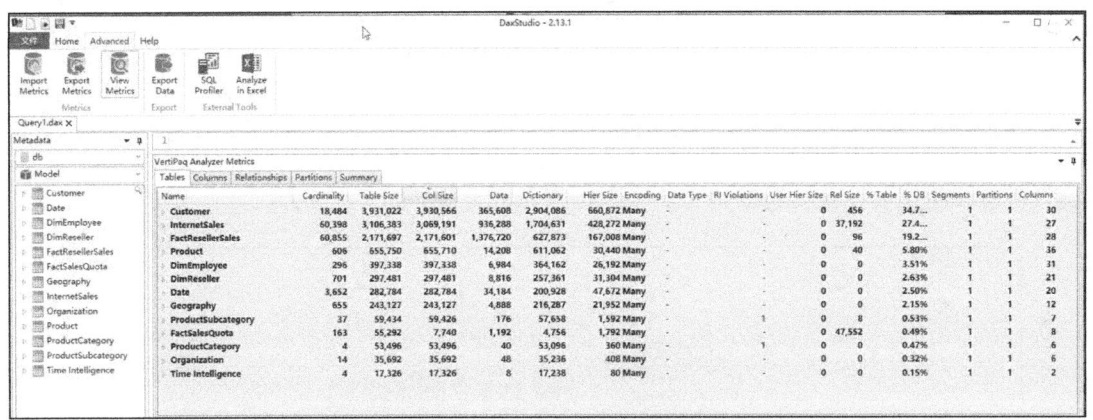

图 7.17　查询数据表元信息

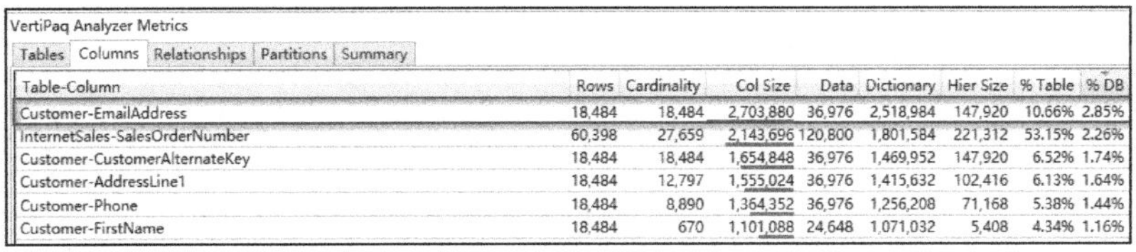

图 7.18　查找冗余信息

图 7.19　数据集信息摘要

（2）单击"Export Metrics"按钮，可进一步将元数据从 DAX Studio 中以 VPAX 格式导出，见图 7.20。

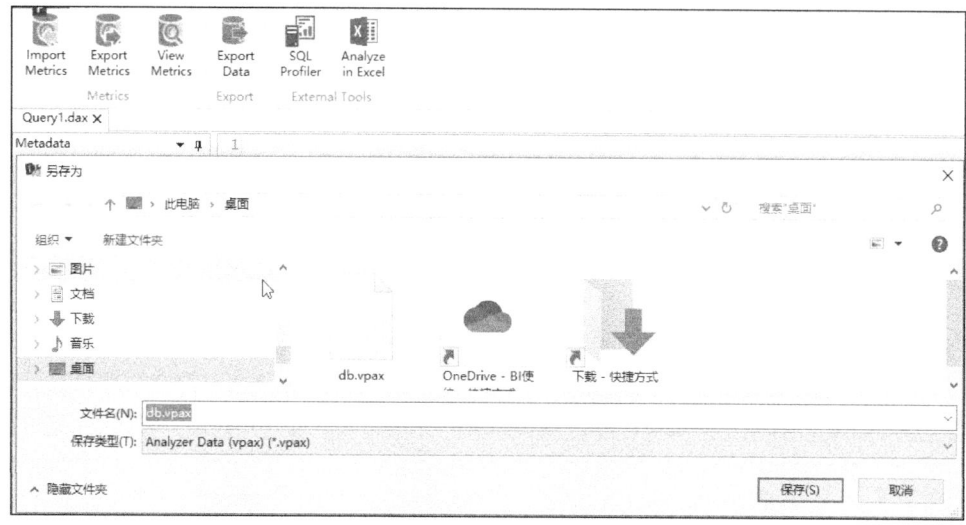

图 7.20　导出元数据

（3）要读取 VPAX 格式文件，需要先下载一个名为"VertiPaq Analyzer"的 Excel 插件，通过关键字搜索并下载安装即可，此处不再赘述，见图 7.21。

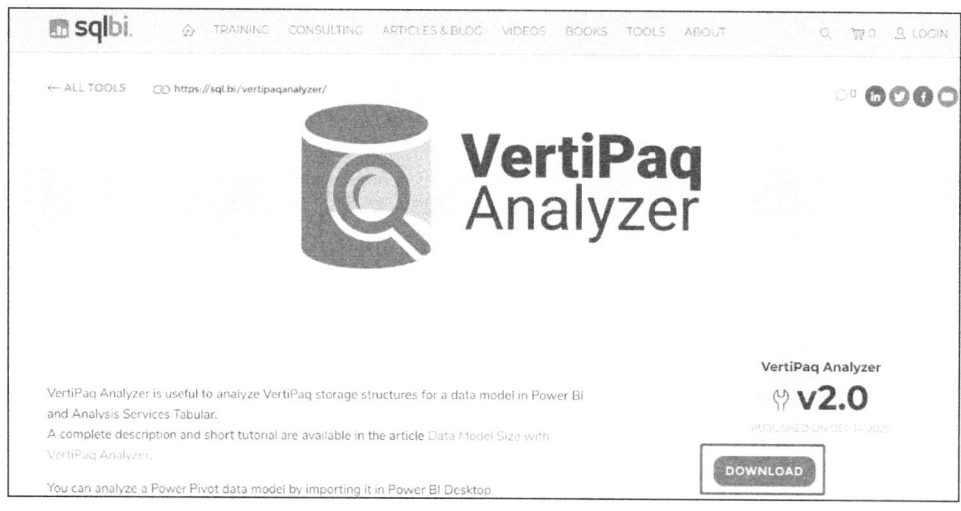

图 7.21　下载 VertiPaq Analyzer 插件

（4）安装成功后，启动 Excel，在"VertiPaq Analyzer"菜单下单击"Open VPAX"按钮，打开刚才导出的文件，这样就可便利地读取 Excel 内容，见图 7.22。

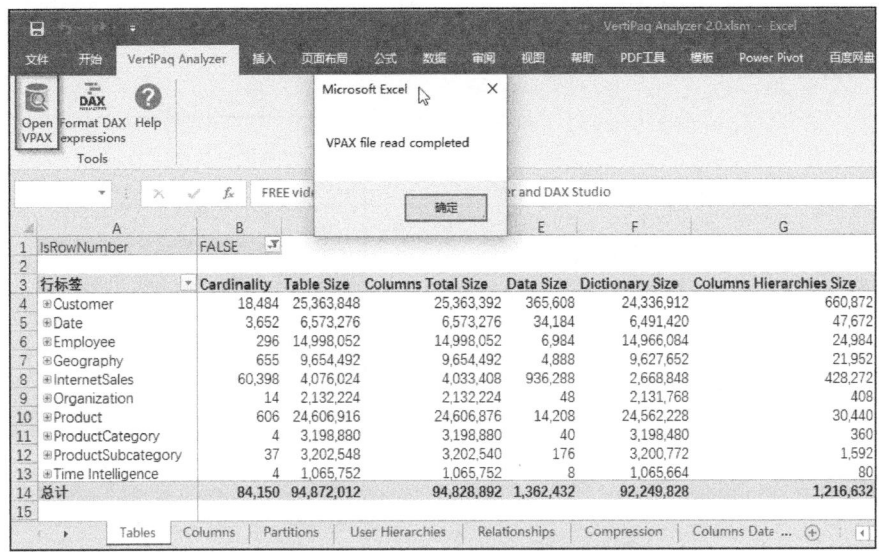

图 7.22 在 Excel 打开元数据集文件

7.1.5 导出模型数据

(1) 在"Advanced"菜单下,单击"Export Data"按钮,DAX Studio 会提供导出"CSV Files"与"SQL Tables"两个选项,见图 7.23。

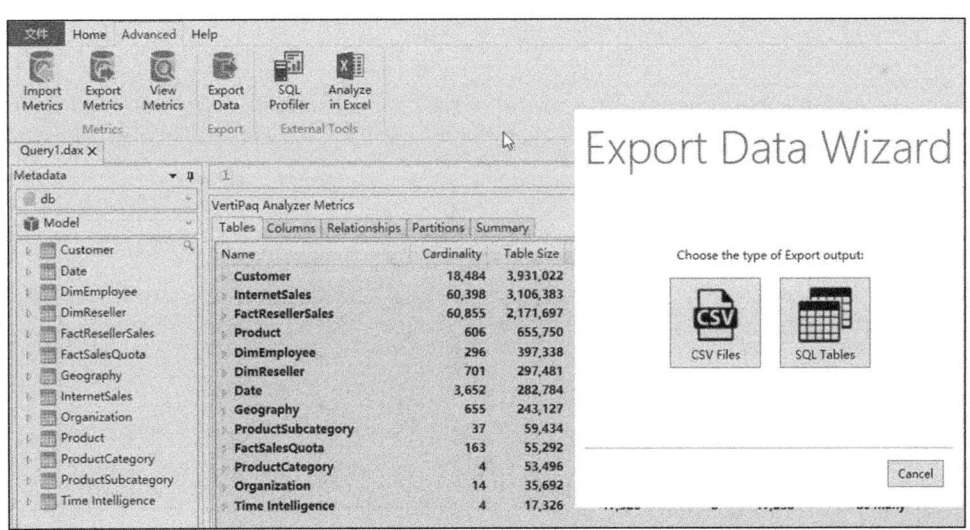

图 7.23 导出目标选择

(2) 选择"CSV Files"选项后,可选择分隔符,见图 7.24,单击"Next"按钮继续。

（3）勾选需要导出的数据表，单击"Export"按钮，见图 7.25。所选数据表将以 CSV 格式被导出并存放到本地。

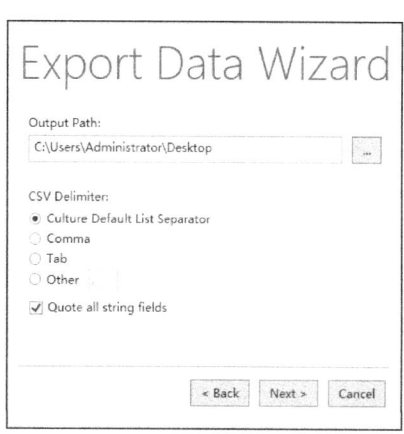

图 7.24　CSV 格式设置

图 7.25　勾选要导出的数据表

（4）为了更好地演示导出"SQL Tables"选项，在 SQL Database 中创建一个空的数据库，见图 7.26。

（5）在图 7.23 所示界面中选择"SQL Tables"选项，在弹出的对话框中输入相应的数据库连接设置，单击"Next"按钮，见图 7.27。

图 7.26　创建空数据库

图 7.27　导进数据库

（6）在图 7.28 所示界面中勾选要导出的数据表，单击"Export"按钮。等待片刻，直至所有导出过程结束，见图 7.29。

图 7.28　选择要导出的数据表

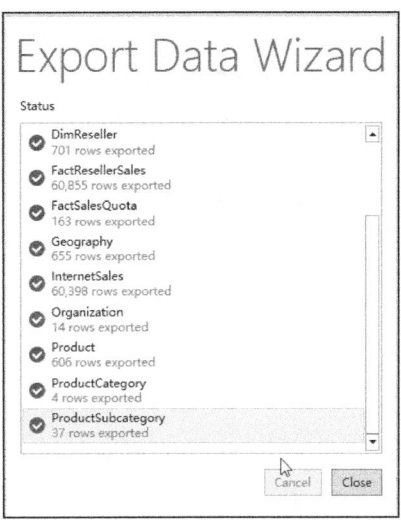

图 7.29　导出成功提示

（7）展开空数据库，可见被导入的数据表，见图 7.30。

图 7.30　导出至空数据库的结果

7.2　Tabular Editor：DAX 模型开发工具

　　Tabular Editor 是一款用于编辑 DAX 模型的第三方免费软件。在功能方面，Tabular Editor 某些方面的灵活性优于 VS，但 VS 的功能比 Tabular Editor 更全面，因此二者为互补的关系。不同于 DAX Studio，Tabular Editor 可直接对模型进行编辑，而 DAX Studio 只能对数据模型进行读取。读者可通过关键字"Tabular Editor"搜索到 Tabular Editor 的官网，并下载该软件，见图 7.31。目前 Tabular Editor 仅有英文版本。本节主要介绍有关 Tabular Editor 的 4 个方面的知识内容。

（1）主界面介绍。

（2）一般性编辑功能。

（3）高级脚本（Advanced Scripting）编译度量。

（4）最佳规范分析器（Best Practice Analyzer）。

图 7.31　Tabular Editor 下载页面

7.2.1　主界面介绍

Tabular Editor 支持编辑 BIM 文件或者 Analysis Services 数据库，此处先打开一个项目，再分别介绍主界面功能分区，以便读者更好地理解。

（1）启动 Tabular Editor，选择"File"-"Open"-"From DB..."命令，见图 7.32。

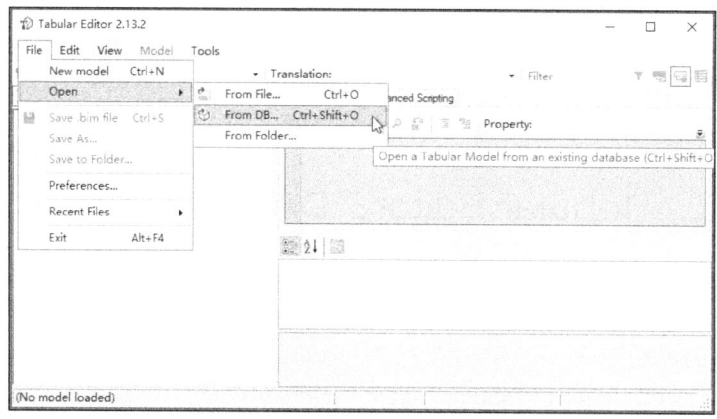

图 7.32　从数据库打开 DAX 模型

参照图 7.33 设置 Tabular Server 的连接参数，然后单击"OK"按钮。

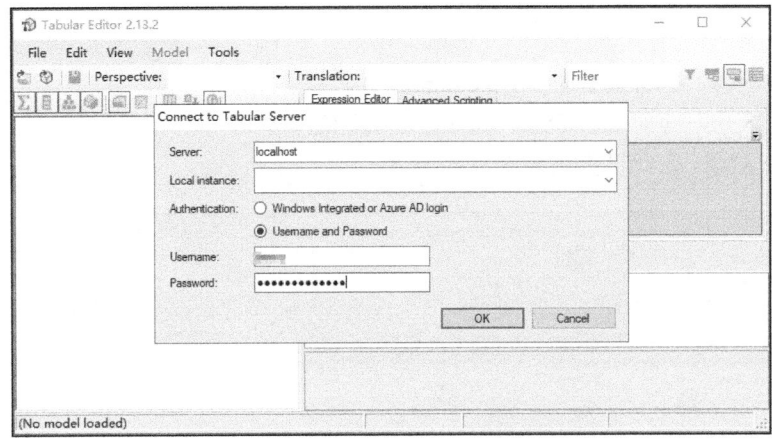

图 7.33　设置 Tabular Server 的连接参数

（2）选择对应的 Analysis Services 数据库，单击"OK"按钮，见图 7.34。

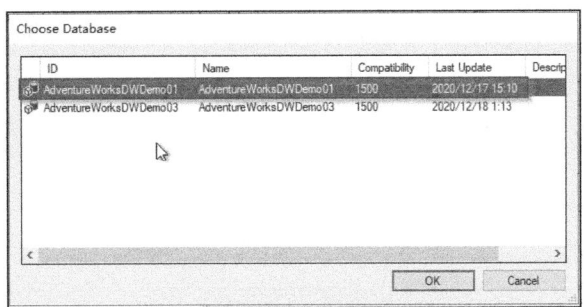

图 7.34　选择对应的数据库

（3）如果要编辑没有发布的 DAX 模型项目，则在图 7.32 所示界面中选择"File"-"Open"-"From File..."命令，指定项目路径即可，见图 7.35。

图 7.35　打开没有发布的 BIM 文件

156 第 7 章 高级开发工具和功能

Tabular Editor 主界面有 4 个功能区，见图 7.36。

（1）菜单区①，包含打开与保存模型功能、视图功能、模型设置、度量设置、翻译设置、规范分析等功能。

（2）模型区②，包含查看模型主要元素功能。

（3）公式区③，在此编辑 DAX 查询语句或高级脚本语句。

（4）属性区④，在此设置物体的具体属性。

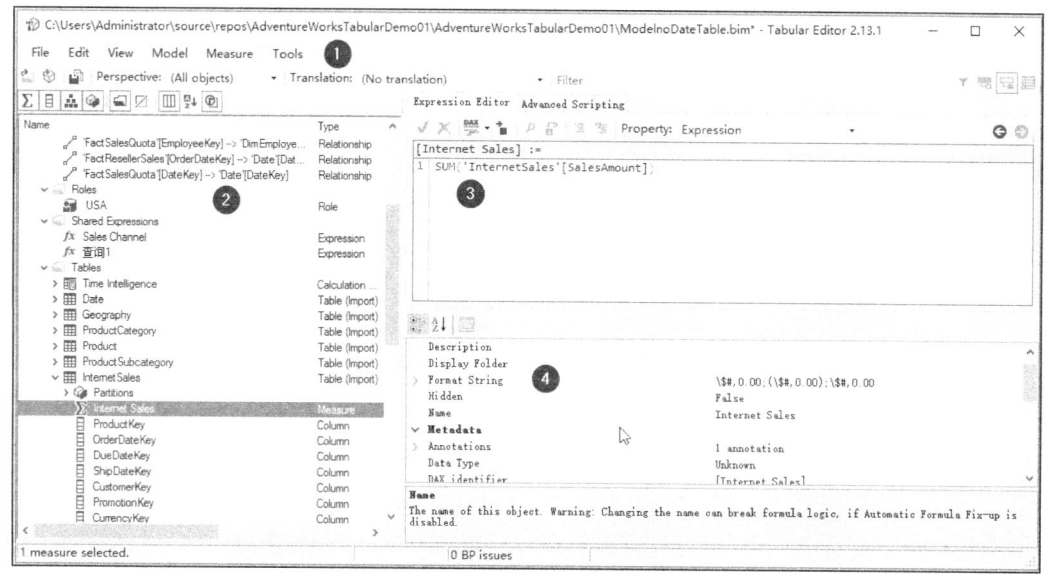

图 7.36 Tabular Editor 主界面

7.2.2 一般性编辑功能

用户可通过 Tabular Editor 直接修改模型，再将改动部署至 Analysis Server 上。目前版本的 Tabular Editor 并不提供智能输入提示，建议用户借助 DAX Studio 验证公式的有效性。

1. 添加分区

展开模型区中的"Internet Sales"表，右击"Partition"节点，在弹出菜单中选择"New Partition（Power Query）"命令，创建新分区。也可选择"Duplicate 'Partition'"命令，复制当前分区，见图 7.37。目前 Tabular Editor 没有智能输入提示，也不能调动 Power Query，用户只能手动输入 Power Query 代码。

2. 创建层次

多选相关的层级字段并右击，在弹出菜单中选择"Create New" - "Hierarchy"命令，创建层次关系，见图 7.38，效果与 VS 的类似。

7.2 Tabular Editor：DAX 模型开发工具

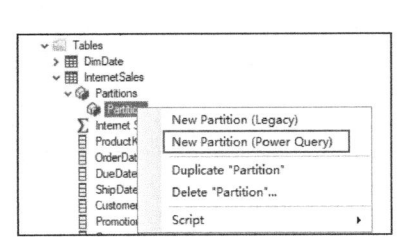

图 7.37　分区命令

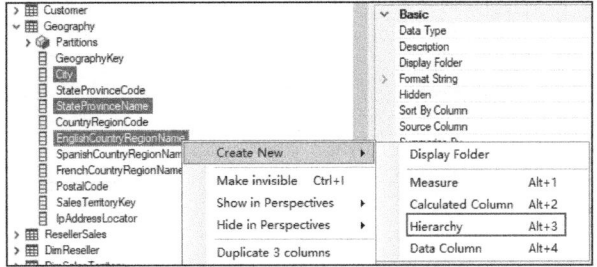

图 7.38　创建层次命令

3. 创建度量

（1）选中相应表并右击，在弹出菜单中选择"Create New"-"Measure"命令，可创建新度量，见图 7.39。

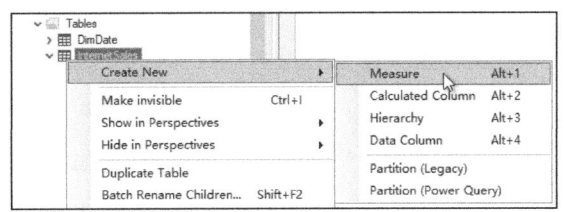

图 7.39　创建新度量

（2）因为目标版本不带 DAX 智能输入提示，因此整个过程必须是手动的。输入完成后，单击左上角菜单区的"保存"图标，若新建度量显示叹号，则意味着该度量存在问题，见图 7.40。

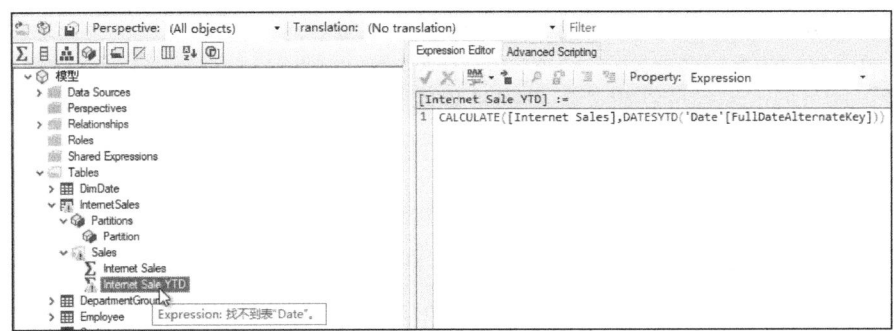

图 7.40　存在问题的度量

（3）经检查，发现"Date"表的名称应为"DimDate"，在公式区改正后，再次保存，叹号消失，见图 7.41。

4. 创建文件夹

（1）为了有效管理度量，我们可以创建文件夹系统。选中相关的度量并右击，在弹出菜单中选择"Create New"-"Display Folder"命令，见图 7.42。

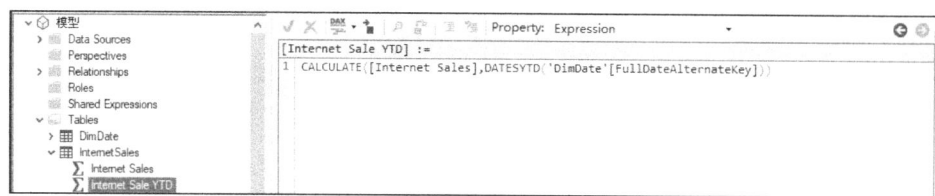

图 7.41　修改完的正确度量

（2）为新建的度量文件夹命名，见图 7.43。

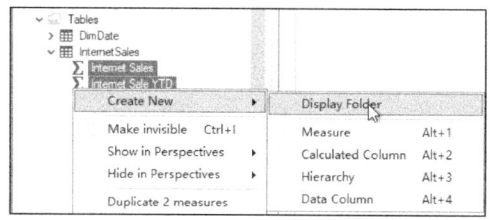

图 7.42　创建文件夹

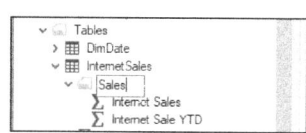

图 7.43　命名文件夹

（3）重新选择相关度量，在对应属性区中的"Display Folder"中通过"\"符号设置第二层文件夹，见图 7.44。

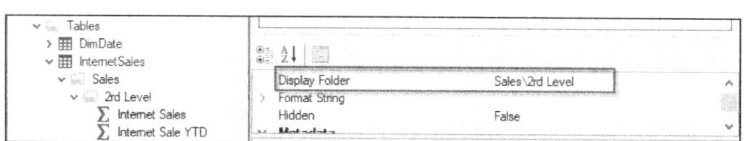

图 7.44　创建子文件夹

注意，所有的改动都可以通过按 Ctrl+Z 键撤销，按 Ctrl+Y 键重新操作，这与在 Office 中的操作类似，见图 7.45。

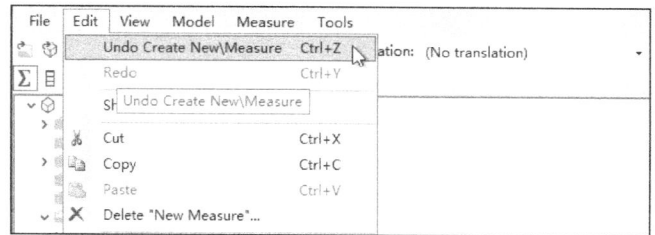

图 7.45　撤销操作

5. 设置翻译

（1）Tabular Editor 同样支持翻译功能，右击"Translations"文件夹，在弹出菜单中选择"New Translation"命令，见图 7.46。

（2）在弹出的对话框中选择相对应的语言，单击"OK"确定，见图7.47。

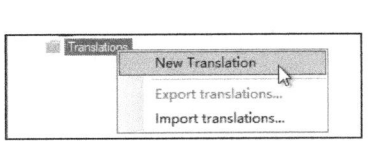

图7.46 设置新翻译

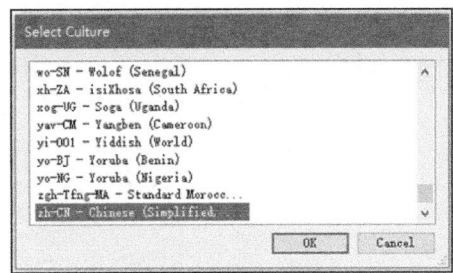

图7.47 选择翻译语言

（3）配置表的中文简体名称，见图7.48。并且通过设置图7.48红框中的选项，可在翻译语言与默认英语之间进行切换。

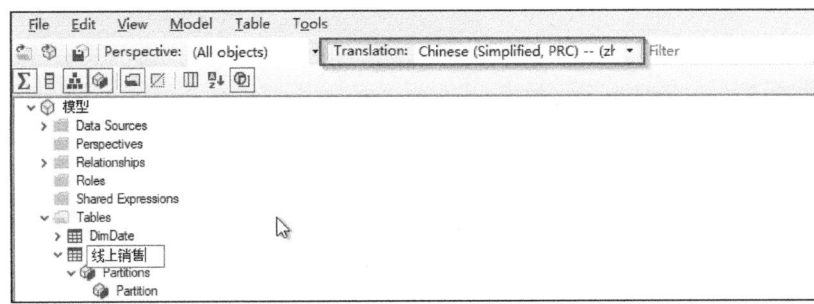

图7.48 配置表名称并切换语言

6. 发布模型

（1）Tabular Editor支持发布模型功能，选择菜单区的"Model"-"Deploy..."命令，见图7.49。

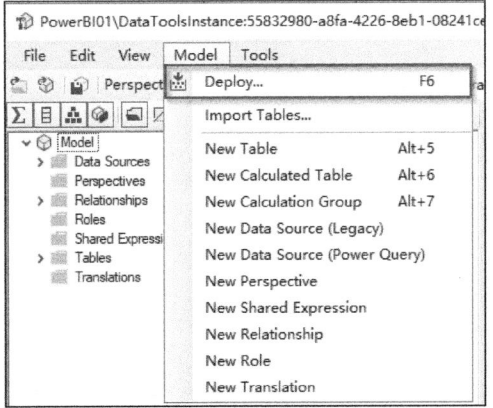

图7.49 发布模型操作

(2)在弹出的对话框中设置发布目标,见图 7.50。

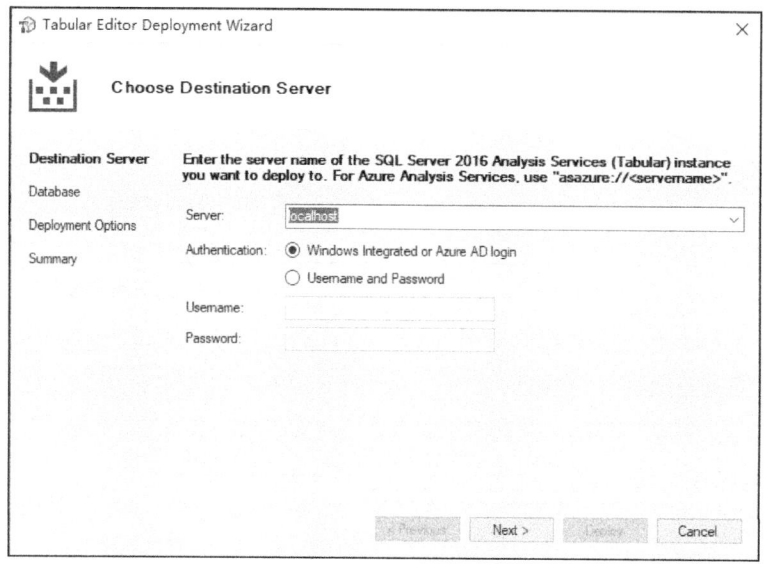

图 7.50　设置发布目标

(3)在图 7.51 中,选择覆盖已有发布的模型,单击"Next"按钮。

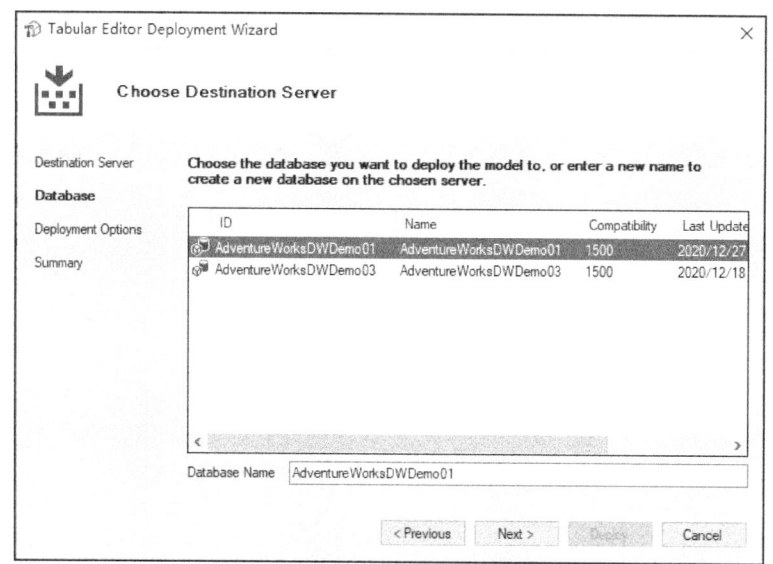

图 7.51　覆盖已有发布模型

(4)在图 7.52 中,勾选所要发布的具体选项。发布信息预览见图 7.53。

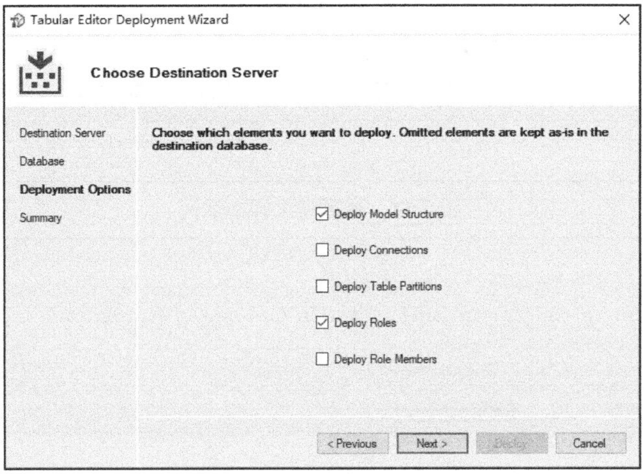

图 7.52　选择发布的具体选项

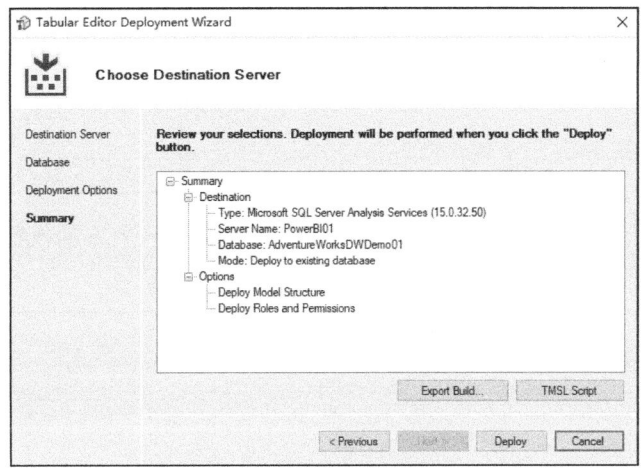

图 7.53　发布信息预览

7.2.3　高级脚本编译度量

Tabular Editor 高级脚本功能支持通过脚本以自动化方式产生 DAX 度量，其背后的技术原理是基于 C#程序的。

（1）在公式区选择"Advanced Scripting"选项卡，可以打开"Samples"下拉列表框，查看高级脚本示例，见图 7.54。

（2）将图 7.55 所示的这段 C#代码复制至"Advanced Scripting"选项卡的公式编辑栏中。注意，在 GitHub 网站上有很多高级脚本的模板，图 7.55 所示的仅是其中之一，其功能是自动汇总所选的字段、设置格式、添加描述并将该字段隐藏。

Expression Editor
Advanced Scripting
Samples
100 %
Custom Actions
Tutorials
Translations
Loop through all selected columns
Loop through all selected tables
Loop through columns on all selected tables
Loop through columns on all tables conditionally

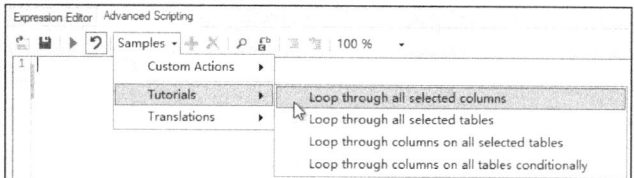

图 7.54　查看高级脚本示例

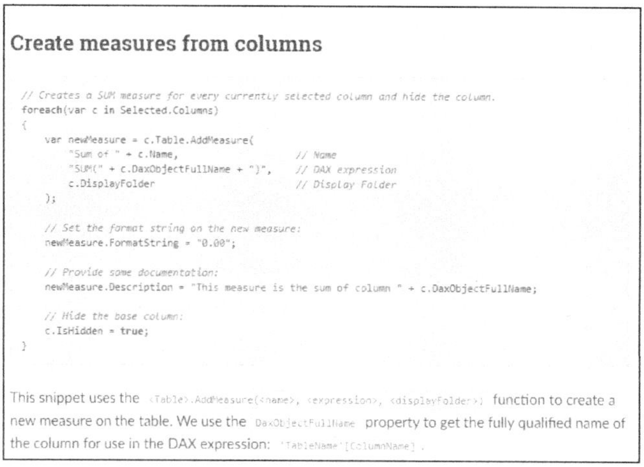

Create measures from columns
// Creates a SUM measure for every currently selected column and hide the column.
foreach(var c in Selected.Columns)
{
var newMeasure = c.Table.AddMeasure(
"Sum of " + c.Name,
// Name
"SUM(" + c.DaxObjectFullName + ")",
// DAX expression
c.DisplayFolder
// Display Folder
);
// Set the format string on the new measure:
newMeasure.FormatString = "0.00";
// Provide some documentation:
newMeasure.Description = "This measure is the sum of column " + c.DaxObjectFullName;
// Hide the base column:
c.IsHidden = true;
}
This snippet uses the <Table>.AddMeasure(<name>, <expression>, <displayFolder>) function to create a new measure on the table. We use the DaxObjectFullName property to get the fully qualified name of the column for use in the DAX expression: 'TableName'[ColumnName] .

图 7.55　C#代码

（3）选中“线上销售”表中的部分金额字段，单击公式区上方的执行按钮▶，创建金额字段的汇总度量，见图 7.56。

Perspective: (All objects)
Translation: Chinese (Simplified, PRC)
Filter
Expression Editor
Advanced Scripting
Samples
100 %
Tables
DimDate
线上销售
Internet Sales
Internet Sale YTD
New Measure
ProductKey
OrderDateKey
DueDateKey
ShipDateKey
CustomerKey
PromotionKey
CurrencyKey
SalesTerritoryKey
SalesOrderNumber
SalesOrderLineNumber
RevisionNumber
OrderQuantity
UnitPrice
ExtendedAmount
UnitPriceDiscountPct
DiscountAmount
ProductStandardCost
TotalProductCost
SalesAmount
TaxAmt
Freight
CarrierTrackingNumber
CustomerPONumber
// Creates a SUM measure for every currently selected column and
foreach(var c in Selected.Columns)
{
var newMeasure = c.Table.AddMeasure(
"Sum of " + c.Name,
// Name
"SUM(" + c.DaxObjectFullName + ")",
// DAX expression
c.DisplayFolder
// Display Folder
);
// Set the format string on the new measure:
newMeasure.FormatString = "0.00";
// Provide some documentation:
newMeasure.Description = "This measure is the sum of column "
// Hide the base column:
c.IsHidden = true;
}

图 7.56　创建金额字段的汇总度量

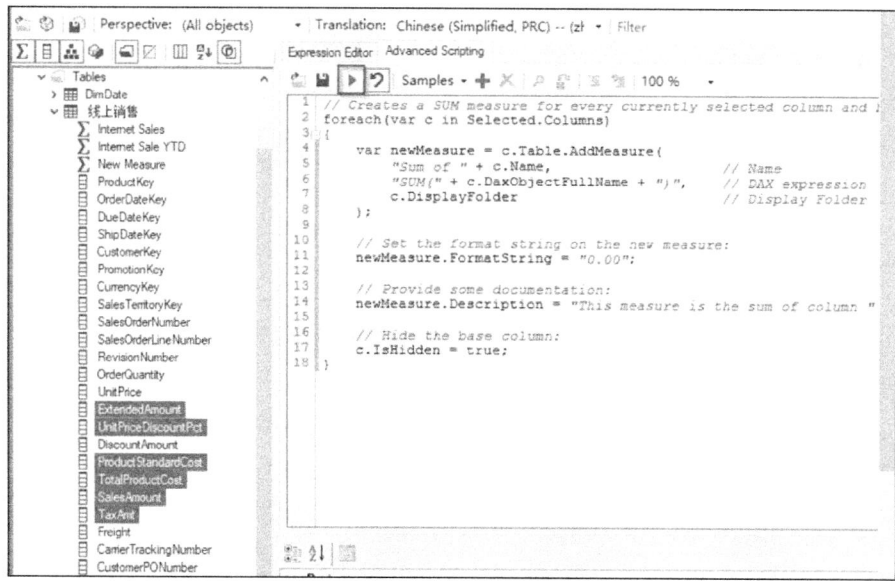

（4）执行脚本，Tabular Editor 会自动对所选字段产生汇总度量，见图 7.57。对比传统的手动创建方式，高级脚本创建方式的优势在于便捷与高效，但其在使用之前需要经过一定的学习和练习。

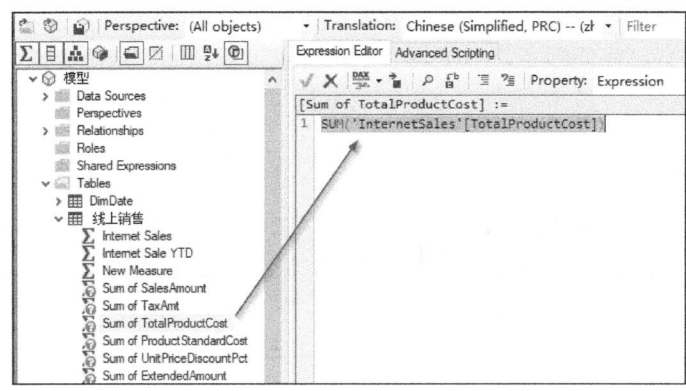

图 7.57 一次性完成多个度量的创建

下面继续通过另一个例子演示高级脚本，在这个例子中，我们希望在度量的"Description"属性部分自动填入对应的 DAX 公式。图 7.58 所示为目前 DAX 度量的"Description"属性的内容。

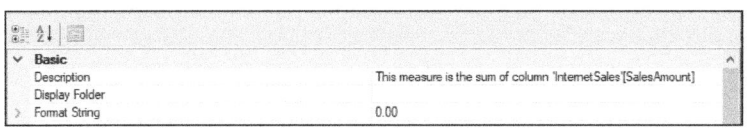

图 7.58 目前的注释

（1）在公式区输入如图 7.59 所示的代码，这段代码的目的是将模型中的所有公式的"Expression"赋值给各自的"Description"，单击执行按钮▶，见图 7.59。

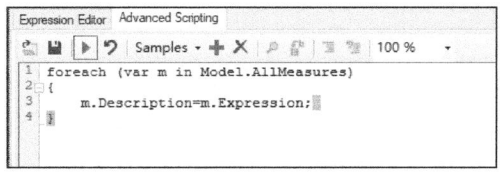

图 7.59 将 DAX 公式赋予注释

（2）执行完成后，所有度量的"Description"属性值都被更新为度量公式，见图 7.60。

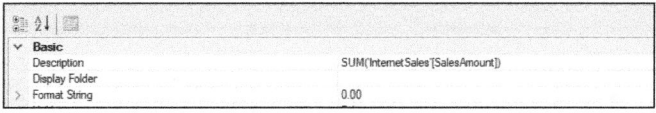

图 7.60 完成后的结果

7.2.4 最佳规范分析器

在企业解决方案中,模型的性能往往受到模型设计质量的约束,设计越优秀的模型,其性能也越优越。因此企业解决方案格外重视设计规范。而最佳规范分析器(Best Practice Analyzer)是一个自动化检测规范的工具。用户可以设置具体的规范要求,也可以使用他人总结的最佳规范集合作为分析条件,分析器将根据用户给出的规范要求,动态地查找模型中不符合规范的设计示例。

示例操作如下。

(1)通过"Best Practice Analyzer github"关键字在 GitHub 中找到"BPARules-standard.json"这个文件。该文件已经集合了许多规范设计要求,例如"关系两侧的字段名称应该相同""移除没有被使用的字段""移除没有被使用的度量"等。单击"Raw"按钮,见图 7.61。

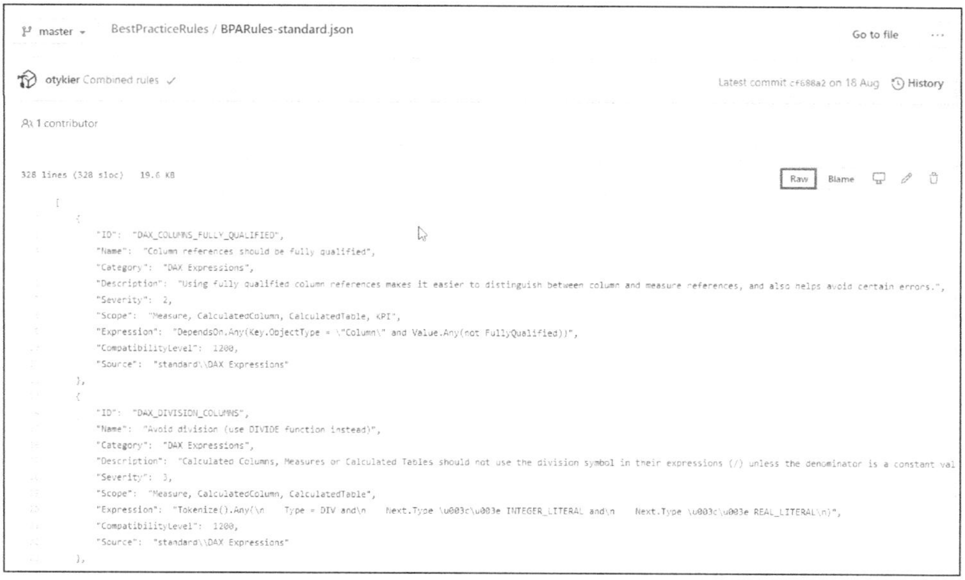

图 7.61　GitHub 上的规范设计要求代码

(2)复制 RAW 文件的 URL,见图 7.62。

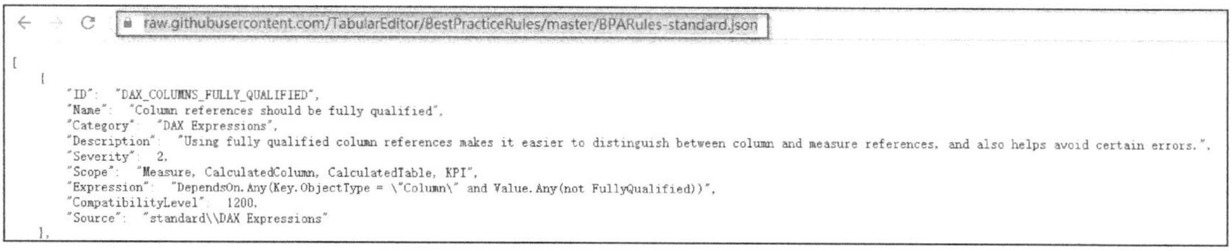

图 7.62　复制 URL

（3）在 Tabular Editor 菜单区中选择"Tools"-"Manage BPA Rules..."命令，见图 7.63。

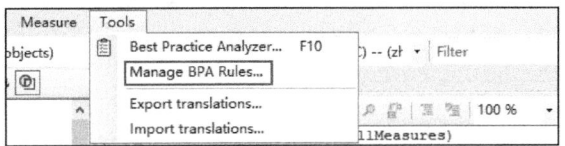

图 7.63　设置 BPA 规则

（4）在弹出的"Manage Best Practice Rules"对话框中单击"Add"按钮①，选择"Include Rule File From URL"单选项②，单击"OK"按钮，见图 7.64。

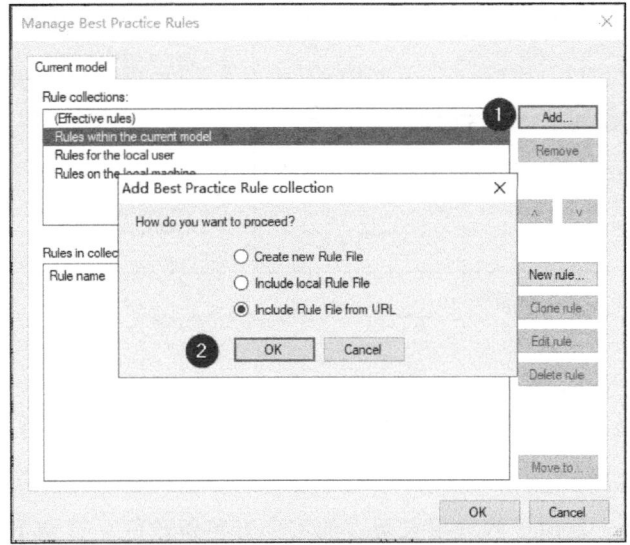

图 7.64　指向 URL 规范文件

（5）在"Enter Rule File URL"对话框中，输入复制的 URL，单击"OK"按钮，见图 7.65。

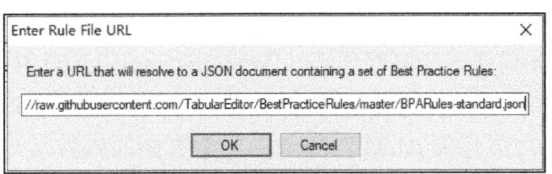

图 7.65　粘贴 URL

（6）成功添加后，可见新规范下的若干子规范名称，单击"OK"按钮完成设置，见图 7.66。

（7）重复如图 7.63 所示的操作，但这次选择"Best Practice Analyzer..."命令，根据新添加的规范，最佳规范分析器会依据问题类返回所有发现的规范问题，见图 7.67。读者也可以在 GitHub 上寻找更多自行编写规范的说明。

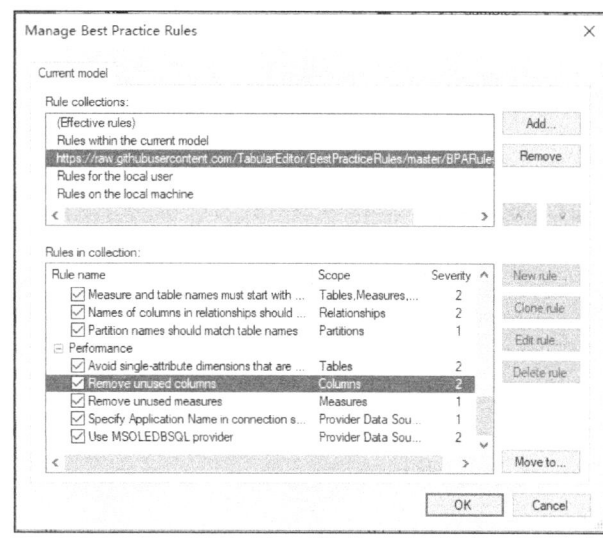

图 7.66　成功添加规范

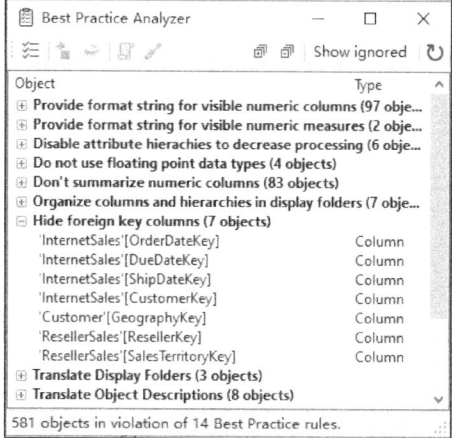

图 7.67　自检的结果

7.3　ALM Toolkit：应用版本管理工具

ALM Toolkit 是一款用于管理报表版本的第三方免费软件，ALM Toolkit 可对比不同版本之间的模型差异，并控制上传的内容。在普通 Power BI Desktop 环境中，即使开发者只修改了模型中 1%的内容，也必须将 100%的内容全部重新发布，这个过程相当耗时且降低效率。通过 ALM Toolkit，开发者不仅可以发布部分内容，极大提高了发布效率；同时，开发者还可以对比版本之间的差异，以便更好地控制变更，这是在普通 Power BI Desktop 环境中无法完成的。

目前，ALM Toolkit 只能用于高级环境（Premium/Embedded）中，读者可以通过关键字"ALM Toolkit"搜索到 ALM Toolkit 的官网并下载该软件，见图 7.68。目前 ALM Toolkit 仅有英文版本，本节主要介绍有关 ALM Toolkit 的 4 个方面的内容。

（1）一般性行功能介绍。
（2）启用 XMLA 的"读写"设置。
（3）Power BI Desktop 报告版本控制。
（4）AAS 模型版本控制。

7.3 ALM Toolkit：应用版本管理工具　　**167**

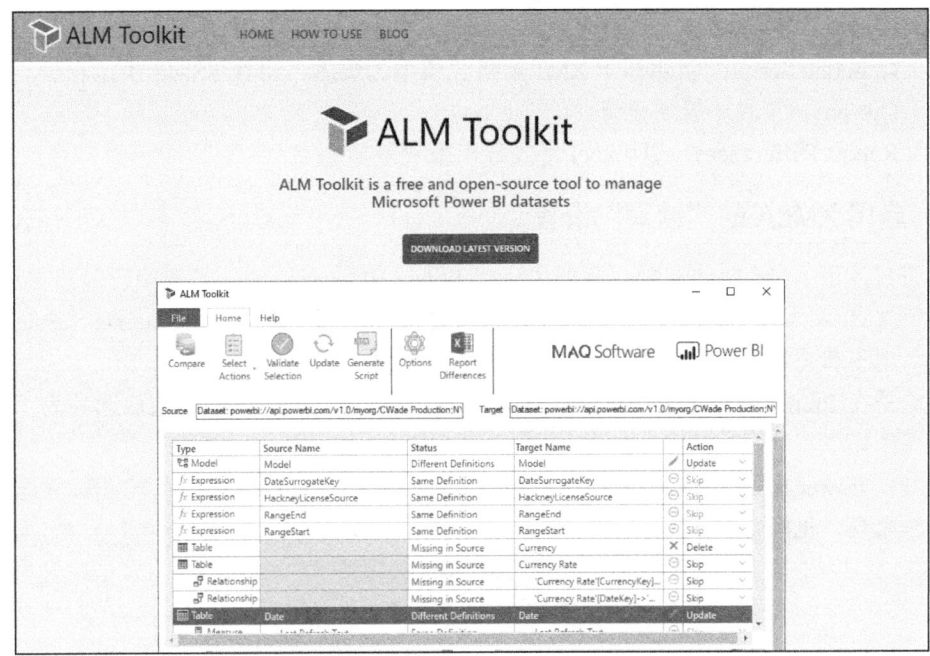

图 7.68　ALM Toolkit 主页面

7.3.1　一般性行功能介绍

图 7.69 所示为 ALM Toolkit 的默认界面，其"Home"菜单界面十分简洁，主要包括以下 7 个功能按钮。

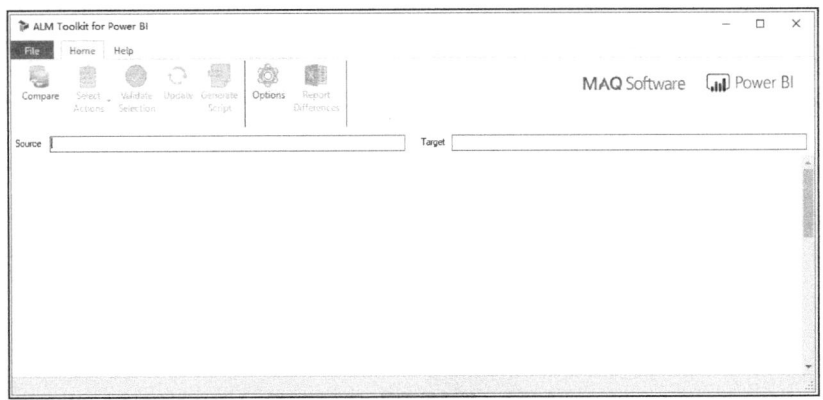

图 7.69　"Home"菜单中的功能按钮

（1）Compare：对比不同版本对象之间的区别。
（2）Select Actions：选择对差异对象进行的操作。
（3）Validate Selection：验证选择的对象。

（4）Update：更新版本。

（5）Generate Script：创建基于 XMLA 格式模型的脚本，可在 SSMS 中运行。

（6）Options：工具一般性设置。

（7）Report Differences：以 Excel 格式导出报表差异。

7.3.2 启用 XMLA 的"读写"设置

在正式使用 ALM Toolkit 前，需要先确保 Power BI service 对应选项中已开启 XMLA 服务。对于 XMLA 本书不展开介绍，读者只需知道 XMLA 是一种针对 Analysis Services 的本机协议，用于客户端应用程序与 Analysis Services 实例之间的所有交互。

无论是在 Premium 还是在 Embedded 环境下，都应确保 XMLA 终结点选项为"读写"设置，操作如下。

（1）以 Power BI service 管理员身份登录 Power BI 门户界面，单击齿轮图标并选择"管理门户"命令，见图 7.70。

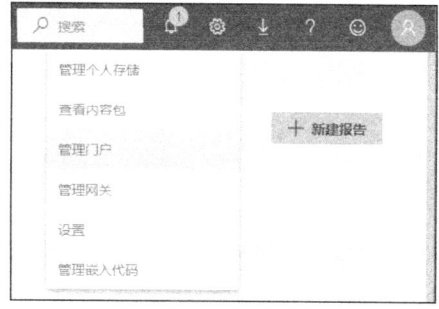

图 7.70　管理门户

（2）在"容量设置"选项中单击对应的容量名称，见图 7.71。

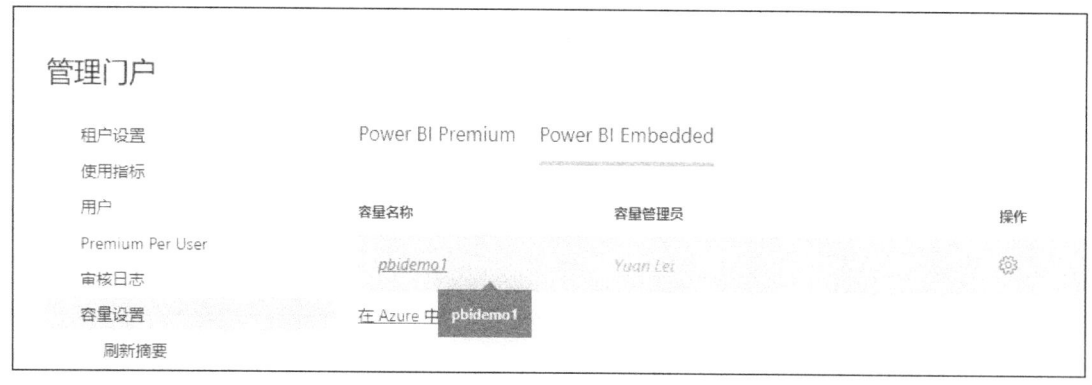

图 7.71　单击对应的容量名称

（3）单击"工作负载"下拉按钮，见图 7.72，展开相关设置。

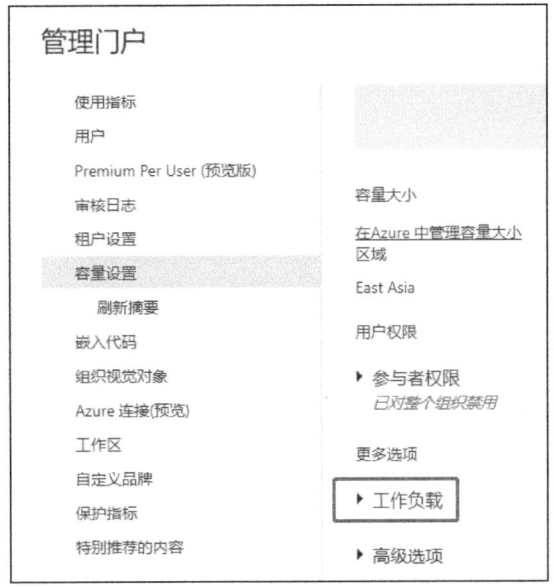

图 7.72　工作负载

（4）找到"XMLA 终结点"选项，并确保其设置为"读写"，见图 7.73。

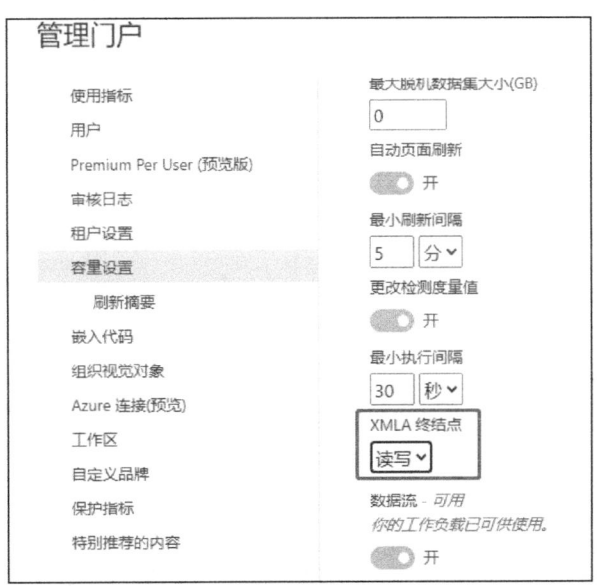

图 7.73　设置"XMLA 终结点"为"读写"模式

即使是没有 Premium 或 Embedded 环境的用户，也可以使用"Premium Per User"许可方式获取高级环境。用户只需要在"Premium Per User(预览版)"选项中进行类似的设置即可，见图 7.74。

图 7.74　在"Premium Per User（预览版）"选项中进行设置

（5）除了"XMLA 终结点"设置，管理者还需要在"租户设置"选项中启用"允许对本地数据集使用 XMLA 终结点和'在 Excel 中分析'功能"选项，见图 7.75。完成以上两项操作后，ALM Toolkit 可通过 XMLA 接入 Power BI service 高级环境。

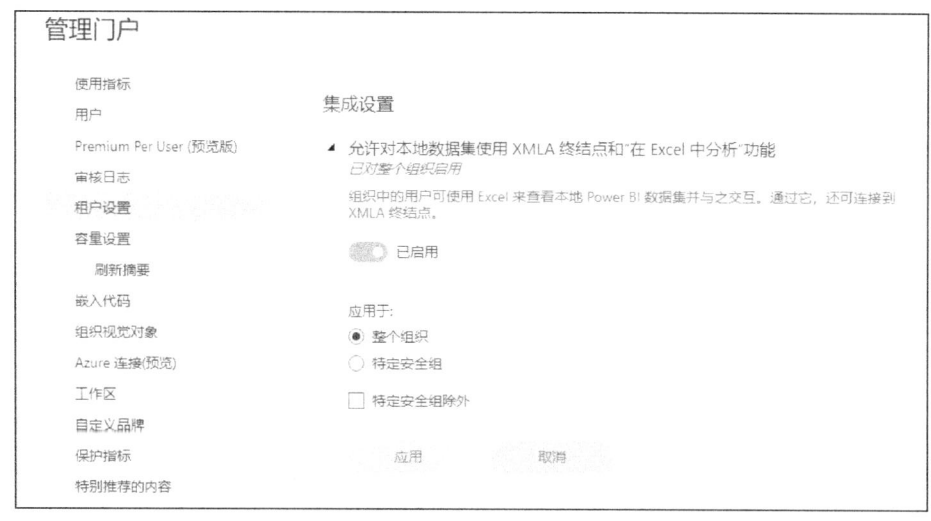

图 7.75　启用"允许对本地数据集使用 XMLA 终结点和'在 Excel 中分析'功能"

7.3.3 Power BI Desktop 报告版本控制

版本控制是 ALM Toolkit 的核心功能。有了此功能，开发者可轻松实现报告间版本的对比并提高版本上传的效率。

（1）创建第一个版本的 Power BI 报表并将其发布至 Power BI service 的对应工作区中，见图 7.76。

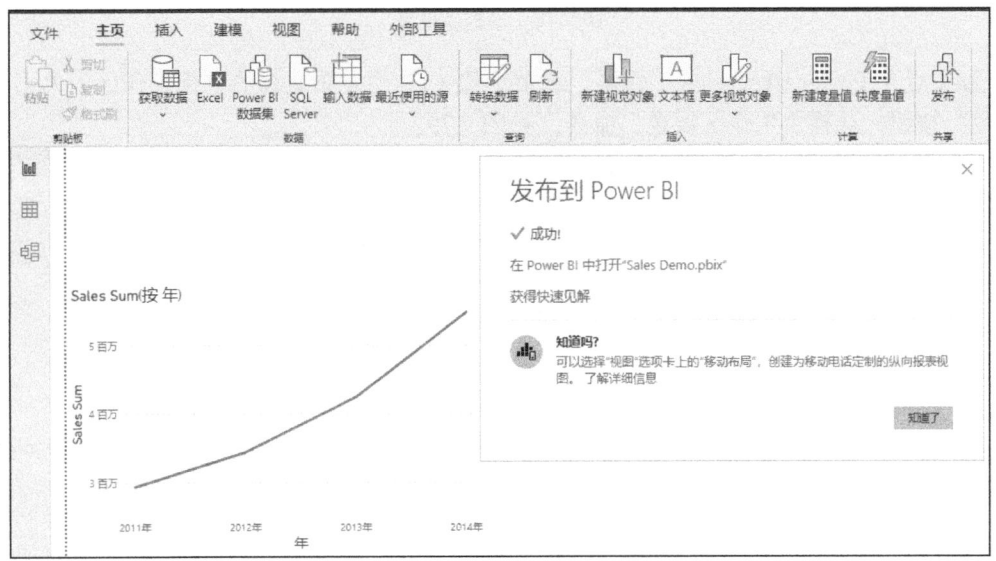

图 7.76　创建并发布 Power BI 报表

（2）为演示方便，这里在 Power BI Desktop 中将表从模型中删除，见图 7.77。

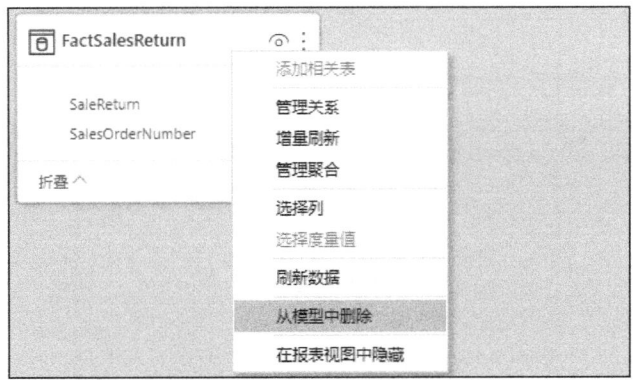

图 7.77　将表从模型中删除

（3）添加一些新的度量，不要关闭 Power BI Desktop 文件，见图 7.78。

图 7.78 添加新度量

(4) 登录 Power BI service 工作区,选中步骤(1)中发布文件的目标工作区,单击旁边的":"按钮,选择"工作区设置"命令,见图 7.79。

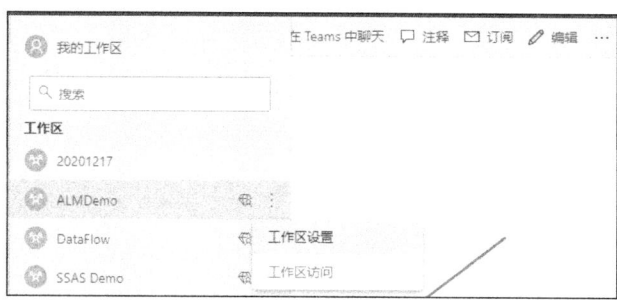

图 7.79 工作区设置

(5) 在设置面板"高级版"选项卡的"工作区连接"文本框下,单击"复制"按钮,见图 7.80。

图 7.80 复制工作区连接

7.3 ALM Toolkit：应用版本管理工具

（6）回到 ALM Toolkit 界面中，单击"Compare"按钮，在弹出的"Connections"对话框的"Source"选项组中，选择"Power BI Desktop"单选项，并确保选中刚才修改的"Sales Demo"文件①；在"Target"选项组中，选择"Dataset"单选项②，将目标工作区地址粘贴到"Workspace"文本框中③，在"Dataset"文本框中填入目标地址名称④，见图 7.81。单击"OK"按钮开始对比本地版本与发布版本。

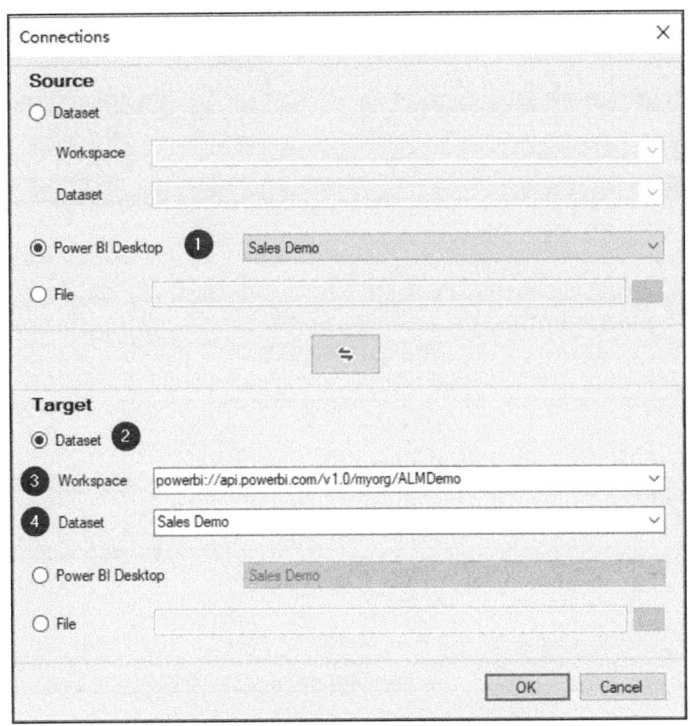

图 7.81　粘贴工作区与数据集信息

（7）对比完成后，ALM Toolkit 会显示两个版本中对象的对比结果，也包括默认的更新操作，由于两个版本中仅存在少量改动，所以大部分的对象对比结果都是"Same Definition"（相同定义），见图 7.82。

（8）为了更方便查看版本的差异，单击"Select Actions"按钮，在下拉菜单中选择"Hide Skip Objects"命令，见图 7.83。

（9）该命令将筛选所有相同的对象行记录，仅保留差异对象。我们还可对"Action"字段下的默认值进行修改，见图 7.84（将"Delete"改为"Skip"）。

（10）单击"Validate Selection"按钮，再次验证所选修改为有效操作，见图 7.85。

（11）单击"Update"按钮，进行版本更新，在弹出的提示对话框中单击"是（Y）"按钮，见图 7.86。

第 7 章 高级开发工具和功能

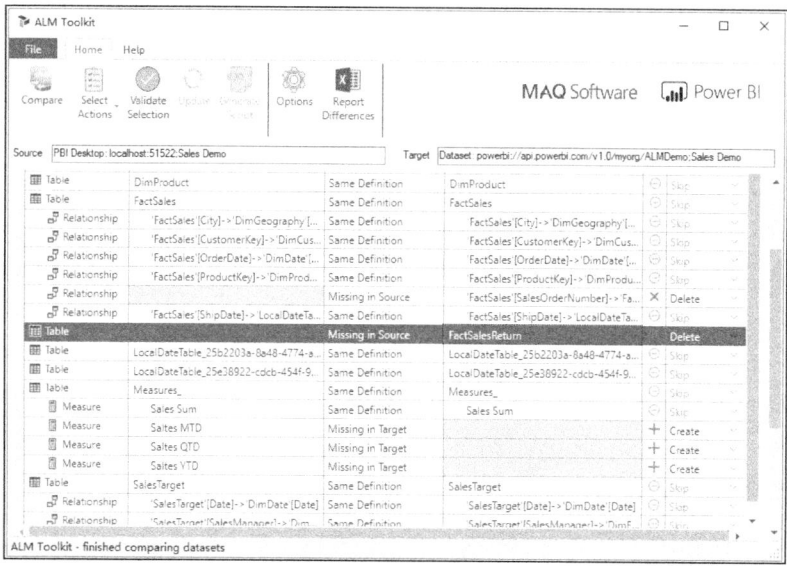

图 7.82 对比结果

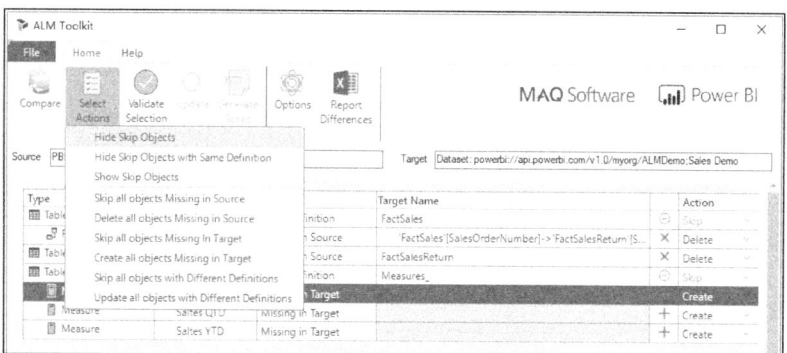

图 7.83 隐藏跳过的对象

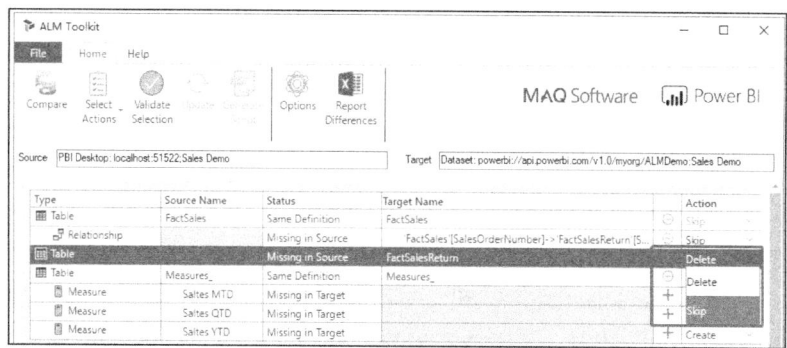

图 7.84 修改对象动作

7.3 ALM Toolkit：应用版本管理工具

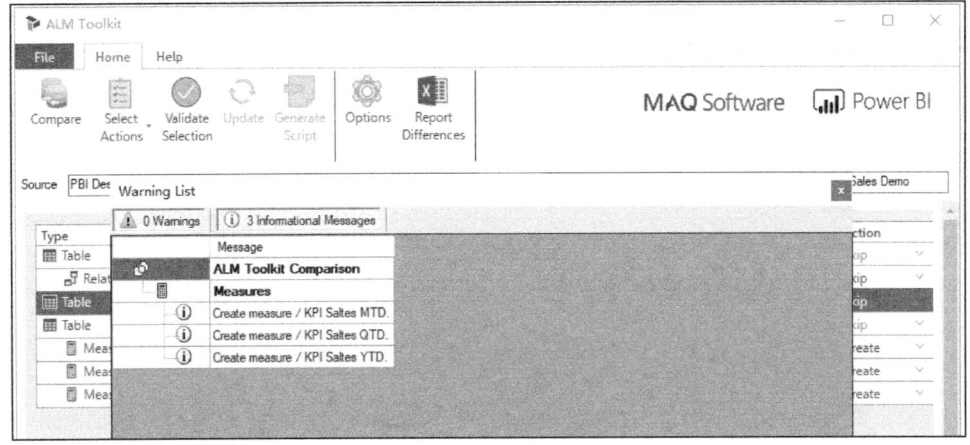

图 7.85　验证所选修改

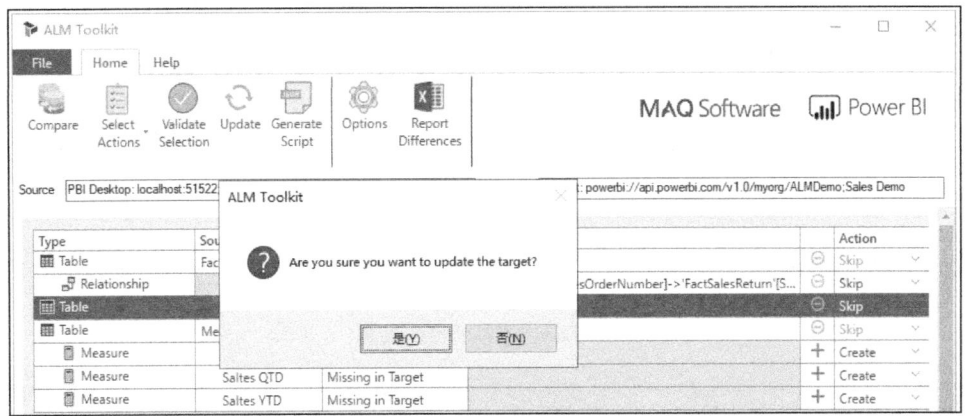

图 7.86　确认更新

（12）成功更新后，返回 Power BI service 门户网站的报表主页面，可以看见新字段已经被更新成功，见图 7.87。

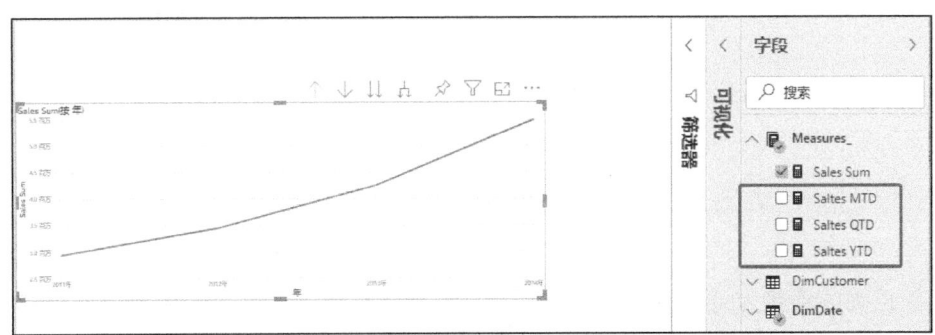

图 7.87　新字段更新至 Power BI service 中

7.3.4　Azure Analysis Services 模型版本控制

7.3.3 小节演示了用 Power BI Desktop 作为数据源同步版本的方式，但当数据源为 AAS 模型时，我们便不能再使用"工作区连接"方式，见图 7.88。

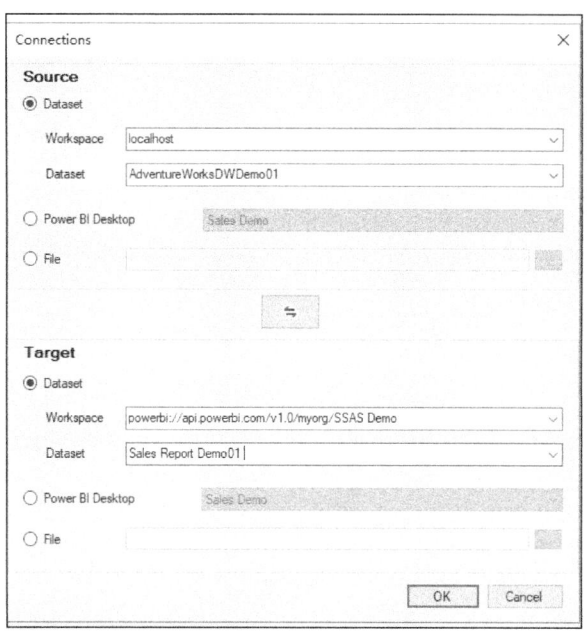

图 7.88　类似的操作设置

这是因为 AAS 的数据集实际上并没有存放在工作区中，当选择目标为工作区时，会出现"数据库'×××'不存在，或您没有访问该数据库的权限。"的错误提示，见图 7.89。

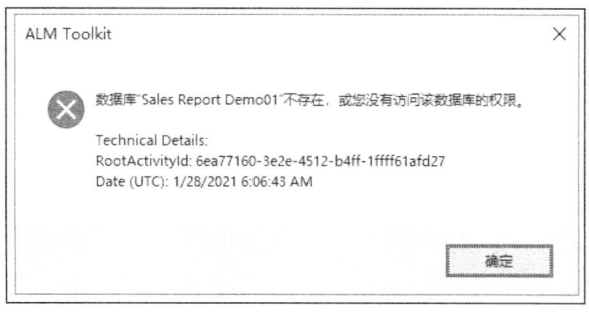

图 7.89　找不到数据库

（1）正确的连接方式是在 AAS 的主页中复制服务器名称①及对应的模型名称②，见图 7.90。

7.3 ALM Toolkit：应用版本管理工具　　177

图 7.90　应填入在 Azure 官网的设置信息

（2）回到 ALM Toolkit 界面中，将在图 7.90 中复制的信息填入目标选项中，见图 7.91。单击"OK"按钮。

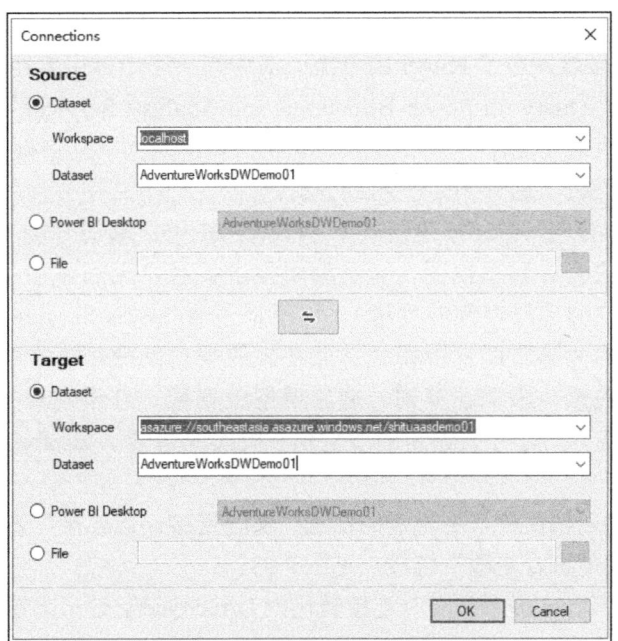

图 7.91　填写目标数据集信息

（3）ALM Toolkit 成功连接了 AAS 目标数据模型，见图 7.92。

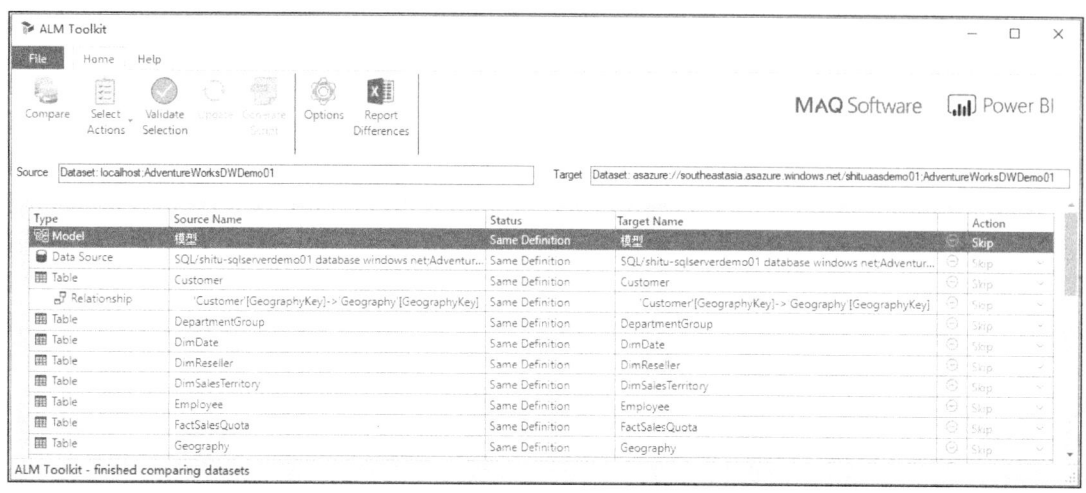

图 7.92　成功对比版本

7.4　在 Analysis Services 中开启全自助分析

2020 年 12 月，微软发布了 Power BI 更新，其中有一个十分引人注目的亮点，官方定义的功能名称为"DirectQuery for Power BI datasets and Analysis Services"（Power BI 数据集和 Analysis Services 的直连功能），这是一个具有里程碑似的重大功能突破。为描述方便，这里将其称为在 Analysis Services 中开启全自助分析。

之前，在 Analysis Services 直连模式下，Power BI 用户端的分析功能会受到一定的限制。例如，用户无法查看数据视图，无法编辑报表关系，无法添加计算列，无法创建模型级度量（用户只能创建报表级的度量）。这限制了 Analysis Services 的自助分析属性，我们且将这种模式称为半自助分析模式。而在新的全自助分析模式中，用户可以查看数据视图，编辑报表关系，添加计算列，创建模型级度量，且该模式支持分析人员以自助方式导入新的数据表，同时可创建新的度量值，极大地增强了 Analysis Services 中的自助分析属性。

（1）沿用之前的示例文件，右下角的信息"实时连接：已连接"表示目前为实时模式，单击旁边的"对此模型进行更改"链接，见图 7.93。

（2）Power BI Desktop 提示从实时连接转化为 DirectQuery 是永久性的。单击"添加本地模型"按钮，见图 7.94。

（3）完成后，图 7.93 所示界面右下角的信息变为"存储模式：DirectQuery"，右击"字段"栏中的"InternetSales"表，选择"新建列"命令，见图 7.95。

7.4 在 Analysis Services 中开启全自助分析 **179**

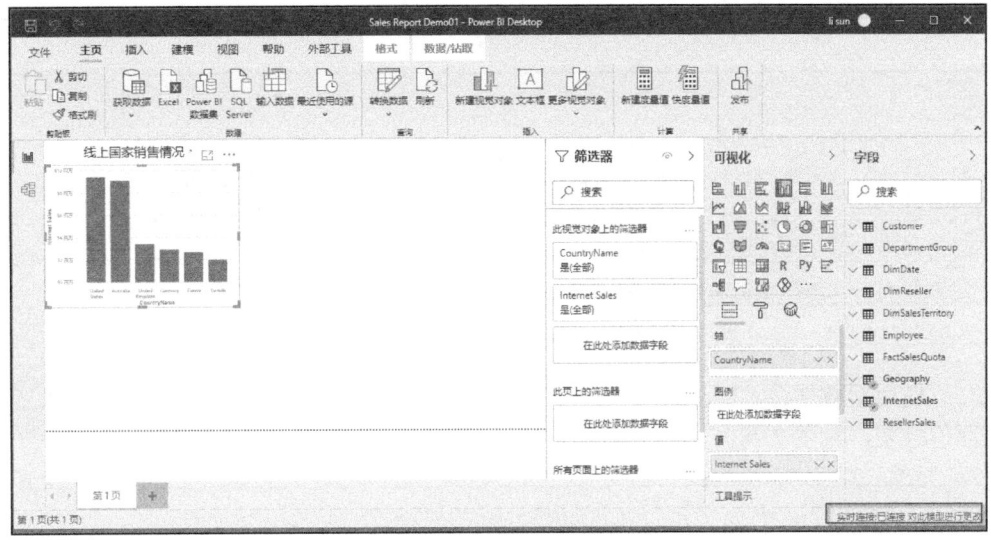

图 7.93 实时连接默认状态

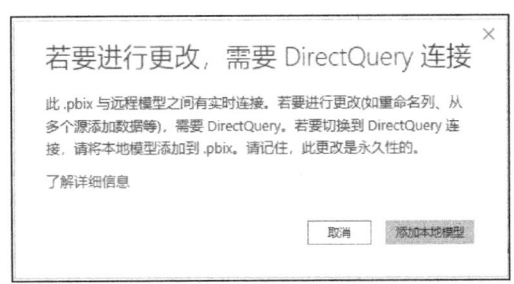

图 7.94 更改实时连接为 DirectQuery

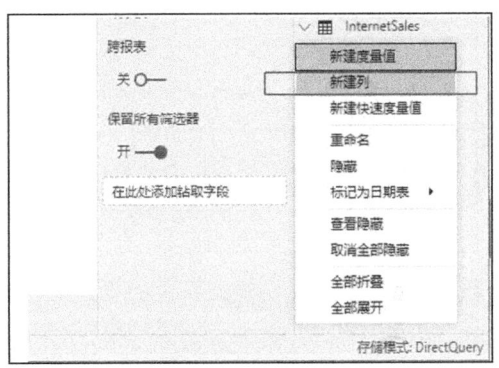

图 7.95 新建列

（4）在"InternetSales"表内可添加新计算字段，见图 7.96。

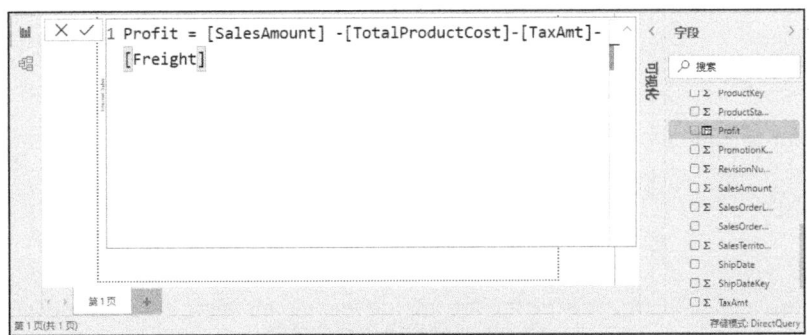

图 7.96 添加新计算字段

注意，新添加的字段并不存在于本地，因此在数据视图下也无法直接查阅结果，见图 7.97。

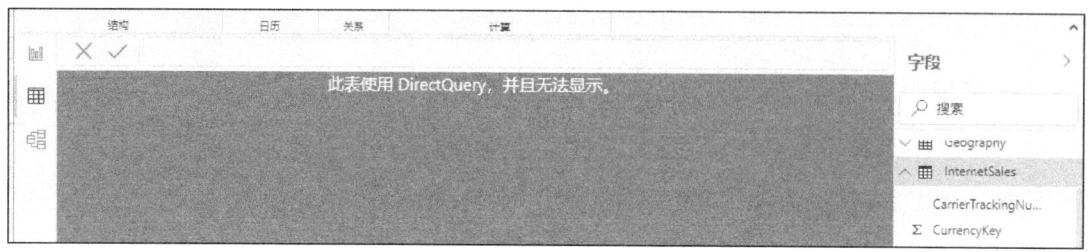

图 7.97　DirectQuery 模式下无法显示此表数据

（5）使用新数据源。DirectQuery 模式下支持连接新的数据源，这里导入一张 CSV 格式的店面信息表，见图 7.98。

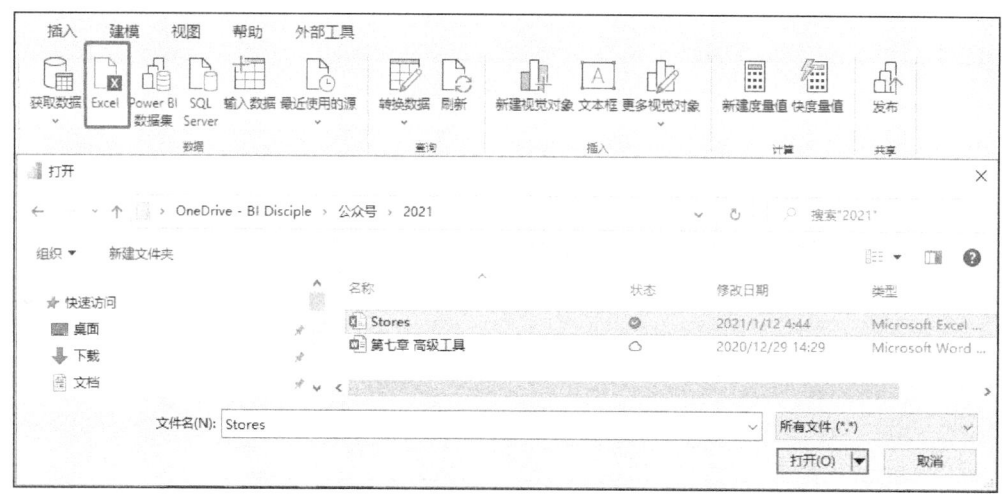

图 7.98　手动导入新数据表

（6）Power BI 会提示潜在安全风险，单击"确定"按钮继续，见图 7.99。

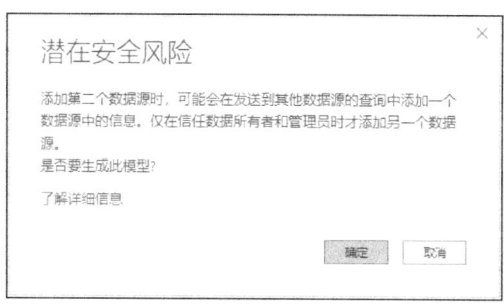

图 7.99　确定潜在安全风险

（7）导入成功后，Power BI 中会出现模型视图。在模型视图中，我们可以设置导入表与 Direct Query 表之间的关联，见图 7.100。

完成设置后，便可以轻松进行自助统计分析了，如查阅美国每个州（来自 Analysis Services 模型的数据）的店铺数量（来自导入 CSV 表的数据），见图 7.101。

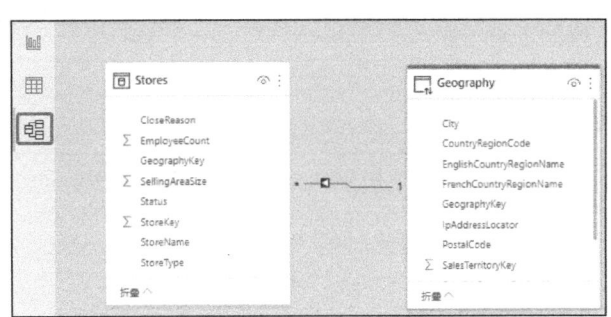

图 7.100　设置导入表与 Direct Query 表之间的关联　　图 7.101　建立新的查询

用户可以根据自己的需求向 Analysis Services 模型中导入新数据源，而不必担心再受到以往的任何限制，这是一个重大的突破。每个分析人员都可以在企业化的 Analysis Services 模型中添加个性化数据模型，这意味着分析人员可以轻易、实时地在企业级数据模型中实现自助分析。

7.5　自动化恢复与暂停 Azure Analysis Services

对比本地 Analysis Services，AAS 的明显优势在于使用者可以按需随时恢复、暂停与调节 SKU 级别，见图 7.102。这对费用的节省是有益的，例如在非繁忙时间可下调 SKU 级别，甚至完全暂停服务，待到工作日再恢复。但需注意，AAS 基本计费的时间单位为小时，即使只使用了一分钟就马上暂停，仍是按 1 小时来收费。

除了手动控制 AAS，用户还可以通过自动化的方式实现对 AAS 的控制。自动化的方式不止一种，本节主要介绍通过 Azure 逻辑应用的方式自动暂停与恢复服务。Azure 逻辑应用是一种自动化管理工具，相当于企业版本的 Power Automate，适用于企业级别的规模部署。

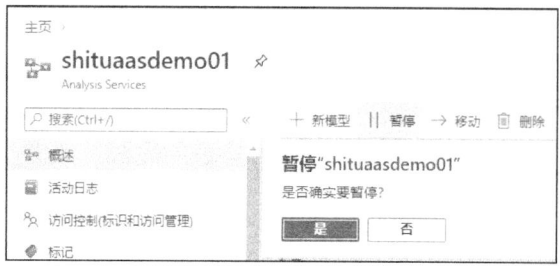

图 7.102　手动暂停服务

7.5.1　启用逻辑应用

（1）在 Azure 官网，通过搜索关键字找到逻辑应用，单击其图标创建第一个逻辑应用，见图 7.103。

（2）填写逻辑应用名称，选择就近的区域，单击"查看+创建"按钮，确认信息后单击"创建"按钮，见图 7.104 与图 7.105。到此我们创建了第

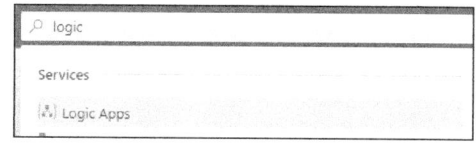

图 7.103　创建第一个逻辑应用

一个逻辑应用，并将其用于自动化服务器的恢复，请确保此时的 Azure Analysis Services 为暂停状态。

图 7.104　填入参数

7.5 自动化恢复与暂停 Azure Analysis Services 183

图 7.105 创建逻辑应用

7.5.2 恢复 Azure Analysis Services

（1）创建完第一个逻辑应用后，进入"Logic Apps 设计器"界面，选择"重复"触发器选项，见图 7.106。

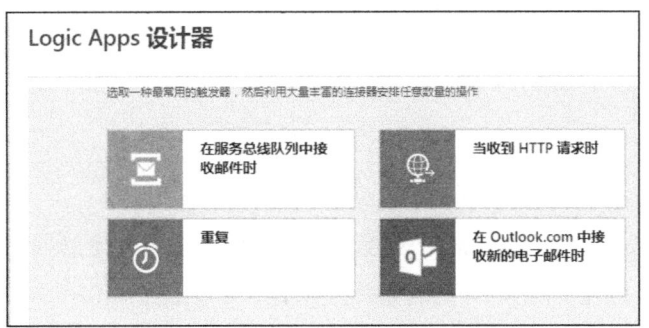

图 7.106 "Logic Apps 设计器"界面

（2）在"Recurrence"（重复）触发器设置界面中，设置触发的条件，如频率、时区、时间等，见图 7.107。

图 7.107 设置重复触发条件

（3）完成后，单击"+新步骤"按钮，见图 7.108。

图 7.108 添加新步骤

(4) 在弹出对话框的搜索框中输入关键字 "Azure Resource Manager"(Azure 资源管理),选择添加 "Azure Resource Manager" 步骤,见图 7.109。

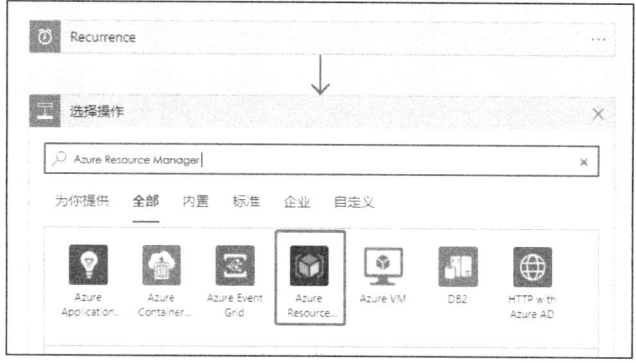

图 7.109 选择 Azure 资源管理

(5) 在 "Azure Resource Manager" 对话框的搜索框中输入关键字 "Invoke",选择 "Invoke resource operation(预览)" 选项,进行调用资源操作,见图 7.110。

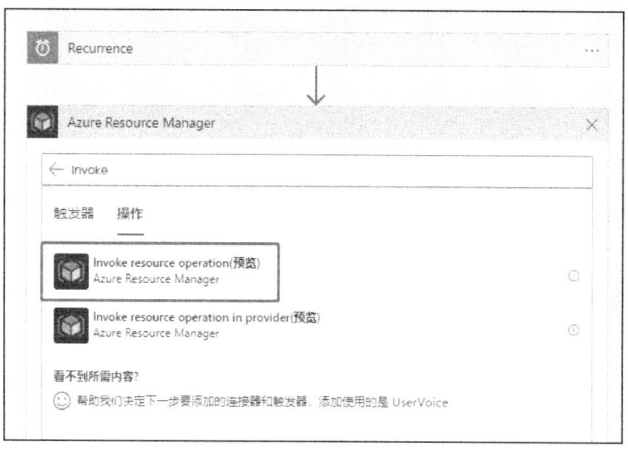

图 7.110 调用资源操作

(6) 添加完成后,需要设置几个参数,见图 7.111。

7.5 自动化恢复与暂停 Azure Analysis Services

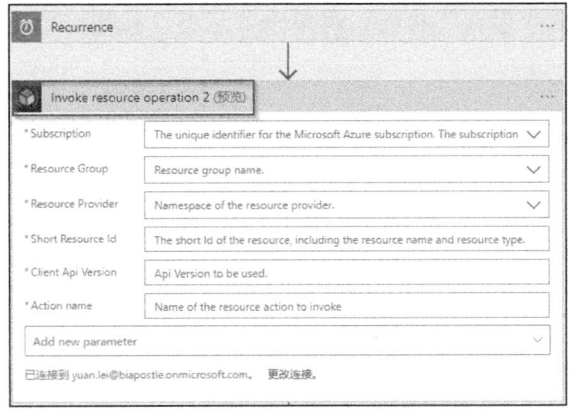

图 7.111 调用资源操作的参数设置

逻辑应用会提示"Subscription""Resource Group""Resource Provider"的可选值,但不会提示"Short Resource Id""Client Api Version""Action name"这 3 个选项的值。通过微软官方网站,我们可以查询到相关参考文档,实际为一段 HTTP 命令字符串,见图 7.112。

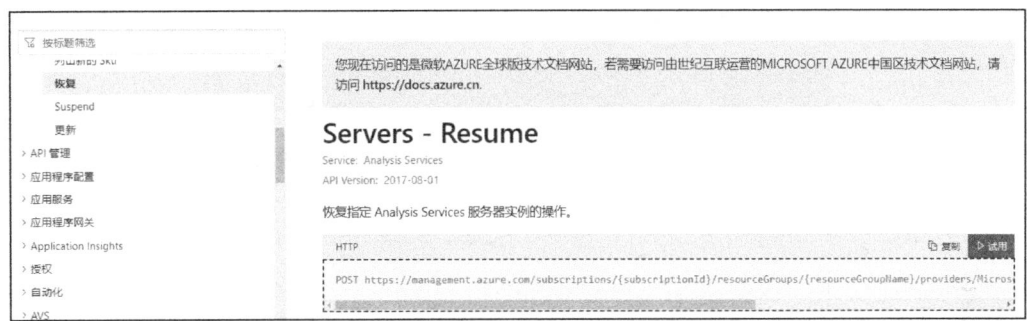

图 7.112 在微软官方网站查询到参考文档

(7)参照图 7.113,选择①、②、③的对应值,再手动输入④、⑤、⑥的值。其中,"resume"为恢复 Analysis Services Server 的操作指令。

图 7.113 按参考文档填入参数值

（8）完成后，单击"保存"按钮，再单击"运行"按钮，尝试运行该自动化脚本，见图 7.114。

图 7.114　试运行该自动化脚本

回到 Azure Analysis Services 界面，可见服务器已经处于启动状态，见图 7.115。

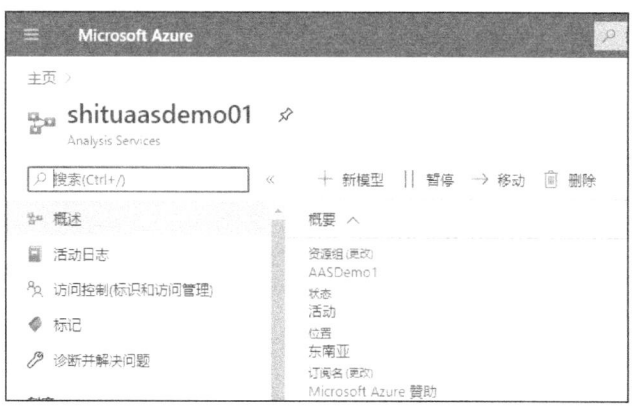

图 7.115　AAS 被逻辑应用开启

7.5.3　暂停 Azure Analysis Services

本小节尝试暂停（Suspend）服务，因为暂停服务脚本与恢复服务的相似，所以我们可直接借用已有的恢复服务脚本来创建暂停服务的脚本。

（1）在第一个逻辑应用服务主界面中单击"克隆"按钮，直接复制，见图 7.116。

（2）在弹出对话框中输入复制逻辑应用脚本的名称，单击"创建"按钮，见图 7.117。

（3）在编辑脚本界面中，将最后的"Action name"的值从原有的"resume"（恢复）改为"suspend"（暂停），单击"保存"按钮，见图 7.118，运行脚本，重新暂停服务。

7.5 自动化恢复与暂停 Azure Analysis Services

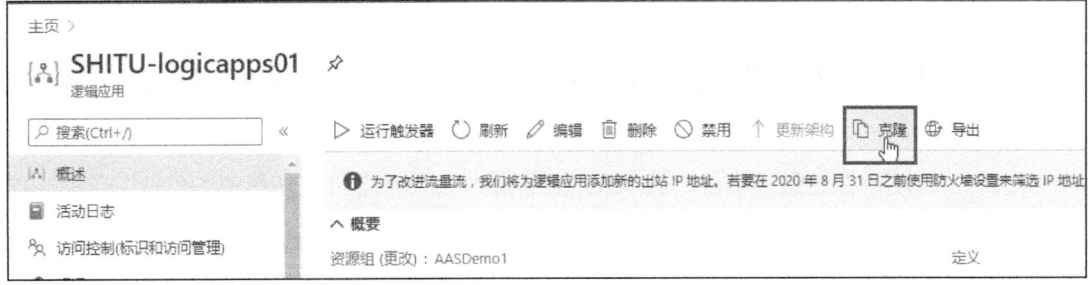

图 7.116 克隆逻辑应用

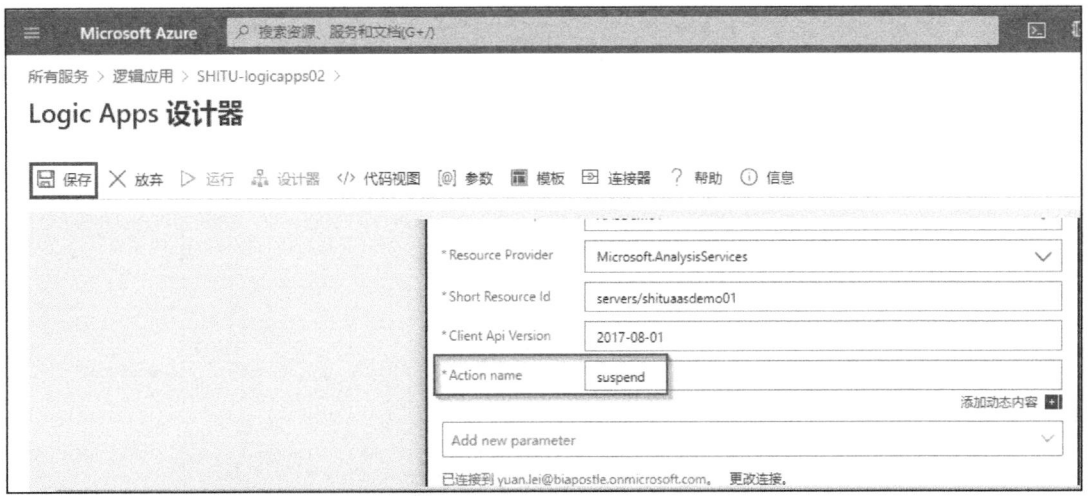

图 7.117 为复制的逻辑应用命名

图 7.118 设置暂停服务命令参数

7.6 自动化升降 Azure Analysis Services 性能级别

AAS 支持动态性能级别调控，在 AAS 主界面中选择"定价层（缩放 QPU）"选项，选择所需要的性能级别，见图 7.119。

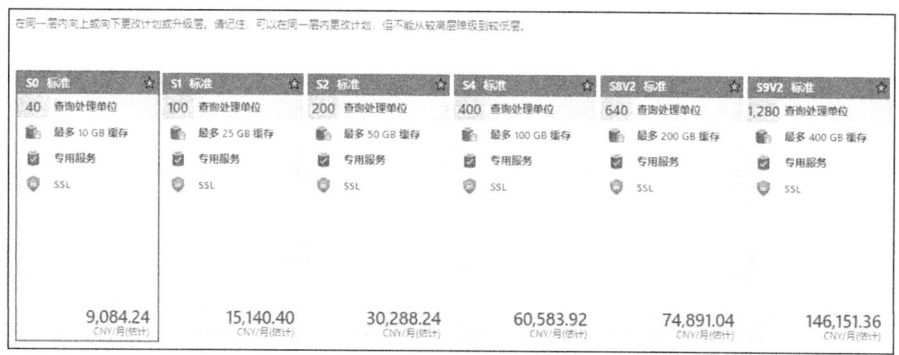

图 7.119　调节 AAS 性能级别

逻辑应用也支持自动化升降性能，这对于经常需要动态调节算力的场景来说非常有用，创建自动化升级的脚本会比前面的例子稍微复杂一点。微软官方网站提供了部分调整性能的脚本，见图 7.120。

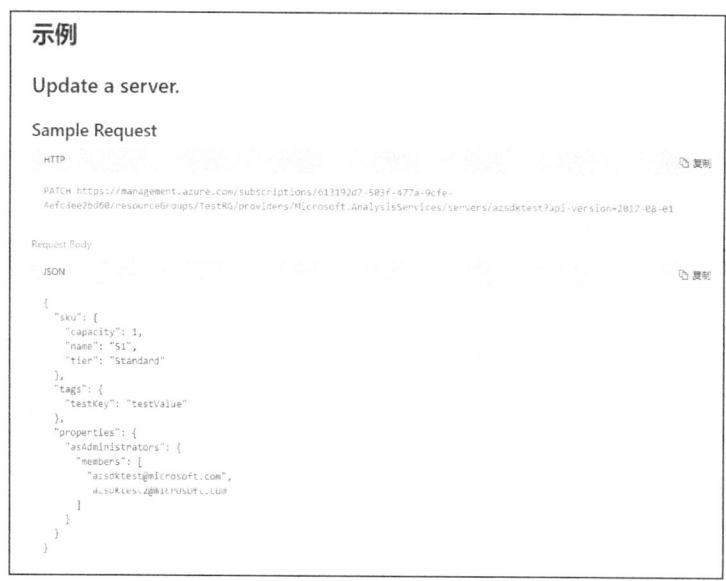

图 7.120　微软官方网站参考文档

7.6 自动化升降 Azure Analysis Services 性能级别

编写算力级别调控的脚本一共有 3 个基本步骤。
（1）创建 Azure 应用主体及相应的授权设置。
（2）通过 HTTP 形式获取应用主体的访问令牌。
（3）通过令牌以 HTTP 形式发送调整性能指令。

7.6.1 创建 Azure 应用主体及相应的授权设置

参照 5.4.1 小节完成以下步骤。

（1）在 Azure 服务主页中单击"Azure Active Directory"（Azure 活动目录）按钮，见图 7.121。

图 7.121　进入 Azure 活动目录

（2）选择"应用注册"选项①，单击"新注册"按钮②，见图 7.122。

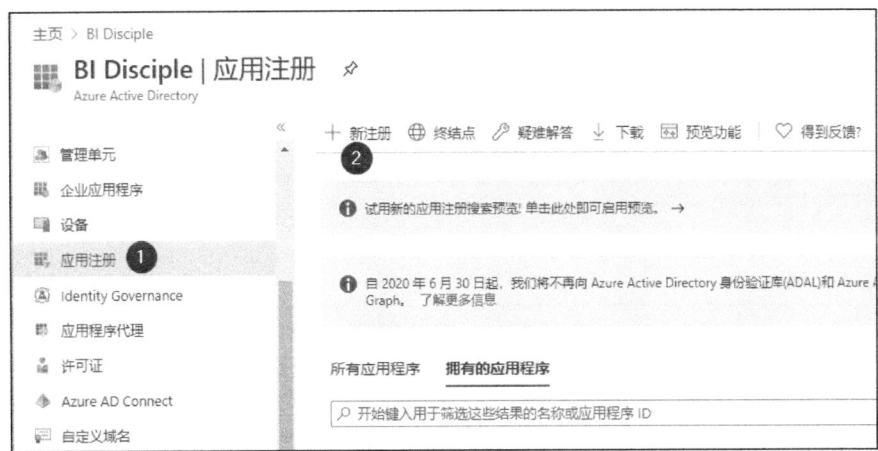

图 7.122　注册新应用（服务主体）

（3）输入应用程序的名称，单击"注册"按钮，见图 7.123。
（4）选择"API 权限"选项①，单击"添加权限"按钮②，选择"Azure Service Management"（Azure 服务管理）选项③，见图 7.124。
（5）在弹出的对话框中勾选"user_impersonation"（用户模拟）复选框，单击"添加权限"按钮，见图 7.125。

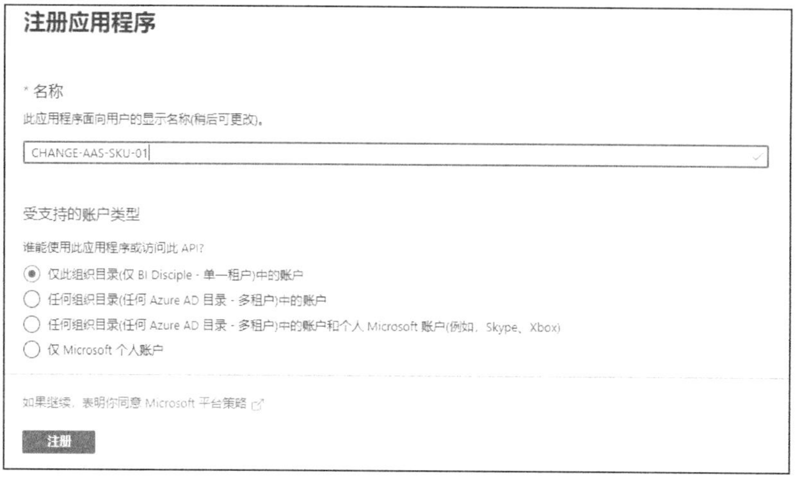

第 7 章 高级开发工具和功能

图 7.123 为新应用命名

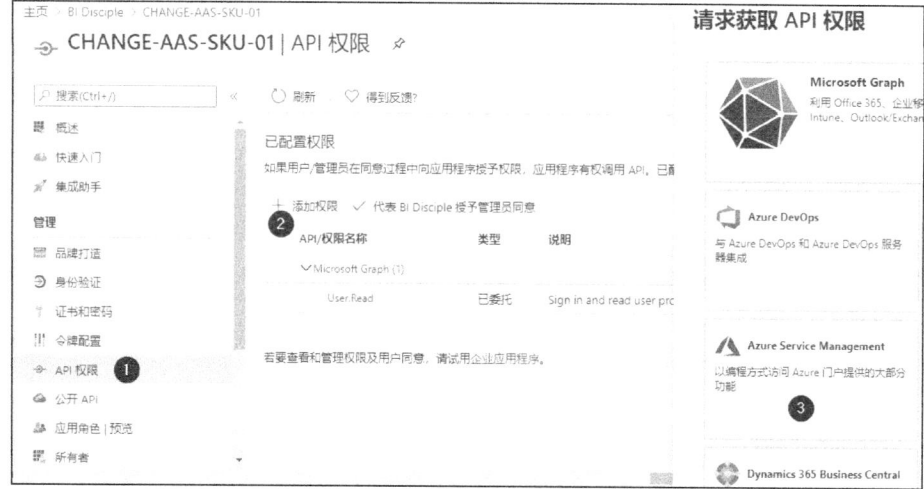

图 7.124 启用 Azure 服务管理的 API 权限

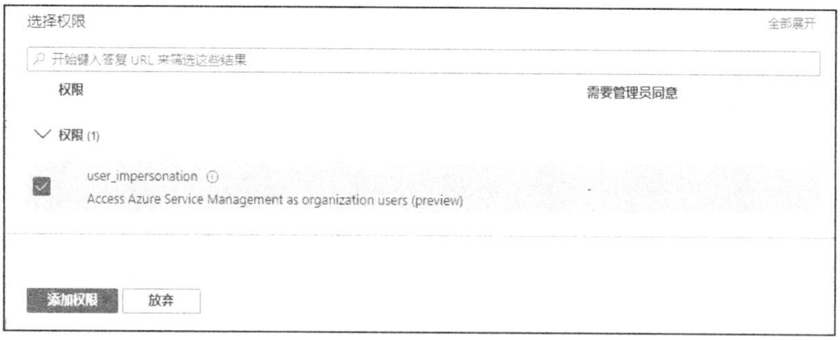

图 7.125 勾选 "user_impersonation" 复选框

（6）单击"代表×××授予管理员同意"按钮①，单击"是"按钮②确认，见图7.126。

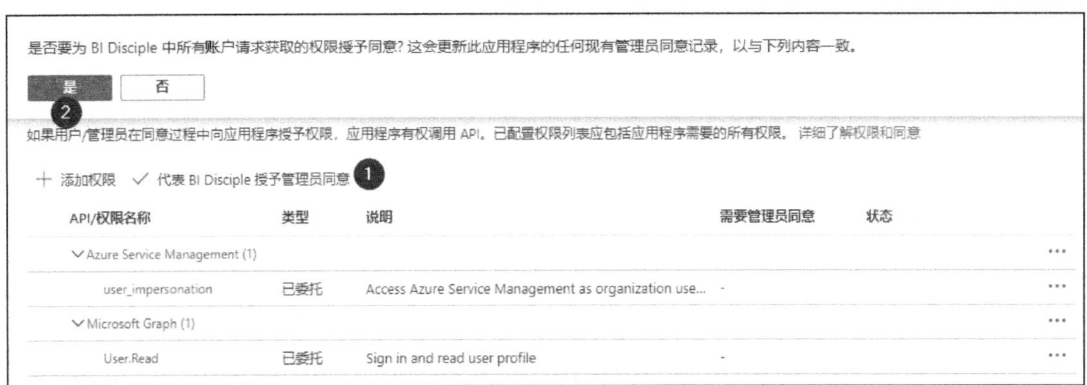

图 7.126 同意授权

（7）回到新创建的服务主体主页中，选择"证书与密码"选项①，单击"新客户端密码"按钮②，单击"添加"按钮③，见图7.127。

图 7.127 为服务主体添加密码

（8）完成后，复制新密码的值（密钥值）并妥善保存，见图7.128。

注意，密钥值随后会默认变成掩码，如果一开始没有妥善保存，今后则无法恢复，必须重建，见图7.129。

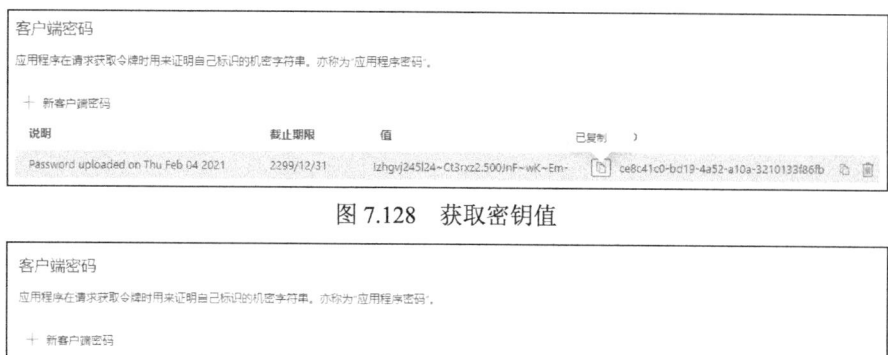

图 7.128 获取密钥值

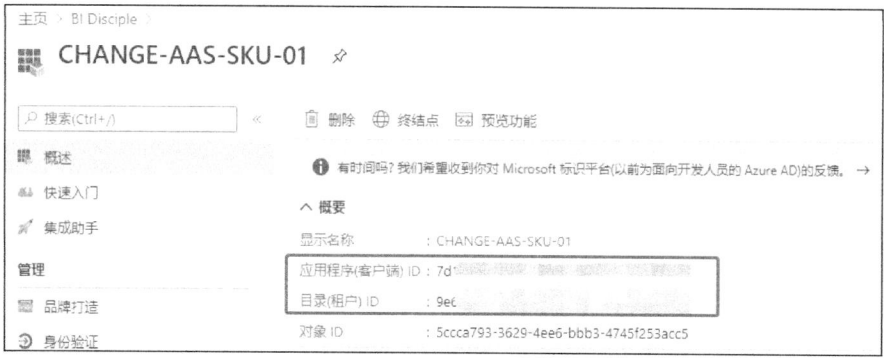

图 7.129 变成掩码的密钥值

（9）除了保存密钥值，还需要保存另外两个值：应用程序（客户端）ID 与目录（租户）ID。这两个值都可以在应用主体的"概要"选项中获取，见图 7.130。

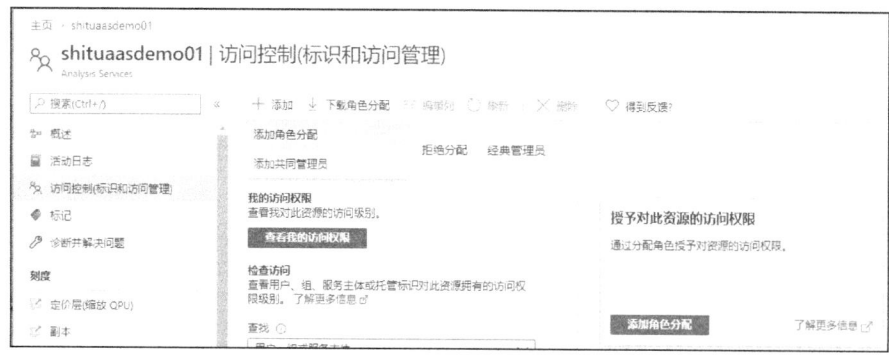

图 7.130 获取应用程序 ID 与目录 ID

（10）在 AAS 主页中选择"访问控制（标识和访问管理）"选项，选择"添加"-"添加角色分配"命令，见图 7.131。

图 7.131 添加角色分配操作

（11）将刚才创建的服务主体添加为"参与者"的角色，单击"保存"按钮，见图 7.132。这一步的目的是让服务主体能向 AAS 发送调级请求。

图 7.132　将刚才创建的服务主体添加为"参与者"的角色

7.6.2　通过 HTTP 形式获取应用主体的访问令牌

（1）参照 7.5.1 小节，创建新的逻辑应用。保留"Recurrence"步骤，添加新步骤"HTTP"，见图 7.133。

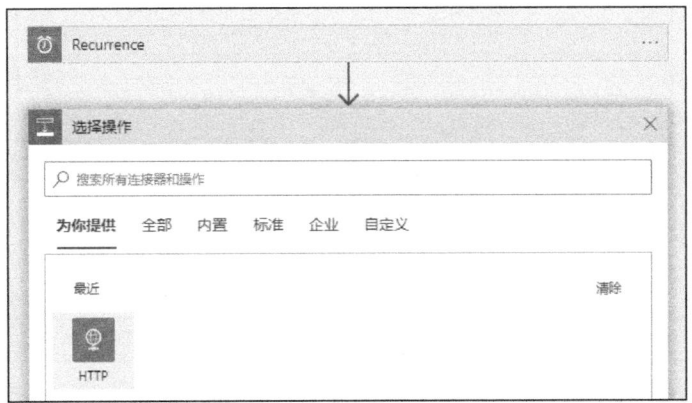

图 7.133　添加新 HTTP 步骤

注意：为便于理解，用户可以单击步骤旁的"…"按钮，选择重命名步骤（此为可选操作）并自行替换，见图 7.134。

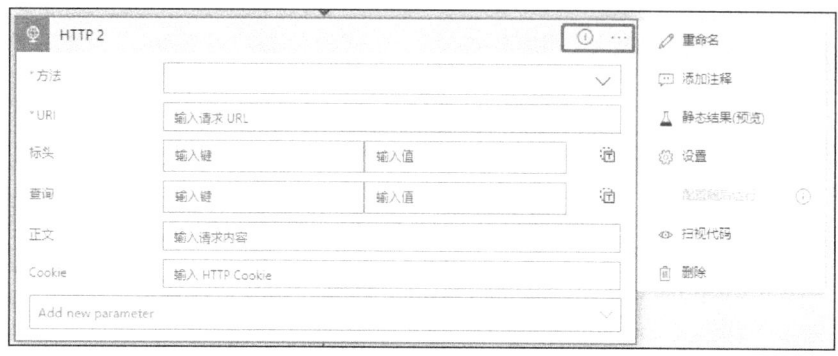

图 7.134　重命名步骤

（2）设置步骤时有 4 个参数需要填写，分别是方法①、URI②、标头③、正文④。填写详情见图 7.135。

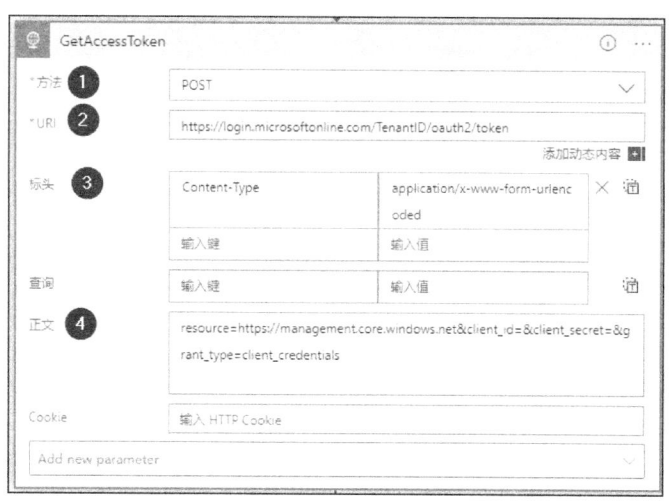

图 7.135　填写获取访问令牌的参数

（3）此时需要将部分变量进行替换/补充，见表 7.1。替换/补充完成结果见图 7.136。

表 7.1　API 指令中的变量替换/补充表

原字符串	替换/补充为
TenantID	目录 ID
client_id=	应用程序 ID
client_secret=	密码值

7.6 自动化升降 Azure Analysis Services 性能级别　　**195**

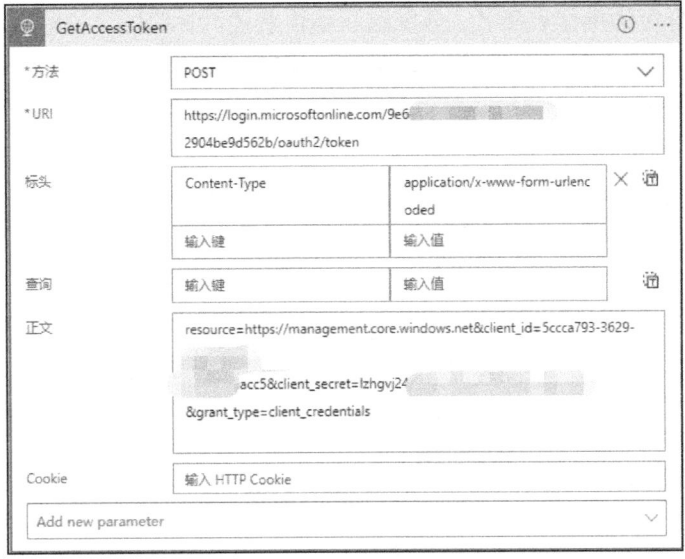

图 7.136　替换/补充值

7.6.3　通过令牌以 HTTP 形式发送调整性能指令

HTTP Post 会返回一个令牌字符串，因此需要设置一个变量接收令牌字符串。

（1）添加一个"初始化变量"操作，见图 7.137。

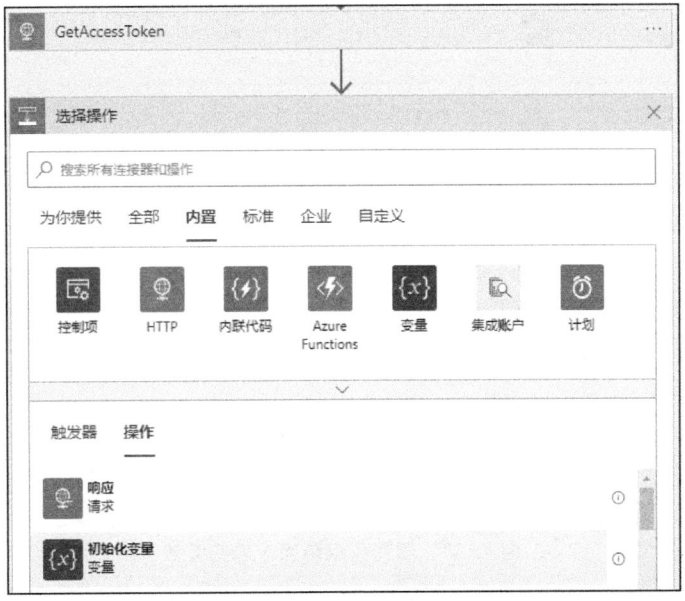

图 7.137　添加"初始化变量"操作

（2）此处同样可为操作重命名，方法这里不再赘述。参照图 7.138 所示为变量重命名，"类型"选择"字符串"，在"值"文本框中输入字符串"@{body('GetAccessToken')?['access_token']}"，逻辑应用会将字符串自动转换为图标，见图 7.138。通过此步操作，将令牌值赋予变量"access_token"。

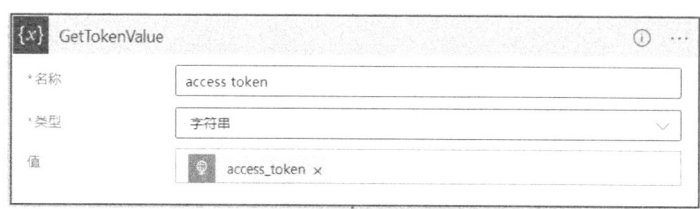

图 7.138　填入参数

（3）重复之前添加 HTTP 步骤的操作，添加另一个 HTTP 步骤。参照图 7.139 所示，填写相应的参数。

图 7.139　填写获取访问令牌的参数

（4）逻辑应用会将字符串"@{variables('access token')}"自动转换为图标，见图 7.140。

7.6 自动化升降 Azure Analysis Services 性能级别

图 7.140 逻辑应用自动识别变量

完成上述操作后,脚本应该包含图 7.141 中的步骤。

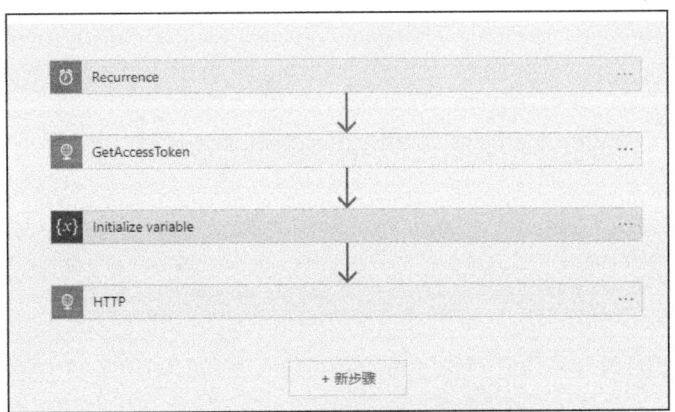

图 7.141 最后完成的脚本步骤示例

(5)运行脚本后,返回 AAS 界面中,可以观察到"定价层"的信息已经变成"B1",即脚本的信息。注意,这时 AAS 服务器仍然为暂停状态,所以性能调控不受开机状态的影响,见图 7.142。

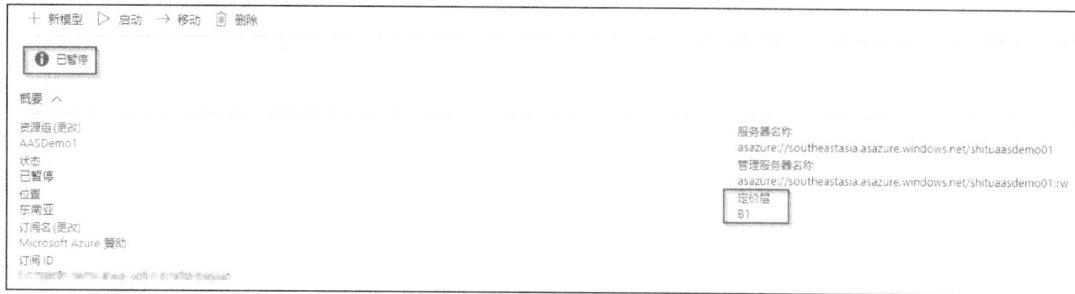

图 7.142　算力升级为 B1

以上是简单的示例过程,该脚本直接使用服务主体的 ID 与密码。在真实企业环境中,更提倡使用密码保管库(Key Vault)保存服务主体(Service Principle)的密码信息,从而提升安全的等级。

本章小结

本章介绍了有关 DAX 模型的高级开发工具与功能,包括用于 DAX 语言开发的 DAX Studio、用于 DAX 模型开发的 Tabular Editor、用于模型版本管理的 ALM Toolkit,同时还介绍了在 Analysis Services 中开启自助模式的操作,以及 Azure Analysis Services 的自动化恢复、暂停与升级功能。

第 8 章　Azure Analysis Services 使用案例

通过前面几章的学习，大家对于如何启用 AAS 以及相应的开发和建模有了具体了解。相信大家一定也想知道在实际的企业级应用中，是如何使用 AAS。因为 AAS 是 Azure 云端的一个数据服务，它必然会和其他 Azure 服务相结合，一起来完成整个业务逻辑和数据闭环。下面我们会介绍 3 个不同行业的案例供大家参考。

8.1　医疗行业案例

这是一家国际领先的医疗仪器制造商，在中国、欧洲、美洲等国家/地区设有 60 余个分支机构，产品遍布全球 190 多个国家。随着数据量增大，业务系统增多，原来用 Excel 处理分析数据的方式越来越不能满足需求。另外，由于常年在外找客户的医药代表众多，迫切需要移动端的数据分析解决方案与企业微信做集成。

8.1.1　项目目标

企业面临挑战如下。
（1）数据来源于多个系统，数据源分散。
（2）手工处理报表效率低，出错率高。
（3）终端用户多，需要移动端报表。
为了实现企业数据化管理，一线医药代表实现自助式分析，企业设置战略目标：建设数据仓库。具体目标如下。
（1）打造企业级数据仓库，整合所有市场相关数据，消除数据孤岛。
（2）每天自动化生成最新报表，洞察企业经营状况，精细管理库存。
（3）报表嵌入企业微信，无论何时何地，打开手机就能看到最新数据。
（4）精细控制报表权限和数据权限，每个人能看到的报表不同，并且在同一张报表中看到的数据不同。

8.1.2 解决方案

（1）通过 Azure Data Factory，Azure Synapse Analytics，AAS，Power BI Embedded，实现多数据源聚合分析。

（2）每天自动刷新，实现全员 BI，提高企业的生产效率。

其 Azure 解决方案架构图如图 8.1 所示。

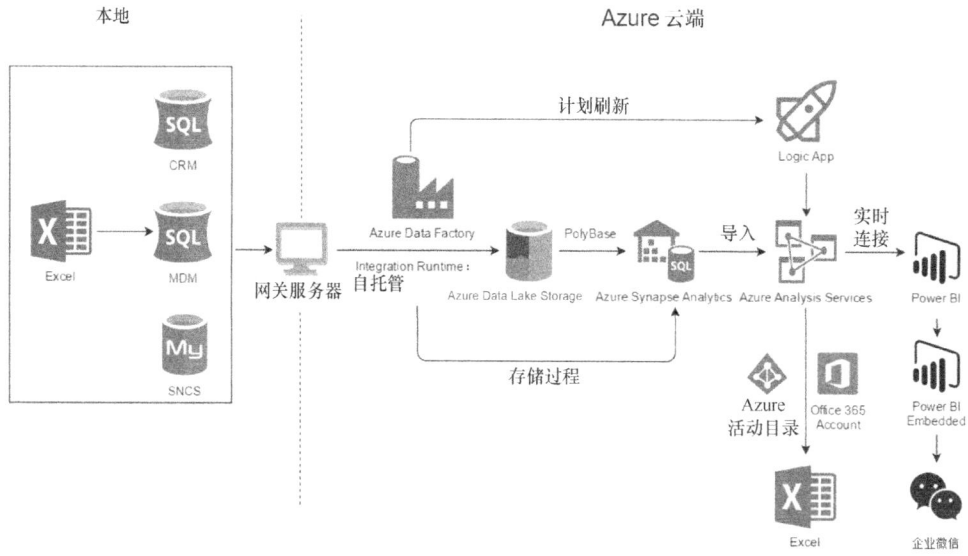

图 8.1　Azure 解决方案架构图 1

8.1.3 实现价值

（1）利用 AAS 提供自助分析模型，业务人员使用 Excel 或 Power BI 连接模型后可直接生成数据透视表，拖拽字段进行自助分析见图 8.2。

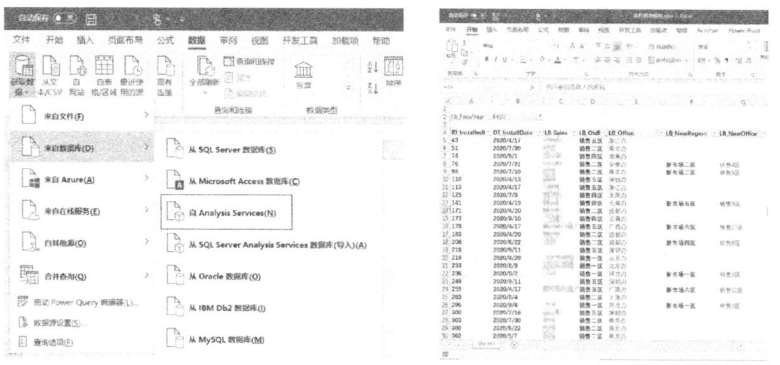

图 8.2　用 Excel 连接 AAS

（2）可根据登录账号实现对数据的权限控制。
（3）业务人员将花费更多的时间在分析数据背后的商业价值，而不是处理数据上。
（4）AAS 提供预计算功能，连接 AAS 生成报表的速度比直接连接数据源要快 5~10 倍，从而使业务人员非常满意。

8.2 零售行业案例

这是一家高度多元化的环球集团，该集团从事食物生产及经销业务。目前集团旗下企业在食物链中从初级生产到加工处理、物流及经销等多个环节，均扮演着重要的角色。企业内部超过 50%用户的数据分析需求日益膨胀，各生产、供应、销售、采购等职能部门每天产生上百万乃至千万条业务数据，存储分析难度大，IT 人员压力繁重，需要一套敏捷的 BI 分析产品快速响应业务需求。

8.2.1 项目目标

企业面临挑战如下。
（1）数据分析效率和准确性面临很大挑战，不一致的分析结果困扰领导快速做出决策。
（2）即使有一些系统模块的帮助，每月仍需要手工处理几百张门店执行报表。
（3）企业有上万人，使用着不同的数据分析产品和不同的云平台，相互之间难以协作，成本较高。

企业迫切需要在国内建立统一的数据分析门户平台，完善分析方法，统一数据出口，丰富报表内容，提升查询效率，实现统一平台、统一服务、分布式开发、全员数据分析。

8.2.2 解决方案

（1）通过 Power BI Embedded、Azure Synapse Analytics、AAS、Azure Data Factory、Azure Data Lake、Azure 应用服务，将原来分散在不同环境的数据集成起来。
（2）进入 Azure Data Warehouse（Azure DW），对于大部分可以改造成表格模型的分析服务使用 Azure Analysis Service，注意必须使用多维模型建立 SSAS 虚拟机（将虚拟机从友商的云环境迁至 Azure）。
（3）构建统一企业报表门户站点（Report Portal）。

其 Azure 解决方案架构图如图 8.3 所示。

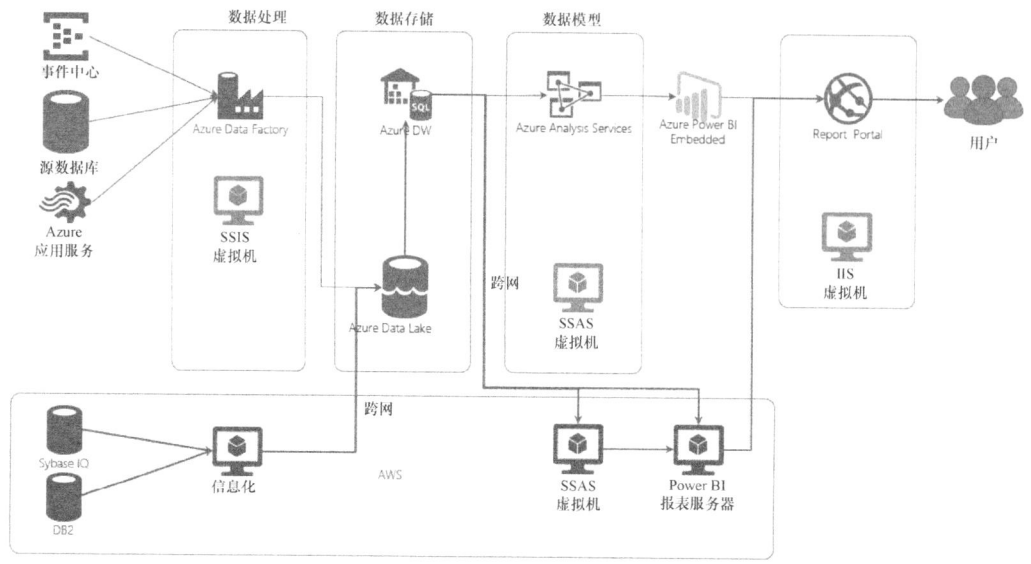

图 8.3　Azure 解决方案架构图 2

8.2.3　实现价值

（1）通过内置规则和建立标准报表，提升 70% 的工作效率；使用 Power BI 报表服务器，降低开发难度，可以用同样的资源输出更多的分析报告，为全员数据分析提供基础。

（2）使用 AAS 和 Power BI Embedded 服务帮助用户提高 Power BI 的访问速度。

（3）帮助用户实现企业统一的数据门户入口，桌面端与移动端企业微信集成 Power BI 报表，方便用户办公自动化、一体化。

（4）节省成本，提高协作效率。

8.3　地产行业案例

某企业是全国最具实力的综合性房地产开发企业之一，总土地储备超 2000 万平方米，该企业业务范围已战略性布局到国内最具活力的经济带，扩张至全国数十个一线和二线城市。在数字化转型的浪潮中，该企业积累了海量数据基础，这对于企业来说却是把双刃剑：数据量越大，能够获取的数据价值就越大；但是如果没有强大的数据分析能力，海量数据也会成为企业高效决策的障碍。

8.3.1 项目目标

现有企业内网中搭建的数据仓库及 BI 平台在面对日益增长的分析需求时,面临着扩容慢、计算资源不足的各种难题,因此需要一套可以快速部署、快速扩容的公有云数据仓库平台,同时需要满足以下目标。

(1)可以将现有本地数据仓库架构平滑迁移至公有云平台。

(2)不对现有已开发完成的数据仓库、模型、报表进行大量改动。

(3)建立国内数据快速分析平台,规范分析方法,统一数据出口,推动质量问题的快速识别与改进。

8.3.2 解决方案

Azure 数据平台能够完美兼容现有的私有云数据仓库与 BI 平台,同时可以实现便捷的扩容。其 Azure 解决方案架构图如图 8.4 所示。

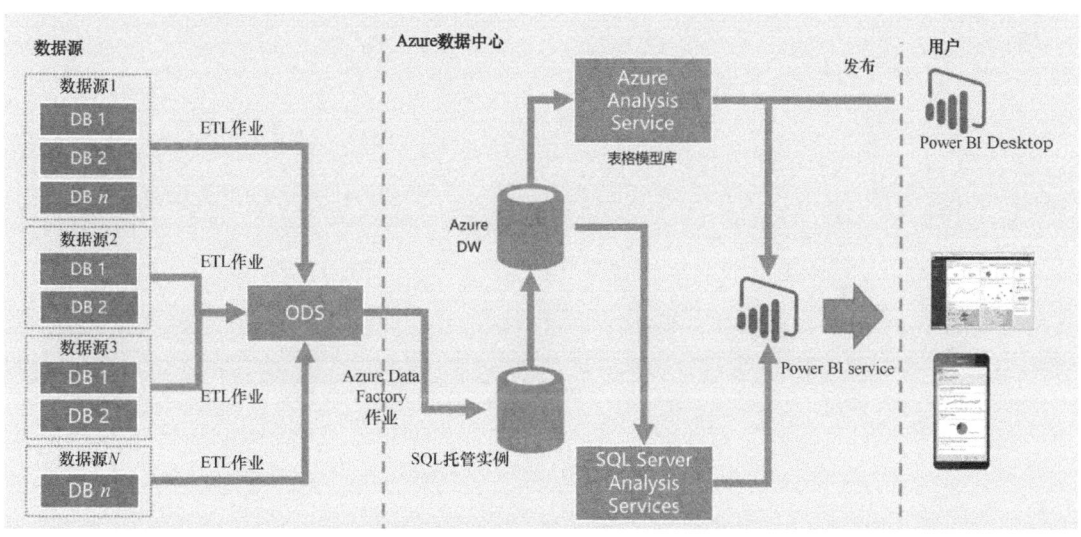

图 8.4 Azure 解决方案架构图 3

(1)使用 Azure Data Factory 实现本地数据与 Azure 云端数据的定期同步,及操作性数据仓库(Operation Data Store,ODS)到数据仓库的数据准备。

(2)使用 Azure Synapse Analytics 作为数据仓库。

(3)使用 Azure SQL MI(托管实例)作为云端的操作性数据仓库。

(4)使用 AAS 作为数据模型分析工具。

(5)使用 Power BI 作为报表开发工具。

(6)使用 Azure DB Migration Services 将本地操作性数据仓库还原至 Azure SQL MI。

8.3.3 实现价值

（1）通过 Azure 的各类服务，平滑地将本地的数据仓库与 BI 平台迁移至 Azure 平台。

（2）AAS 加快了报表获取的速度，提升分析数据的部门对数据的洞察力。

（3）通过监控平台，有效地监控了平台的使用效率和费用，达到资源的最高利用率。

（4）原有 ETL 作业（ETL Job）太多，迁移周期过长。通过使用 Azure Data Factory，有效地减少了原始数据同步的作业数量，使后续管理更加方便。

本章小结

本章介绍了有关 Azure Analysis Services 在 3 个行业的使用案例，帮助读者了解在实际环境中 Azure Analysis Services 的部署架构以及对于企业的价值。

第 9 章 拓展：Azure Data Services

通过上一章的案例介绍，大家应该对 Azure Analysis Services 有了更深的了解，几个案例里面也包含了其他 Azure Data Services（ADS）的重要组件，这些案例在微软内部可以归结为现代数据仓库（Modern Data Warehouse）的场景。下面我们给大家再聊聊现代数据仓库和其中的重要 ADS 组件。

9.1 现代数据仓库

随着云计算的普及和数据技术的发展，微软对现代数据仓库做了一个定义：可让用户轻松汇集各种规模的数据，并通过仪表板分析的方式，提供给用户高级分析功能，帮助其产生自己的见解。

9.1.1 现代数据仓库之 Azure 经典架构

在图 9.1 中，大家可以清晰地看到数据流向。

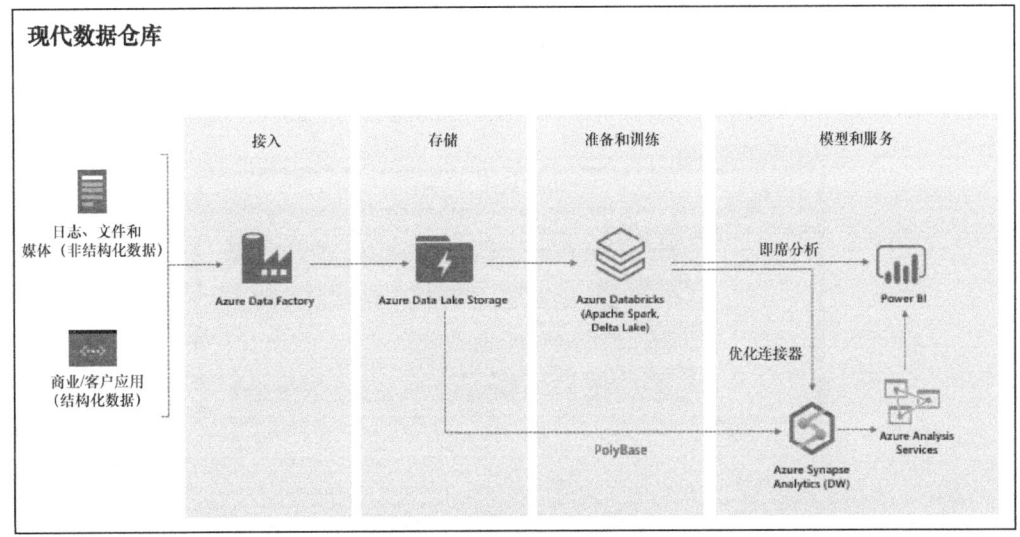

图 9.1 现代数据仓库架构图

（1）将你所有的结构化、非结构化数据通过 Azure Data Factory 存储到 Azure Data Lake Storage。

（2）一部分已准备和转换的数据可通过 PolyBase 移动至 Azure Synapse Analytics，与现有结构化数据相结合。

（3）另一部分的数据通过 Azure Databricks 强大的计算和扩展能力进行数据准备，再利用优化连接器，将数据大规模地加载到 Azure Synapse Analytics。

（4）基于 Azure Synapse Analytics 和 Azure Analysis Services，客户可以使用 Power BI 生成客制化报表，从而提升洞察力。当然 Azure Databricks 也支持 Power BI 的临时查询。

对于提到的两个新名词，Azure Synapse Analytics 与 Azure Databricks，我们接下来会做简要介绍。

9.1.2 Azure Synapse Analytics 简介

Azure Synapse Analytics 这个名词有两个概念，一个是指原来的 Azure SQL 数据仓库，另一个是指无限制的企业分析服务。它将企业数据仓库和大数据分析结合在一起，可以缩短在数据仓库和大数据系统中进行见解提取的时间。Azure Synapse Analytics 汇集了企业数据仓库中所用 SQL 技术的精华、用于大数据的 Spark 技术、用于数据集成和 ETL/ELT 的管道，并与其他 Azure 服务（Power BI、CosmosDB 和 AzureML）深度集成。为了避免混淆，现在更多的用 Azure Synapse Analytics 中专用 SQL 池（Dedicated SQL Pool）来代表 Azure SQL 数据仓库。

大家对专用 SQL 池也就是原来的 Azure SQL 数据仓库应该比较熟悉了，这是一个大规模并行处理（Massively Parallel Processing，MPP）架构的云数据仓库。这里不再进行赘述。我们给大家介绍一下新的 Azure Synapse Analytics 分析平台，如图 9.2 所示。

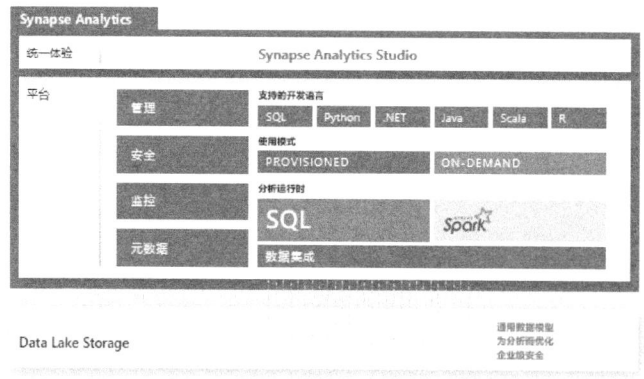

图 9.2 Azure Synapse Analytics 的组成

最底层是 Azure Data Lake Storage，上面可以存放各类结构化或非结构化的数据，SQL 和 Spark 运行时可同时使用上面的文件。

数据集成就是 ETL 工具，Azure Synapse Analytics 包含了与 Azure Data Factory 相同的数据集成引擎和体验，使你可以创建丰富的大规模 ETL 管道，而无需离开 Azure Synapse Analytics。数据集成主要包含以下特性。

- 从 90 多个数据源引入数据。
- 使用数据流活动的无代码 ETL。
- 协调笔记本、Spark 作业、存储过程、SQL 脚本等。

SQL 运行时是 T-SQL 的分布式查询系统，它实现了数据仓库和数据虚拟化方案，还扩展了 T-SQL 来应对流式处理和机器学习方案，同时提供了"无服务器"和"专用"资源模型。若要使性能和成本可预测，可以创建专用 SQL 池，以保留对 SQL 表中存储的数据进行处理的能力。对于计划外或突发性的工作负荷，请使用始终可用的无服务器 SQL 终结点。

Spark 运行时无缝地集成了 Apache Spark，用于数据准备、数据工程、ETL 和机器学习的最流行的开源大数据引擎。Spark 运行时主要包含以下特性。

- Apache Spark 2.4 集成了 SparkML 算法和 AzureML 的 ML 模型，原生支持 Delta Lake。
- 简化的资源模型使你无需担心群集的管理。
- Spark 可以快速启动并主动自动缩放。
- 原生支持.NET for Spark，使你能够在 Spark 应用程序中重复利用自己的 C#专业知识和现有的.Net 代码。

最上层的统一体验是 Azure Synapse Analytics Studio，为企业提供了一种单一方法来生成解决方案、维护和保护单一用户体验中的所有内容。Azure Synapse Analytics Studio 主要包含以下特性。

- 执行关键任务：引入、浏览、准备、编排、可视化。
- 监视 SQL 与 Spark 中的资源、使用情况和用户。
- 使用基于角色的访问控制来简化对分析资源的访问。
- 编写 SQL 或 Spark 代码，并与企业 CI/CD 过程集成。

Azure Synapse Analytics Studio 支持各类主流开发语言，包括 SQL、Python、Scala、Java、R 和.Net

接下来我们来看一下 Azure Synapse Analytics Studio 的首页，如图 9.3 所示，左边工具栏有开发、设置、监控等按钮。

单击左侧的监控 图标，并选择 "SQL pools" 可以看到有系统内置的无服务器池（Serverless pool）和专用 SQL 池（Dedicated SQL pool）及其规格和状态，见图 9.4。

单击左侧的开发 图标，并展开 "SQL scripts" 可以看到撰写的各种 SQL 脚本，运行时需要连接相应 SQL 池及数据库，见图 9.5。

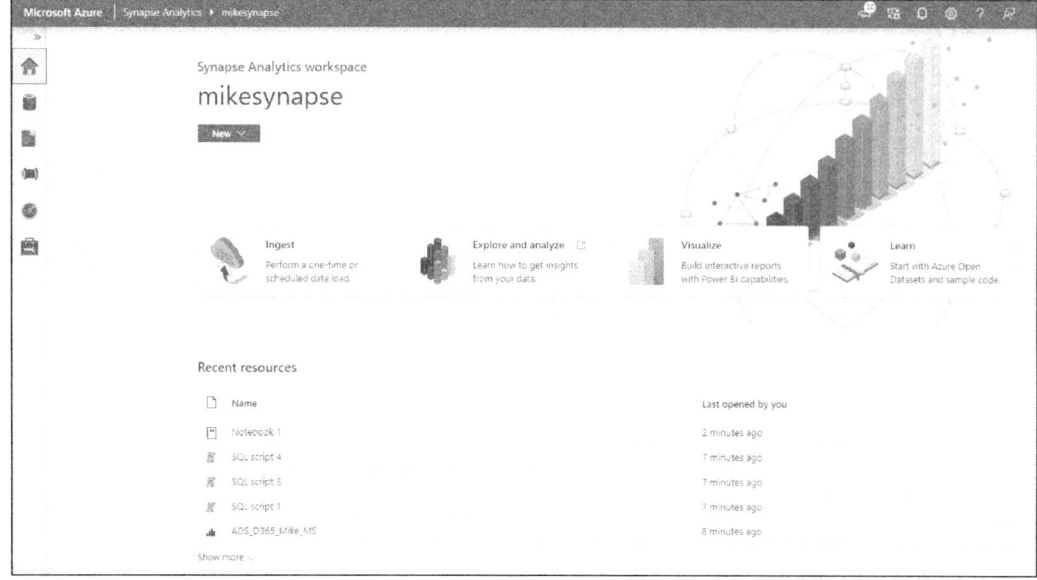

图 9.3　Azure Synapse Analytics Studio 首页

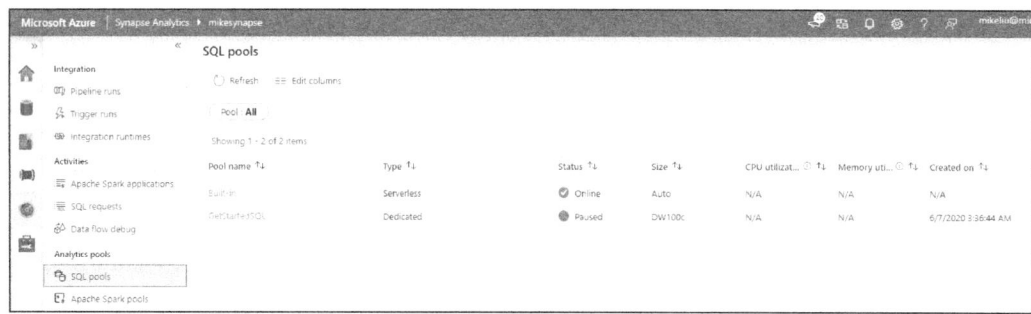

图 9.4　SQL 池（SQL pools）

图 9.5　运行 SQL 脚本（SQL scripts）

9.1 现代数据仓库　　**209**

展开 Power BI，可以看到开发的各种报表，Power BI Desktop 也集成进来了，见图 9.6。

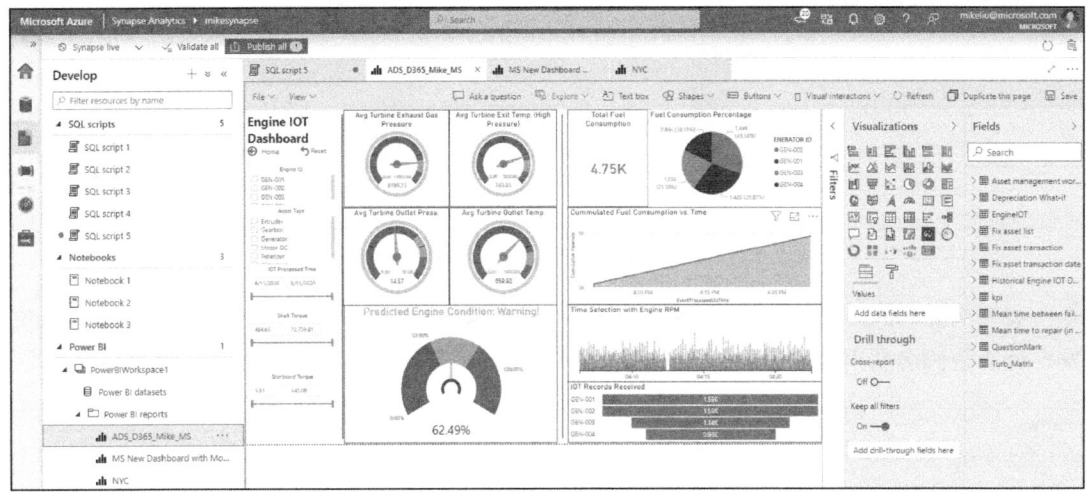

图 9.6　内嵌 Power BI Desktop

SQL 脚本的查询结果可以以表格方式展现，见图 9.7。

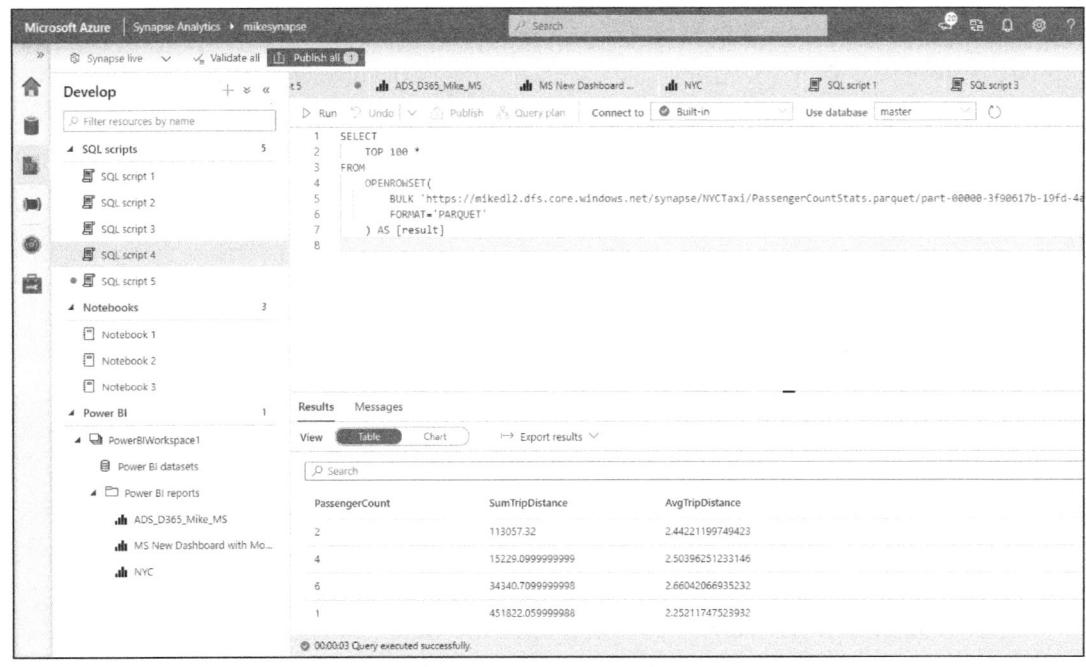

图 9.7　表格方式呈现结果

也可以选择图表方式做可视化，见图 9.8。

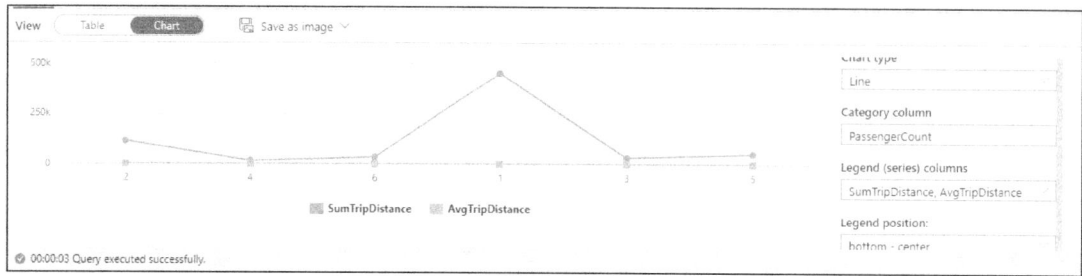

图 9.8 图表方式呈现结果

展开 Notebook，可以使用 Python、Scala、C#、SparkSQL 进行高级分析和机器学习的开发，计算资源会利用 Spark 池，见图 9.9。

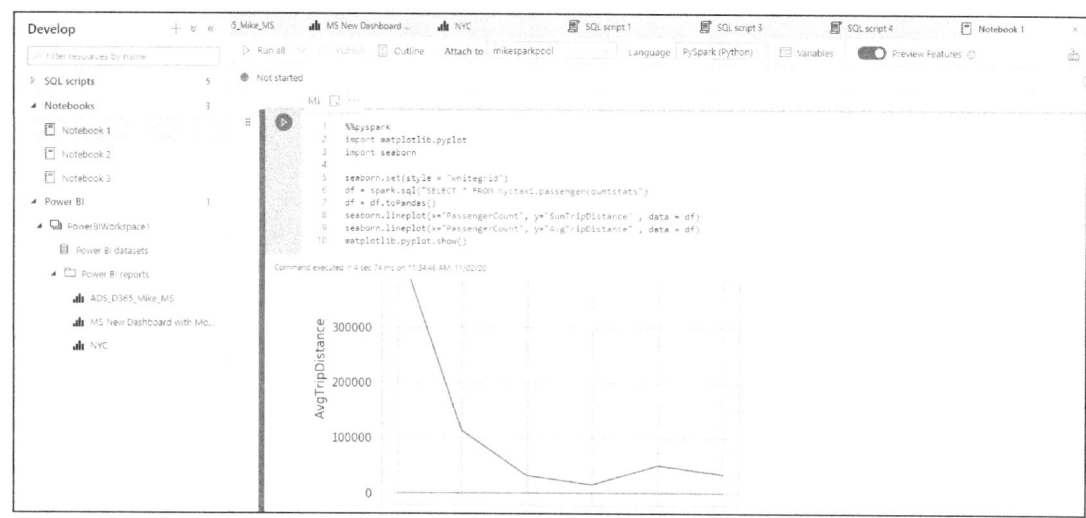

图 9.9 高级分析并作图

9.1.3 Azure Databricks 简介

Azure Databricks 是一个已针对 Microsoft Azure 云服务平台进行优化的数据分析平台。和其他友商不同，这是微软推出的第一方服务。Azure Databricks 提供了两种用于开发数据密集型应用程序的环境：Azure Databricks SQL Analytics 和 Azure Databricks 工作区。

Azure Databricks SQL Analytics 为想要针对 Azure Data Lake 运行 SQL 查询，创建多种可视化类型，以从不同角度探索查询结果，以及为想要生成和共享仪表板的分析员提供了一个易于使用的平台。

Azure Databricks 工作区提供了一个交互工作区，支持数据工程师、数据科学家和机器学习工程师之间的协作。使用大数据管道时，原始或结构化的数据将通过 Azure Data Factory 以批的形式引入 Azure，或者通过 Apache Kafka、事件中心（Event Hub）或 IoT 中心进行准实时的流式传输。此数据将驻留在 Delta Lake、Azure Blob 存储或 Azure Data Lake Storage 中。在分析工作流中，使用 Azure Databricks 从多个数据源读取数据，并使用 Spark 将数据转换为突破性见解。

下面我们简单看一下操作界面。

（1）在 Azure 门户站点中，选择 Create a resource（新建资源）。搜索 Azure Databricks，输入"Resource group"（资源组名称）、"Workspace name"（工作区名称）、"Region"（区域）和"Pricing Tier"（价格层，有标准、高级及试用）。然后单击"Review+create"，创建 Azure Databricks 工作区，见图 9.10。

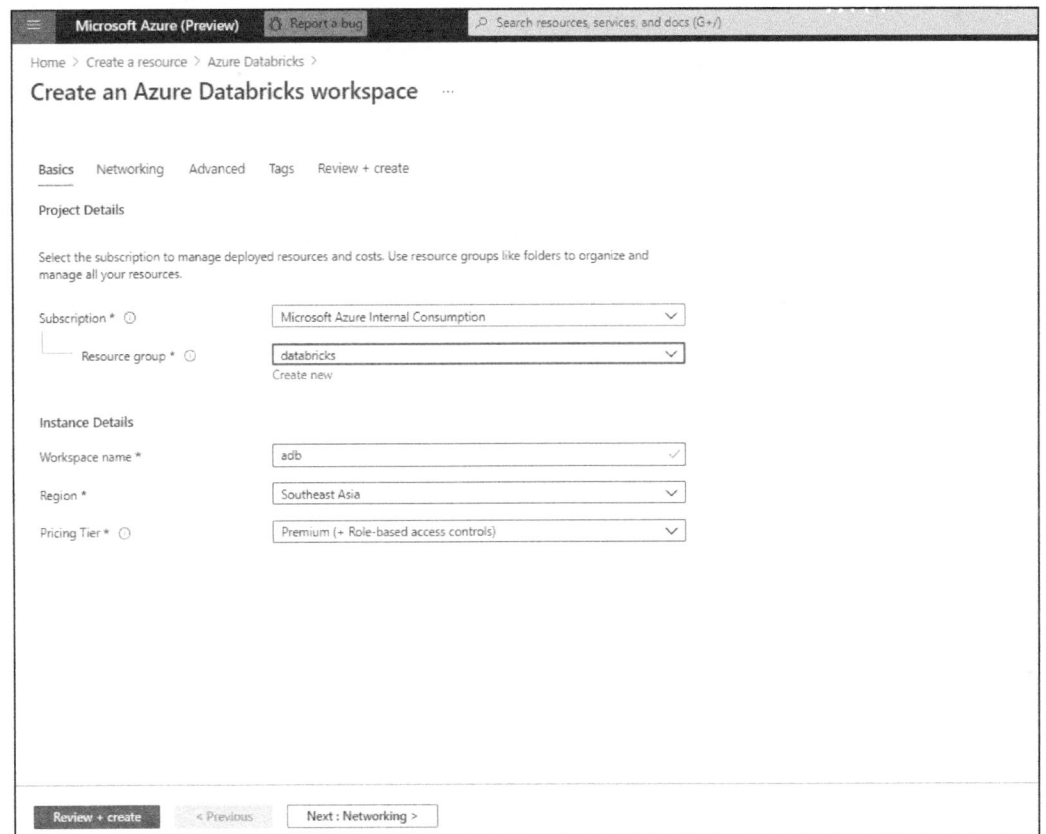

图 9.10　创建 Azure Databricks 工作区

（2）创建完毕后，在 Azure 门户站点上可以看到如图 9.11 所示的界面。

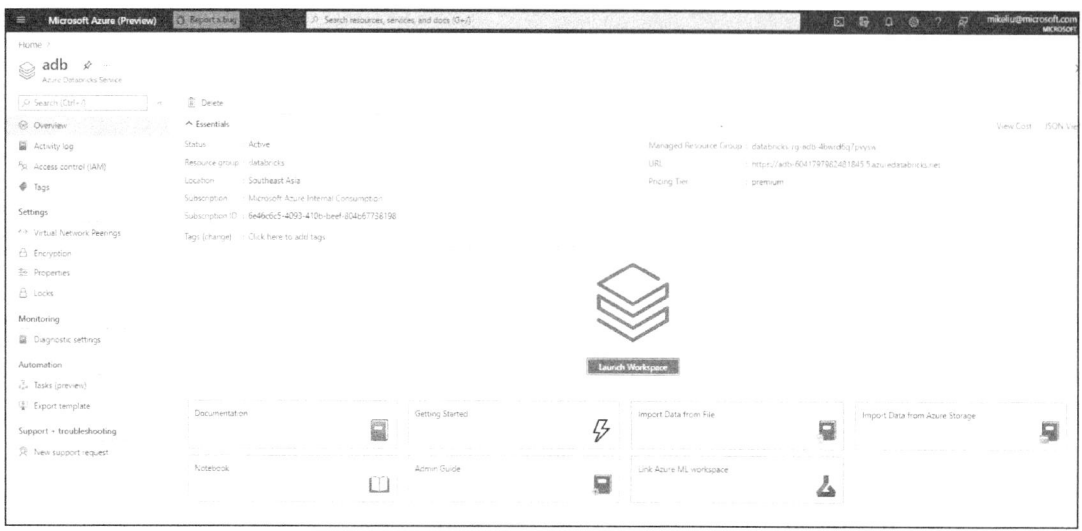

图 9.11 Azure Databricks 服务首页

(3) 单击蓝色按钮 Launch Workspace(开启工作区),可以进入如图 9.12 所示的界面。

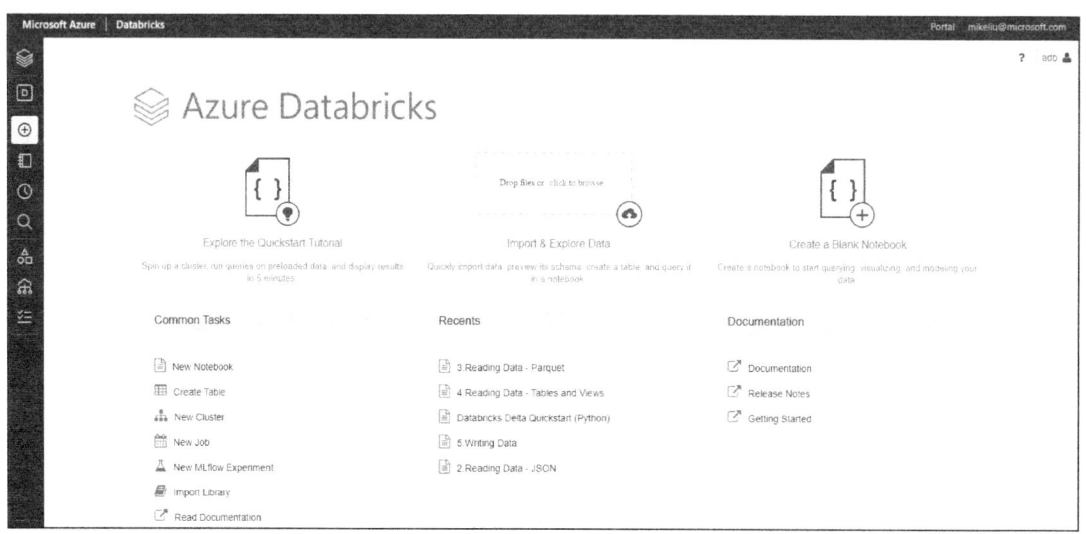

图 9.12 Azure Databricks 工作区

(4) 我们可以在里面创建新集群(New Cluster),管理工作区,见图 9.13。
(5) 集群创建完毕后,我们可以进行数据分析和开发工作,见图 9.14。

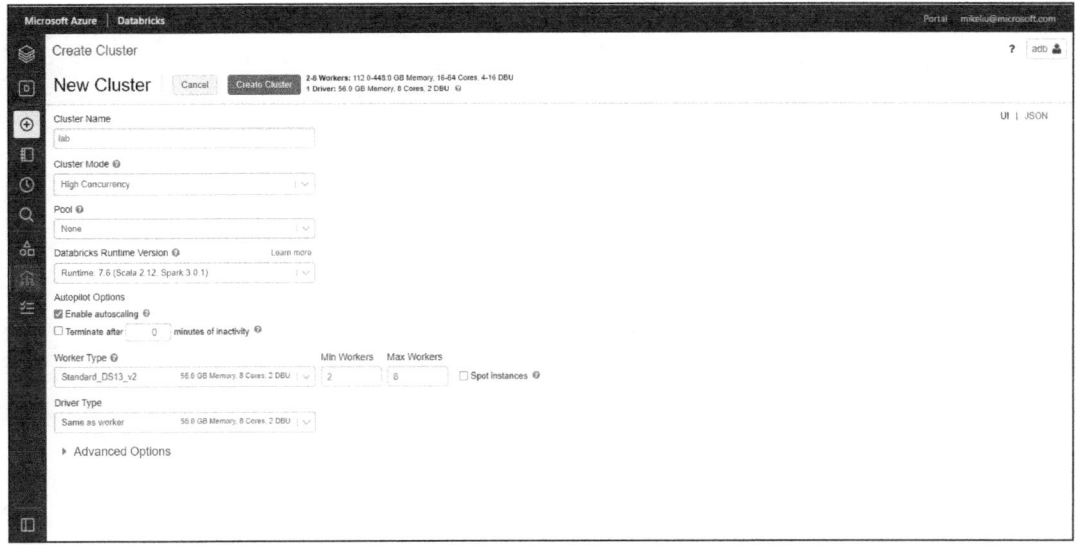

图 9.13　创建新集群

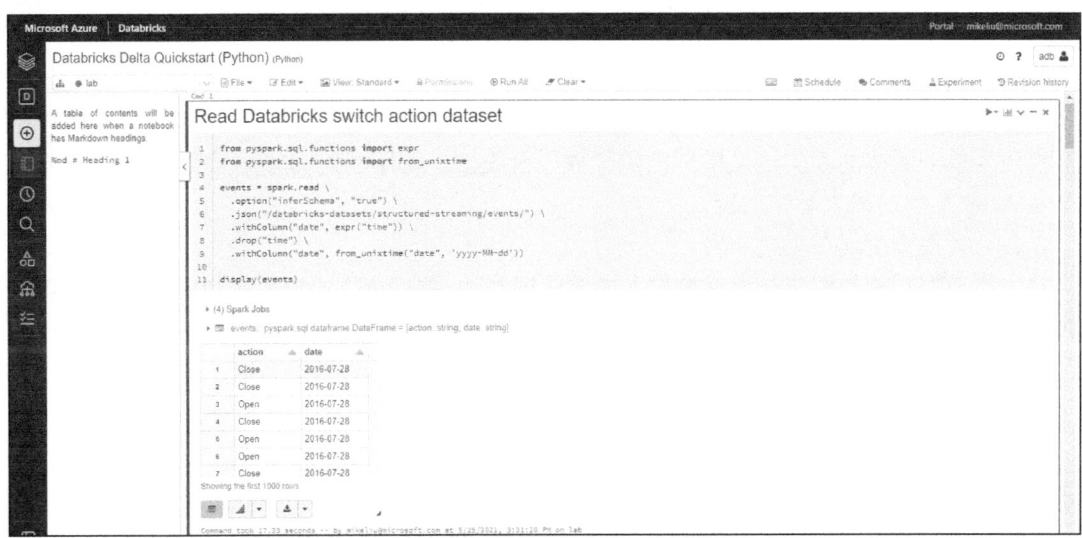

图 9.14　Notebook 中运行 Python

9.2　Azure Analysis Services 更新

目前 Azure Analysis Services 最大的更新是 Power BI Premium 将成为其超集（superset）。以下这些 AAS 功能将被并入 Power BI Premium，见图 9.15。

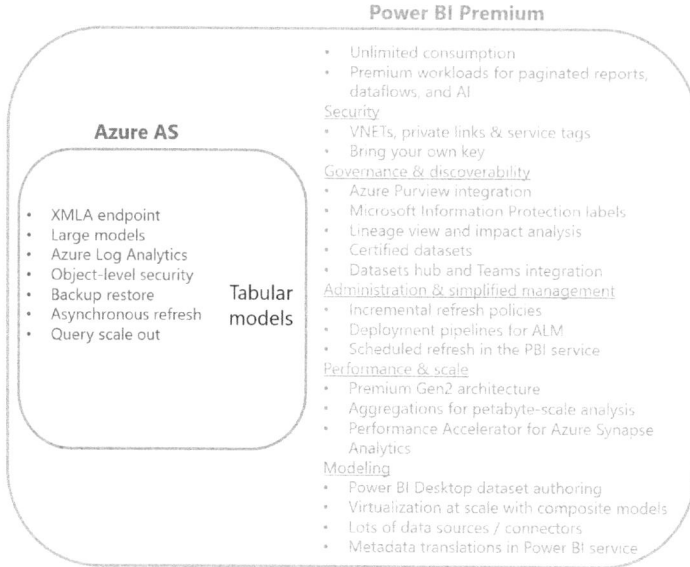

图 9.15　并入 Power BI Premium 的 AAS 功能

（1）XMLA 端点现在正式商用。

除了复杂的语义建模、数据集管理功能和与分析服务工具和流程的向后兼容性，XMLA 端点还为单一版本的真实语义模型提供开放平台连接。就所涵盖的方案而言，XMLA 端点是从 AAS 继承的最大单一功能。

（2）大型模型现在正式商用。

大型模型功能使用户在海量数据上能够快速互动。数据集大小仅受类似于服务器上 AAS 模型的容量资源的限制。

（3）OLS 处于公开预览中。

Power BI 中的 OLS 限制访问包含敏感数据[如个人可识别信息（Personal Identifiable Information，PII）]的表和列。除了数据，元数据也受到保护，以帮助防止恶意用户发现存在对象。

（4）Azure 日志分析集成于 2021 年 3 月启用。

与 AAS 诊断记录一样，Azure 日志分析与 Power BI Premium 的集成使管理员能够监控使用情况、系统健康状况，可用于绩效改进和审计目的的诊断。

（5）备份/恢复于 2021 年 4 月启用。

Power BI 高级版中数据集的备份/恢复可保护用于业务连续性规划、灾难恢复和应用生命周期管理（Application Lifecycle Management，ALM）目的的关键数据。它与 AAS 中的备份/还原向后兼容。备份/还原为备份 AAS 模型并将其恢复为 Power BI Premium 提供了迁移途径。

（6）异步刷新计划于 2021 年下半年提供。

Power BI 高级数据集的异步刷新 REST API 可提高大型数据集的刷新操作的可靠性，可使用数十亿行数据进行快速交互式分析。与 AAS 中的异步刷新一样，它可以与批量提交一起被调用。

（7）查询扩展正在评估中。

正在根据 Power BI 高级第 2 代架构对查询扩展进行评估，该架构将重新定义数据集性能和并发性的横向图。微软将在评估完成后提供更新。

（8）Power BI Desktop 中外部工具处于公开预览中。

这意味着具有分析服务体验的 BI 专业人员可以更容易地享受一系列额外的语义建模功能、DAX 查询/表达优化和编写以及应用生命周期管理功能，传统上这些功能仅在分析服务中提供。

此外许多朋友关心 AAS 权限分配，原来只支持 Azure 活动目录用户，对于非 Azure 活动目录用户的支持，也在研发中，敬请期待。

本章小结

本章介绍了现代数据仓库的架构和 Azure Synapse Aanlytics、Azure Databricks。Azure Analysis Services 的使用和这些 Azure Data Services 也紧密相关。最后介绍了一些 Azure Analysis Services 和 Power BI Premium 最近的更新。